Walter G. Neumann
Gegendenken

D1936175

Walter G. Neumann

GEGENDENKEN

Praxis als Begriff des ästhetischen Scheins

verlag für die gesellschaft

ISBN 3-925679-20-0

verlag für die gesellschaft Dr. W. Neumann, edition gesellschaftsphilosophie, Raabestr. 18, D-30177 Hannover; Vertrieb: Materialis Verlag, Rendelerstr. 9-11, D-60385 Frankfurt/Main, Tel.: 069/45 08 82;
Druck: difo, Bamberg; Umschlag: winddruck, Siegen.
Deutsche Erstausgabe: 1994

Die Deutsche Bibliothek - CIP-Einheitsaufnahme

Neumann, Walter G.:
Gegendenken : Praxis als Begriff des ästhetischen Scheins / Walter G. Neumann. - Dt. Erstausg. - Hannover : Verl. für die Gesellschaft, 1994
(Edition Gesellschaftsphilosophie)
ISBN 3-925679-20-0

Der Autor:
Walter G. Neumann, geb. 1947 in Hildesheim, studierte von 1969-73 in Frankfurt/Main und von 1977-82 in Hannover Philosophie, Soziologie, Politologie und Volkswirtschaftslehre, promovierte 1986 mit einer Arbeit über den Entfremdungsbegriff bei Hegel, Marx und Freud an der Universität Osnabrück. W. Neumann war Mitglied der Roten Zelle Soziologie, Teilnehmer der Krahl-Schulung, Sekretär des Sozialistischen Büros und Sprecher der Grünen, hat zahlreiche Bücher veröffentlicht, und ist heute Arbeitslosenhilfeempfänger; lebt in Hannover.

Inhaltsverzeichnis

Einleitung - Zu Idee, Wort und Tat

Das folgende Buch hat den Begriff der gesellschaftlichen Praxis zum Gegenstand. Der erste Abschnitt wird mit den Reflexionen E. Blochs und des Autors über die 11 Feuerbachthesen von K. Marx eingeleitet, die für eine kritisch-materialistische Theorie und Praxis nicht nur konstitutiv und paradigmatisch sind, sondern eine neue Wissenschaft einleiteten, die jenseits von Idealismus und Materialismus sowie auch den verschiedenen Spielarten des Positivismus und den Reflexionen der Naturwissenschaften steht. Praxis ist der wesentliche Begriff der Marxschen Theorie und für die Analyse geistiger wie materieller Gegenstände grundlegend. Daß andere Wissenschaften davon abstrahieren, macht ihren vorkritischen Status aus. Sie sind deshalb auch nicht gesellschaftskritisch, das heißt, sie erkennen nicht den ihnen eigenen Grund: das eigene, gesellschaftlich geprägte Denken, Sprechen (Schreiben) und Handeln des Menschen. Weil sie dadurch tendenziell zu herrschenden Wissenschaften werden, die sich bloß etwas vorstellen, meinen (deduzieren) und tun, wären sie kritisch aufzuheben. Das gilt auch für die Naturwissenschaften.

Die nächsten beiden Abschnitte wollen den Begriff der Praxis anschaulich machen, so wie er sowohl von A. Schmidt als auch von Th. W. Adorno analysiert wird. Es sind dies Versuche des Autors, den Praxisbegriff immanent über seinen Immanenzzusammenhang hinauszutreiben, so wie es Adorno von der Überwindung traditioneller Standpunkte und der bürgerlichen Gesellschaft insgesamt gefordert hat. So abschlußhaft Schmidts wie Adornos Reflexionen sind, öffnet ihre zweite Reflexion die Aussichten auf eine neue, gesellschaftsverändernde individuelle Praxis, die der Autor mit M. Merleau-Ponty als Denken, Sprechen und Handeln begreift. Wenn die kritische Theorie der Frankfurter Schule keine Praxis angeben konnte, weil sie aus der Theorie nicht abzuleiten ist, entwickelt sie der Autor in den folgenden Abschnitten am ästhetischen Schein: zuerst an den Reflexionen von A. Wellmer über Adornos Ästhetischer Theorie, die jener in einer Dialektik von Moderne und Postmoderne ansiedelt. An ihnen wird gezeigt, daß die Praxis der Linken am ästhetischen Schein entwickelt wurde. Dies wird dann an Hegels Ästhetik selbst bewiesen, deren Ideale sich immanent in eine gegenständliche Praxis auflösen lassen. Eine solche Praxis ist aber immer eine romantische. Der letzte Abschnitt versucht die Ziele kritischer Theorie, statt, wie es üblich ist, negativ, positiv darzustellen. Daraus ergeben sich emotionale Bedingungen der Möglichkeit gesellschaftlicher Veränderungen durch eine gegenstandskonstitutive individuelle Praxis. D.h., die neue Gesellschaft entsteht, wenn überhaupt, innerhalb der alten.

Bei der Darstellung des Praxisbegriffs mußten die Untersuchungen des eher formalistischen H. Lefèbvre (in seiner Arbeit über den Alltag (1)), des polit-biologischen H. Marcuse (2) und des eher sozialbehaviouristischen M. Markovic (Dialektik der Praxis (3)) ebenso unberücksichtigt bleiben wie die umfangreiche Arbeit "Kritik der dialektischen Vernunft" über die Kritik der gesellschaftlichen Praxis von J. P. Sartre (4). Die kleine Arbeit von H. Müller über Praxis und Hoffnung (5) mußte ebenso undiskutiert bleiben wie die der Praxisphilosophen, die durch W. Schmied-Kowarzik erneut zu Wort gekommen sind (6). Von der Rezeption dogmatischer Arbeiten wie z. B. der von H. J. Sandkühler über Praxis und Geschichtsbewußtsein (7) wurde ohnehin abgesehen. Das dieser Einleitung folgende Vorwort soll an Ausführungen von H.

Marcuse, O. Negt und H. J. Krahl einen ersten Überblick über die Thematik geben, wie sie der Autor behandeln will.

Alles andere ist dem Selbst-Denken, -Sprechen und -Handeln der LeserInnen überlassen.

Hannover, Mai 1992

Vorwort

Für H. Marcuse ist die wahre Dimension der "Idee der Revolution" die von "Befreiung" von der Unterdrückung des Lebens (s. Versuch über die Befreiung, Frankfurt/Main 1980). Die Rebellen der neuen sozialen Bewegungen der Zeit nach dem 2. Weltkrieg haben m.E. dieses aber befreit, ohne daß eine Revolution stattgefunden hätte. Das heißt, die Idee der (gesellschaftlichen) Revolution selbst wäre aufzugeben, um eine freie, das heißt von der Gesellschaft als solcher freie "Gesellschaft" zu konstituieren. Die Befreiung des Lebens führte auch zu einer Befreiung des unbewußten Bewußtseins, des Wesens von Geist und Natur, das sich vergegenständlichen muß, was nur durch bewußte Arbeit, d.i. Praxis, möglich ist. Die Konstitution von Praxis setzt selbst die evolutionäre Entwicklung dieses unbewußten Bewußtseins voraus, das im Drogen- usw. -konsum nur zum Schein befreit wird. Deshalb sieht Marcuse die Chance einer gesellschaftlichen Veränderung in einer "Veränderung in der 'Natur' des Menschen" (S. 17), das heißt in einer Veränderung der "triebmäßigen Basis" (ebenda). In ihr als den Bedürfnissen (Interessen und Erkenntnissen), um die es heute ginge, sieht er "die Radikalität der Weigerung" der Revolten in den Metropolen und der sog. Dritten Welt. Die Befreiung der Sexualität versehe "die repressive und aggressive Gewalt der Überflußgesellschaft mit einer triebmäßigen Basis" (S. 23), die die "'freien' Individuen libidinös an die institutionalisierten Väter" bindet. Diese zweite Natur werde zur Basis der Revolution. Sie erzeuge nämlich gleichzeitig "ein hoch entwickeltes Bewußtsein und eine hoch entwickelte Phantasie (und damit, der Verf.) ein vitales Interesse an radikaler Veränderung der fortgeschrittenen materiellen Bedingungen" (S. 32) des kooperativen Kapitalismus oder, wie ich meine, dem "autoritären Sozialismus" oder "Sozialfaschismus" (8) heute. Diese Befreiung setze "andere Triebbedürfnisse, andere Reaktionen des Körpers wie des Geistes" voraus, eine "wissenschaftliche Imagination, die frei ist, die Formen eines menschlichen Universums ohne Ausbeutung und Mühsal zu entwerfen und zu planen" (S. 37/38). Sie wären der "Ausdruck der Bedürfnisse eines neuen Menschentyps", des "allseitigen Individuums" (S. 38), "Menschen, die eine andere Sprache sprechen, andere Ausdrucksformen haben, anderen Impulsen folgen", die "den Produktionsprozeß zu einem Schöpfungsprozeß" (S. 40) machen. Dies wäre nach Marcuse eine "utopische Konzeption des Sozialismus" (S. 41), in der von Marx zu Fourier und vom Realismus zum Surrealismus überzugehen wäre. "Sinnliche Imagination" und die Tätigkeit der Phantasie, wie sie schon der kritischen Theorie zugeschrieben werden, sind aber selbst schon Bestandteile der Industrie (in der Werbung, der Ästhetik der Waren, den Medien, der öffentlichen Verwaltung usw.).

Der Ausstieg aus der Gesellschaft hin zu BI's, WG's und Landkommunen hat ebenso stattgefunden wie die Wandlung der Kunst, aber als isolierte Experimente mit gesellschaftlich kaum relevantem Charakter. Die Befreiung und Emanzipation der Bedürfnisse des Körpers und des Geistes findet ontogenetisch täglich statt, ohne daß das System sich mitverändern würde. Wenn aber das primäre Ziel der Veränderung nicht das System ist, an das die Linke heute noch fixiert ist, sondern des Menschen und der Natur, der Gesellschaft und des Bewußtseins, dann macht das eine Konstitution von Praxis (Denken, Sprechen und Handeln bzw. auch Genießen) notwendig, die das befreite unbewußte Bewußtsein vergegenständlicht.

Das aber ist weder bloß individuell noch gesellschaftlich möglich, sondern in Form von zusammen lebenden und bewußt arbeitenden Gruppen,

Die objektive Befreiung des unbewußten Bewußtseins von der heutigen Herrschaft der Begriffe (9) wird von O. Negt vernachlässigt und, wie in "Geschichte und Eigensinn" (Frankfurt/Main, 1981), abgewehrt. Deshalb bleibt Negts Emanzipationsbegriff idealistisch. In "Soziologische Phantasie und exemplarisches Lernen" (Frankfurt/Main 1974) entwirft er einen Begriff des exemplarischen Einzelnen, an dem soziologisches Denkvermögen, verstanden als Phantasie, anknüpfen soll. Wird die Verallgemeinerung von Teilen der Totalität von ihm im Medium der Einbildungskraft gedacht, so verfehlen sie doch, als durchgängig Vermittelte gedacht, das Unmittelbare des Bewußtseins und der sozialen Lage. Diese ist nur wesenslogischer Re-flexion zugänglich, die sich zum Eigentum an den die Totalität (Welt) bewegenden Prinzipien in Form von "absolutem Wissen" (Hegel) entwickeln kann, wenn sie die ebenso idealtypischen Erscheinungsformen des daseienden Idealismus untersucht. Nicht ist aus dem heutigen "faschistoiden Klassenbewußtsein" als dem heutigen Selbstbewußtsein des allgemein gewordenen Kleinbürgers zur Aktion zu kommen, was die von Negt favorisierten Gewerkschaften konditionieren, die damit als Träger des sachlichen Denkens, Sprechens und Handelns auftreten, so wie die Gesellschaft in den USA, an der sie ihr Vorbild haben, solche Sachbezogenheit (ontogenetisch die des Kindes in der Latenzzeit) zur Voraussetzung hat. Diese Infantilität, wie sie Bettelheim für die Lagerinsassen der KZ's beschreibt (10), ist Desexualisierung wie Vergeistigung zugleich und damit ein Korrektiv zur allgemeinen vorgestellten Lust (Hedonismus), der (Selbst-)Unterdrückung der notwendigen Bedürfnisse, Interessen und Erkenntnisse, damit der eines qualitativen Denkens, Sprechens und Handelns. Wer jedoch wie Negt von solchen Sachzusammenhängen und -zwängen ausgeht, kann die Aufhebung der Arbeit in Praxis oder "praktisch-kritische Tätigkeit" (Marx) nicht mehr denken und verewigt die Industriegesellschaft mit ihren zur Oberfläche gewordenen Konflikten, die Inhalt der Vorstellungen der Politiker, Wissenschaftler und Medienagenten sind. Das heißt, sie verfällt dem Schein durch Personen ausgeübter sachlicher Herrschaft. Diese sind aber selbst nur Anhängsel bzw. Personifikationen (Charaktermasken nach W. Reich (11)) der herrschenden, an sich selbst unbewußten Begriffe.

Erst durch ihre Vergegenständlichung durch Denken, Sprechen und Handeln entstände ein neues Realitätsbewußtsein, mithin eine neue Gesellschaft innerhalb der alten, weil diese Begriffe einen emanzipatorischen Selbst-Kritik-Anteil haben, der sich mit jenen verwirklicht. Das heißt, einmal wird die Aufhebung bewußt vollzogen, zum anderen ein wahres, gutes, schönes Leben, Lieben und Glück realisiert. Das aber wäre nicht als politische Revolution, sondern nur als Evolution des Menschen und der Natur, der Gesellschaft und des Bewußtseins möglich, wie sie wesenslogische Reflexion allererst einleitet, die nur in Gruppen realisierbar ist (die Familie, die Gewerkschaft, die Partei, der Verein usw. sind keine solchen Gruppen, obwohl diese sich zu solchen entwickeln könnten). Solche Wesenslogik ist dem Inhalt nach aber an sich selbst praktisches Denken, Sprechen und Handeln, wie es im folgenden auf die Begriffe des ästhetischen Scheins angewandt wird.

Die Metaphysik kann das Schöne (Wahre, Gute) in ihrem Vermittlungsversuch von Allgemeinem und Besonderem als prima philosophia nicht konstituieren, auch nicht als deren Versöhnung, wie es Adorno in seiner ästhetischen Theorie (12) versucht. Das Schöne (Wahre und Gute) ist als reine Form ohne Sinnlichkeit nicht denkbar, denn die Idee (des Schönen, Wahren, Guten) läßt sich nicht "gnädig ins stoffliche Diesda hinab und imputiert ihm das eidos, welches es am allgemeinen Wesen (universalia in re) teilhaben läßt" (H. J. Krahl in: Sinnlichkeit und Abstraktion. Prolegomena zu einer materialistischen Empirie, hrsg. von H. Brinkmann (Wiesbaden 1973), S. 1). Nach Krahl täuscht diese Vermittlung der Ideen mit der Sinnlichkeit Versöhnung nur vor, denn jene scheinen bloß vermittelt. Als ästhetischer Schein, der die Vermittlung nichtet, scheinen sie (das Schöne, Wahre, Gute) nur eine Form der Sinnlichkeit zu sein: Sie sind keine seiende Form und deshalb unwahr; das heißt, das Schöne, Wahre und Gute der Kunst, Philosophie und Arbeit sind nicht schön, wahr und gut. Als reine Formen apriori erscheinen sie, verunreinigt, als sinnlicher Schein. Dieser wird nach Krahl als me on das Notwendige, "zu metaphysischer Dignität - es wird zur Form" (ebenda), das heißt, der sinnliche Schein des Schönen, Wahren, Guten wird zur Form von Kunst, Philosophie und Arbeit.

Krahl sieht in dieser Dialektik einen "freilich noch abstrakte(n) Ansatz für eine materialistische Ästhetik". Ihre Form ist der Inhalt des Denkens, Sprechens und Handelns (der Praxis) selbst, der aber ohne Bewußtsein seiner Form bewußtlos bleibt oder Ausdruck "abstrakter Arbeit" (Vorstellen, Meinen und Tun) (13) ist. Die Form, das bewußte Schöne, Wahre und Gute, ist, weil es "sich ins me on vernichtende Form (ist)", die aber als Schein schon sinnlich und damit dem ontologischen Verdikt gemäß "nichtig" wird, bewußtlose Sexualität (Gefühle und Sinnlichkeit), die die Sinnenwelt, das heißt die erscheinenden Vorstellungen des Denkens, Sprechens und Handelns, zur bloßen, also reinen und darin bewußtlosen Form entleert oder vergegenständlicht. Das heißt, das inhaltliche, bewußtlose Denken, Sprechen und Handeln erscheint als Vorstellen, Meinen und Tun, als Schein, der als Schein sich nicht weiß.

Die Form von Kunst, Philosophie und Arbeit ist deshalb die Form des Wertgesetzes, das Wesen der Form, der Inhalt des Wertgesetzes, das als Form bewußtlose Schöne, Wahre und Gute, das keine ästhetische Reflexion bewußt machen kann. Als Bewußtes ist es an bewußtes Denken, Sprechen und Handeln gebunden, was dann allerdings Kunst in praktisches Denken (des Schönen), Philosophie in praktisches Sprechen (des Wahren) und Arbeit in praktisches Handeln (des Guten) verwandelt. Das schließt sowohl Denken, Sprechen und Handeln für einen anderen Zweck als auch mit sich aus und konstituiert den Menschen zum mit sich identischen Individuum. Liebe als das den Menschen mit dem Menschen Verbindende ist dadurch nicht ohne Lust, nicht losgelöst von dieser denkbar, das heißt, sie ist nicht denkbar ohne den ästhetischen Schein, ohne ästhetische Urteile als den dem Wahren, Guten, Schönen der Kunst, Philosophie und Arbeit Vorgeordnetem, gleichwohl sie sich erst praktisch, im Denken, Sprechen und Handeln vergegenständlichen. Ohne gegenseitige Anschauung von Mann und Frau ist die Liebe, wie die Liebe zu Gott, bloße Einbildung; ohne die Praxis des Denkens, Sprechens und Handelns ist sie narzißtisch oder Selbstbefriedigung. Das heißt, Liebe ist nur als unmittelbare Aneignung möglich, oder sie ist Schein bzw. Erscheinung des Vorstellens (der Kunst), Meinens (der Philosophie) und Tuns (der Arbeit), aber nicht wesen(tlich). Die sogenannten inneren

Werte, der Charakter, die Intelligenz usw., sind ebenfalls nichts ohne Vergegenständlichung durch Denken, Sprechen und Handeln. Der wäre ein Mensch, der es dazu kommen läßt und sich darauf als auf den anderen Menschen einläßt. Ohne Denken, Sprechen und Handeln ist der Mensch wie in der Fixierung an Arbeit, Geld und Moral usw. ein Tier.

Von der Konstitution eines gesellschaftlichen Menschen durch die Praxis soll hier die Rede sein. Auch davon, daß diese Praxis als Kritik der Begriffe des ästhetischen Scheins allein Mensch und Natur, Gesellschaft und Bewußtsein verändern kann. Kapital, Staat und Produktivkräfte dagegen müssen sich selbst verändern. Arbeit, Geld und Moral hingegen gehören aufgehoben, womit jene absterben, und Leben, Lieben und Glück allererst möglich werden.

Praxis ohne alles oder das Rezept, wie gekocht wird

Wenn Bloch davon spricht, daß "das Denken nach vorn hin (...) seit langem angesagt und zu hören ist" (Das Prinzip Hoffnung, Kapitel 19, Frankfurt/Main 1977, S. 288) und dieses (schon dem jungen) Marx zuspricht, meint er anscheinend an sich selbst praktisch-veränderndes, in die Zukunft weisendes Denken. Es antizipierte diese, indem es sie verwirklicht. Gleichwohl befände es sich noch im Aufbruch, einem status nascendi. Es ist notwendig, wie daß es in Vorbereitung sich definiert. Aber es wird auch schon davon gesprochen, es spricht, ohne doch schon ein Handeln folgen zu lassen. Denken ist zwar selbst schon ein Handeln, aber es handelt nicht, außer "über" etwas, und das ist das Zukünftige, vor uns Liegende. Deshalb müßte im Doppelsinn des Wortes nach ihm gehandelt werden. "Nur die Feigen reden sich aus allem heraus, und die Lügner bleiben allgemein" (ebenda). Denken geht nicht nur auf, sondern in die Sache, und nur als solches inhaltliches, gegenständliches Denken ist es konkret. Was die Sache ist, ist aber vor und beim Denken nicht klar: Die Sache dämmert noch vor dem Blick. Darum müssen die Sinne scharf werden. Erst, wo Denken und Sinne übereinstimmen, kann das Wahre bestimmt werden, und das "überhaupt nicht genug". Durch die Sinne werden die Phänomene konstituiert, die Sache, um die es geht, erkannt. Denken verändert die Sache zu dem, was sie aus sich selbst sein will und sein soll bzw. wie sie ist. Denken ist deshalb wahr, gut und schön, und dadurch die Sache. Das liege an ihrem "Spürsinn fürs Wesentliche", das "von Anfang an in den Kern der Sache (will), verspielt sich nirgends ins Unnütze, wirft es, sobald es erkannt ist, sogleich ab" (ebenda). Denken ist wesenslogisches Denken, das heißt ein Denken, das zwischen den von den Sinnen hergestellten Erscheinungen auf deren Wesen reflektiert und dieses zum Schein verändert. An diesem hätte das Handeln anzusetzen. Wie Denken hat auch das Handeln den ästhetischen Schein zur Voraussetzung, ohne das sie nicht praktische sind. Praktisch werden sie aber erst durch Sprache, das "praktische Bewußtsein". Was die elf Thesen von Marx über Feuerbach anbetrifft, seien diese nach Bloch in ihrer "bedeutende(n) Kürze (so) zusammenhängend, (daß) ihr Wert am wenigsten schnell fertig (ist)" (ebenda).

Nach Engels sind die Feuerbachthesen "Notizen für spätere Ausarbeitung, rasch hingeschrieben, absolut nicht für den Druck bestimmt, aber unschätzbar als das erste Dokument, worin der geniale Keim der neuen Weltanschauung niedergelegt ist" (Engels nach Bloch, S. 289). Weltanschauung heißt, daß etwas so sein soll. Theorie wäre, daß es so ist. Und Praxis heißt in diesem Zusammenhang, daß es etwas will. Für Marx sind die "Thesen" alle drei Arten und Weisen zugleich: Programm, Aussage und Kritik. Das zieht sich durch das ganze Marxsche Werk hindurch, weit entfernt davon, einheitlich, auf eins festlegbar zu sein, wie es Interpreten wollten. - "Feuerbach hatte vom reinen Gedanken auf die sinnliche Anschauung, vom Geist auf den Menschen, samt der Natur als seine Basis, zurückgreifen" (ebenda) wollen, was eine "'humanistische' wie 'naturalistische' Absage an Hegel (mit Mensch als Hauptgedanke, Natur statt Geist als Prius)" (ebenda) sein sollte und auf "den jungen Marx einen starken Einfluß" hatte. Wenn Feuerbach die Betonung auf die Sinne (und den Menschen) legt, so sind Marx' Thesen das Denken über, durch und von ihnen. Im Kern sind sie demnach eine Negation der Negation in der Reihe Hegel - Feuerbach -

Marx oder, was dasselbe ist wie: Vorstellung - Sinne - Denken. Das ist nicht nur eine historische und auch nicht nur eine logische, sondern eine erkenntnistheoretische Reihenfolge unter emanzipatorischen Aspekten, das heißt eine der richtigen Wahrnehmung und praktischen Veränderung der Gesellschaft, der bürgerlichen zu einer "kommunistischen". Wobei, kann gesagt werden, "der" Marxismus, der sozialdemokratischer und kommunistischer oder leninistischer Prägung, diesen Weg nicht mitgegangen ist, das heißt, daß die Sozialdemokratie und der "Kommunismus", nicht nur deren führende Vertreter, aber diese besonders, sich nicht selbst emanzipiert haben. Deshalb wurde in beiden Varianten gleichermaßen Marx' Denken als eines von Vorstellungen, also als Ideologie, wahrgenommen und rezipiert, die unmittelbar in die Realität umgesetzt werden sollten und wurden. Darin waren sie Marxisten, aber keine "neuen Menschen". Das aber war selbst Marx "nur" als Wissenschaftler, der einen "Mohr" aus ihm machte. Verwirklicht sich mit der Emanzipation der Sinne das Naturwesen Mensch, so mit dem Denken sein Geistwesen. Der Feuerbachianer ist deshalb noch nicht der ganze Mensch, der diesseitige Mensch noch nicht der wirkliche.

Nach Bloch brachte Marx' Kritik der Religion und des Staates ihn zur Kritik der politischen Ökonomie. Diese ist einerseits in deren historischer Entstehungsphase, zumindest in Deutschland, angesiedelt und deshalb original und durchaus psychologisch mit "dem" Menschen verbunden, das heißt auch anthropologisch und humanistisch geprägt, was im Spätwerk von Marx nur noch implizit vorhanden ist und allererst aus seinem materialen Gehalt extrapoliert werden müßte, was bis heute noch aussteht, und zweitens ein, wie Bloch sagt, "ökonomisches Bewußtsein", das über Hegel wie Feuerbach und deren Epigonen (wie auch denen von Marx selbst) hinausgeht. Dieses ökonomische Bewußtsein, besonders das der Pariser Manuskripte, enthält Denken und Handeln als ein Programm, das die ökonomische Realität reflektiert und durch die Sprache überschreitet. Wenn Marx nach Bloch in einem Brief an Ruge vom 13.3.1843 schreibt: "Feuerbachs Aphorismen sind mir nur in dem Punkt nicht recht, daß er zu sehr auf die Natur und zu wenig auf die Politik hinweist. Das aber ist das einzige Bündnis, wodurch die jetzige Philosophie eine Wahrheit werden kann" (Marx nach Bloch, S. 290), dann versteht er unter Politik die sprachliche Äußerung, nicht Denken und Handeln. Von diesen ist bei Marx das erstere materialistisch, das letztere durchaus idealistisch nach der Poesie der Verlaufsformen der bürgerlichen Revolutionen (14) gefaßt. Menschliche Sprache kann fortan nur noch eine politische Sprache sein. Wenn Marx mit Feuerbach auch die Bedingungen des Denkens als der von Sinnenemanzipation angeben kann, so bleibt die Sprache hier mangels einer für sie relevanten Wissenschaft polemisch und das Handeln eine Fichtesche Tathandlung. Letztere verblassen im Spätwerk zur sachlichen Sprache bzw. zur naturkausalen Handlung. Damit nimmt sich Marx in das Scheitern seines Politikbegriffs zurück, das das Scheitern der Revolution Mitte des 19. Jahrhunderts reflektiert. Dieser Begriff reflektiert auch die Abstraktion, die Marx an Feuerbachs Naturbegriff vollzieht: Beim mittleren und reifen Marx erscheint die Natur nur noch unter dem Aspekt ihrer Ausbeutbarkeit - als Material. Revolutionstheoretisch scheitert damit die Einheit von Sinnen und Denken, die aus der Revolutionstheorie eine evolutionäre Theorie gemacht hätten, wenn Marx sich nicht an der Poesie der Verlaufsformen der bürgerlichen Revolutionen orientiert hätte. Eine sogenannte proletarische Revolution oder die der

Gattung ist aber nur als Evolution möglich und steht erst damit im Gegensatz zur bürgerlichen Veränderung der Gesellschaft. Wenn Marx an Feuerbach die "Gründung des wahren Materialismus und der reellen Wissenschaft" (Bloch, ebenda) rühmt, weil "Feuerbach das Verhältnis 'des Menschen zum Menschen' ebenso zum Grundprinzip der Theorie macht", dann ist es Feuerbachs Betonung der Sinne für die Emanzipation des Menschen, die den alten, überkommenen Materialismus überbietet. Feuerbachs Verdienst ist es nach Marx, die "Lebens- und Liebesverhältnisse" des Menschen, wie sie Marx später nennen wird, thematisiert zu haben. Nur ihre Veränderung, so argumentiert Marx, kann eine Emanzipation der Sinne und damit des Denkens bewirken. Klassenbewußtsein ist dann das Bewußtsein dieses Liebens (15). Die Entfremdung von diesem ist nach Marx ökonomisch bedingt. Und nur deshalb schreibt Marx letztlich seine Kritik der politischen Ökonomie. Es sind die Arbeit, das Geld und die Moral, die jenes von sich entfremden. Mit der Kritik der "Daseins- und Bewußtseinsbestimmungen" der bürgerlichen Gesellschaft überschreitet Marx auch den "allgemeinen Menschen" Feuerbachs, der - wie analog heute - ein latent passiver Mensch ist. In den gesamtgesellschaftlich heterosexuellen Verhältnissen wird der Mann selbst als Ware, die Frau als Geld erkannt (16). Die Emanzipation des Menschen von diesem als ihrem Selbst wäre auch die von ihrer latenten (Mann) und manifesten (Frau) Passivität, während der Feuerbachsche Mensch nur der Schein des Menschen ist, nicht sein Begriff. Durch Arbeit (Geld und Moral) ist der Mensch passiver Mensch, allein ohne sie wäre er aktiv. Die Aufhebung der Arbeit usw. ist aber selbst nur durch Arbeit usw. möglich. Das liegt in Marx' Humanismus angelegt. In der Marxschen Benützung der Ökonomie liegt deshalb auch das materialistische seiner Geschichtsauffassung. Er sieht diese als den Grund der Entfremdung der Sinne und des Denkens. Da, wo letzteres von ersterem getrennt erscheint, wie in der späteren Kritik der politischen Ökonomie, wird das Denken aber selbst zum Vorstellen. Deshalb hat es der späte Marx strikt vermieden, über die revolutionäre Veränderung der Gesellschaft eine (positive) Aussage zu machen. Das wäre das Doppelte am sogenannten Standpunkt des Proletariats: sein den Begriffen affirmatives Vorstellen und sein begriffskritisches Denken. Ersteres ist kausal und mechanisch, nur letzteres ist dialektisch. Auf ersteres sind die Sozialdemokratie und Lenin gleichermaßen bezogen, wenn sie das richtige Bewußtsein ihm von außen herantragen oder den Sozialismus durch es naturwüchsig heranreifen sehen wollten. Der Begriff des Proletariats aber ist alternativ zu dem des Arbeiters oder dem der Arbeiterklasse: In ihm hat der Mensch das Doppelte von Homo- wie Heterosexualität, selbst eine Warenform, als die die Sexualität sich darstellt, überschritten. Es ist ein Synonym für eine menschlich gewordene Menschheit.

Wenn Marx nach Bloch meint, daß es "keinem von diesen Philosophen (den Linkshegelianern, d. Verf.) eingefallen (ist), nach dem Zusammenhange der deutschen Philosophie mit der deutschen Wirklichkeit, nach dem Zusammenhange ihrer Kritik mit ihrer eigenen materiellen Umgebung zu fragen" (Marx nach Bloch, S. 292), dann betätigt sich Marx hier als Erkenntnistheoretiker. Die Begriffe der Philosophie, zumal die der Links- oder Junghegelianer, sind für ihn Abbilder der herrschenden Begriffe, die als Daseins- und Bewußtseinsbestimmungen die materielle Realität ausmachen, in bzw. unter der die Menschen leben. Andererseits betont Marx nach Bloch, daß Feuerbach "einsieht, wie auch der Mensch 'sinnlicher Gegenstand' ist" (ebenda). Das Schicksal von diesem ist nach der Kritik von Marx an Feuerbach aber für jenen kein Gegenstand der Untersuchung mehr gewesen, sonst hätte er die Psychoanalyse Freuds in materialistischer Form und mit materialistischem Inhalt vorweggenommen. Denn als sinnlicher Gegenstand ist der Mensch Triebwesen, und zwar ein solches, in das sich der Kapitalismus bzw. dessen Begriffe als in das Unbewußte hineinverlagert haben (17). Kein Trieb, der nicht gesellschaftlich geprägt wäre. Damit er als gesellschaftliche Vorstellung erscheint, wäre das o.g. Schema auch hier anzuwenden: Die Triebe als bloße Vorstellungen müßten sich über ihr Sinnlichwerden in Denken verwandeln. Erst dann wären sie Bedürfnisse. Erst dann würden sie als konkrete Lust auch erfahrbar und befriedigbar. Das aber verhindert die entfremdete Arbeit, weshalb diese nach einem späten Marx-Wort aufzuheben ist. (Das gleiche gilt für die Begierden, die sich durch konkrete Liebe mit Sprache in Interessen verwandeln, was das Geld verhindert; für die Wünsche, die sich durch konkrete Aneignung (Handeln) in Erkenntnisse verwandeln, was die Moral verhindert) (18).

"Ohne den Menschen als ebenfalls 'sinnlichen Gegenstand' wäre Menschliches als Wurzel aller gesellschaftlichen Dinge sehr viel schwerer materialistisch herausgearbeitet worden. Feuerbachs anthropologischer Materialismus bezeichnet so den erleichtert möglichen Übergang vom bloß mechanischen Verhältnis zum historischen. Die Kritik sagt: Ohne die Konkretisierung des Menschlichen zu wirklich existierenden, vor allem gesellschaftlich tätigen Menschen, mit wirklichen Verhältnissen zueinander und zur Natur, wären Materialismus und Geschichte eben dauernd auseinandergefallen, trotz aller 'Anthropologie'" (ebenda). Aber gesellschaftlich tätige Menschen, ihr bestimmtes Verhältnis zur Natur und zum anderen, also das Geschichtliche am "neuen" Materialismus, sind gerade das aufzuhebende entfremdete Dasein des Menschen. Notwendig wird heute ein gesellschaftlicher Mensch und eine wirkliche Natur bzw. eine wirkliche Gesellschaft und ein gesellschaftliches Bewußtsein, also ein durch Geschichte aufgehobener historischer Materialismus, was nichts anderes wäre als eine anthropologische Entwicklung des Menschen. Sinngemäß kann gesagt werden, daß das Menschliche als Wurzel aller gesellschaftlichen Dinge ein Unmenschliches, ein Bewußtlos-Transzendentales, ist. In Marx' Theorie steckt deshalb auch ein zur Geschichte affirmatives Moment, das er von Hegel bewußtlos übernommen hat. Geschichte wird heute mit Bewußtsein gemacht, ohne daß sich die Gesellschaft revolutionär verändern würde. Deshalb müßte sie mit dem Unbewußten, der dem Menschen inneren Natur, gemacht werden. Erst dadurch würde aus einer idealistischen Geschichte eine materialistische. Deshalb sollen Blochs Ausführungen zu den elf Feuerbachthesen von Marx unter dem Aspekt von unbewußter Sexualität, Gefühlen und Sinnlichkeit bzw. Lust betrachtet werden.

Im folgenden wird der Kommentar von Bloch zu Marx' Feuerbachthesen nicht kommentiert, sondern die sich an diese anschließenden Gedanken des Autors vorgetragen. Zum besseren Verständnis werden die Thesen selbst in der Ordnung, in die sie Bloch gebracht hat, in Großbuchstaben zitiert.

5.

FEUERBACH, MIT DEM ABSTRAKTEN DENKEN NICHT ZUFRIEDEN, WILL DIE ANSCHAUUNG; ABER ER FASST DIE SINNLICHKEIT NICHT ALS PRAKTISCHE MENSCHLICH-SINNLICHE TÄTIGKEIT.

Anders Werden

Neuerscheinungen 1994 bei Materialis

„Natürlich weiß ich ganz genau, daß der Zustand der Theorie, wie ich ihn hergestellt habe, ein nicht befriedigender ist, abgesehen davon, daß die Materie unerklärt bleibt... Ich bin der Auffassung, daß das anders werden muß. Auch habe ich mir schon manches ausgedacht, aber immer wieder den Kopf sinken lassen. Der Herrgott hat's uns nicht leicht gemacht." (Albert Einstein)

Pierre Bordieu, Claude Bourdet, Michel Surya u.a.

Rassismus und Nationalismus heute
Band 1: Die Diskussion in Frankreich

Herausgegeben und eingeleitet von Helmut Bertram und Lothar Wolfstetter, übersetzt von Helmut Bertram

MP 32, ca. 100 S. Pb, 1994, ca. 24,90 DM, ISBN 3-88535-154-4, April 1994

Inhalt: I. Teil: Aktuelle Einleitung ❍ Helmut Bertram, DIE FRATZE DES RECHTSRADIKALISMUS ❍ Lothar Wolfstetter, DER NATIONALRASSISMUS, DER KRIEG IN JUGOSLAWIEN UND DIE GRENZEN DES WACHSTUMS ❍ II. Teil: Aktuelle politische Analysen ❍ Claude Bourdet, VON BUGEAUD ZU LE PEN ❍ Michel Surya, DAS BLUT EUROPAS ❍ Sami Nair, DIE WEGE DER DEMAGOGIE ❍ III. Teil: Konkrete historische und literaturwissenschaftliche Analysen ❍ Dimitri Nicolaidis, NATIONALE IDENTITÄT DENKEN ❍ Claude Reichler, ÜBER EIN ANTI-NATIONALISTISCHES DENKEN ❍ IV. Teil: Allgemeine Beiträge zur Theoriedebatte ❍ Claude Rabant, DIE NEUE HÖRIGKEIT ❍ Jean-Paul Curnier, KOMMT ES ZUM SCHLIMMSTEN ? ❍ Pierre Bourdieu, WIRKUNGSVOLLE DEMOKRATIE UND KRITISCHE GEGENGEWALT

Die französischen Beiträge stammen alle aus dem Frühjahr 1992 und sind zuerst in den beiden Zeitschriften Temps Modernes und Lignes erschienen.
Die leitende Fragestellung des zweiten Teils des Buches formuliert Michel Surya: Mit welchen Mechanismen, durch welche kollektive Verblendung und politische Verwahrlosung kommt es dazu, daß das anti-demokratische Gedankengut der extremen Rechten sich anschickt, die Mehrheit zu gewinnen und die Demokratie abzuschaffen? In seinem eigenen Beitrag untersucht Surya daraufhin die propagandistische Taktik der Front National. Claude Bourdet, einer der prominenten Senioren der neuen Linken Frankreichs der 50er und 60er Jahre, arbeitet als allgemeinsten Gesichtspunkt heraus, daß der wieder aus der Versenkung aufgetauchte Nationalrassismus auf der nicht infragestellten Kolonialpraxis von Frankreich aufruht: „Heute hat man das Gefühl, Frankreich habe niemals mit dem Kolonialismus gebrochen." Sami Nair unterzieht die Propagierung der Rassentrennung in Frankreich einer konkreten Analyse. Er weist auf, daß und wie eine bedingte Übernahme des Programms und des Vokabulars der extremen Rechten durch die bürgerliche Rechte und ihre leader (Giscard d'Estaing, Pasqua u.a.) sich in den letzten Jahren vollzogen hat und daß sich auch die Sozialistische Partei immer weniger dieser Entwicklung entgegentritt. Dimitri Nicolaidis untersucht seinerseits die Gründe, weshalb im 19. Jahrhundert in ganz Europa ein Nationalismusschub zu einer Suche nach ethnischer Identität geführt hat und sich in einer Abkehr von allen „Fremden" bis hin zur Eliminierung von Minderheiten manifestierte. Dies führte zuerst zu einer Erschütterung des osmanischen Reiches und zu einer Umkrempelung des Balkans. So läßt uns dieser Beitrag erkennen, welche Ursachen der zur Zeit im ehemaligen Jugoslawien tobende Krieg hat. Indem Claude Reichler den literarischen Kampf von Max Frisch gegen die Wilhelm-Tell-Legende, den Nationalmythos der Schweiz und des deutschen Idealismus (Schiller) nachzeichnet, kann sie an diesem Beispiel aufzeigen, aus welchen

Verdrängungen und kollektiven Selbstüberhöhungen ein solcher Mythos zustandekommt und daß gerade aufgrund der verqueren nationalen Geschichte heraus, die diesen Mythos stützt und braucht, seine rationale Richtigstellung nicht gelingen kann, solange der Nation selbst nicht eine wesentliche Korrektur ihres Kurses gelingt.
Drei weitere Beiträge leiten dann die Diskussion dieses Bandes auf die Theoriedebatte über. CLAUDE RABANT sieht die Ursache der weitverbreiteten Angst in der taumelnden Bindung der Menschen an die moderne Technik und in der Verweigerung dessen, was sie von diesen an Haltung erfordern würde. Der wiederauferstandene mythische Archaismus ist für ihn die Kehrseite dieser Medaille: So hat le Pen die Rolle des medialen Fetischs der Wildheit, der Barbarei und der Kumpanei übernommen. Und JEAN-PAUL CURNIER geht davon aus, daß die westlichen Demokratien keine Zukunft mehr haben und zugleich aus diesem Fehlen eine Zukunft zu machen suchen. Deshalb regiere die Angst. Die Macht der Illusion verlagere sich auf die pure Ankündigung in den Medien. Dies lege aber den Wertakzent auf die Überraschung und die Übertreibung. Und genau in diese Tendenz habe sich die extreme Rechte eingepaßt und sich damit als mediales Ereignis in Frankreich schon fest verankert. PIERRE BOURDIEU schließlich sieht die Sozialarbeiter, die Lehrer, die Justiz-beamten, soweit sie direkt mit einer Klientel zu tun haben, in einer Haltung der Verbitterung zu den höheren Staatsbeamten und den Politiker stehen. Diese den Sozialstaat schrittweise liquidieren. Während die die unteren Staatsangestellten in der vorderstem Linie stehen, um die Mängel der Logik des Marktes auszugleichen, werden ihnen zunehmend die Mittel dafür vorenthalten, so daß sie sich betrogen und gedemütigt fühlen. Und genau so fühlt immer mehr der kleine Bürger, daß er vom Staat zurückgestossen wird, so daß er nun seinerseits den Staat zurückweist. (L.W.)

CHARLES NODIER

Jean Sbogar

Roman noir

Hrsg., eingel. und aus dem Franz. übersetzt von Cl. Lanczkowski
ST 2, ca. 180 S. Pb, 1994, ca.34,90 DM, ISBN 3-88535-144-7, Mai 1994

Mit der Publikation von Nodiers Roman „Jean Sbogar", der ein hier zu Lande noch unbekannter Klassiker des Schauerromanes ist, wollen wir die sich selbst aufklärenden und die sich literarisch bildenden Leser zu einem Vergleich dieses Werks mit dem von Stephen King anregen. (Uns diente dabei die Erzählung „Manchmal kommen sie wieder" Kings als Vergleichspunkt.) Wir sind aber auch der Auffassung, daß dieser Vergleich nicht nur zur besseren Einschätzung von Kings Büchern dient. Die viel differenziertere, subtilere und mehr auf Angstverarbeitung beruhende Weise, mit der Nodier eine solche Funktion auch erfüllt und die wir damit genauer in den Blick bekommen, erlaubt uns unsere Aufmerksamkeit darauf zu konzentrieren, welche Ängste die Menschen des beginnenden 19. Jahrhunderts empfunden haben, als sie mit der Industriegesellschaft konfrontiert wurden, und wie diese Ängste wiederum mit den vorherrschenden Lebensentwürfen und Gesellschaftskonzeptionen des 19. Jahrhunderts in Zusammenhang standen. Dies gilt zumal, da ja der Roman „Jean Sbogar" damals in Frankreich eingeschlagen hat und sogar Napoleon zu faszinieren vermochte.
Die Heldin des Romans, Antonia, ist von Nodier ganz nach dem bürgerlichen Leitbild der Frau vor der Ehe im 19. Jahrhundert modelliert: sie hat keine Beschäftigung oder Arbeit und ist ohne eigenes Zentrum in sich. Sie ist ganz auf die Ausbildung ihrer Empfindsamkeit und die Gewinnung eines Beschützers konditioniert.So wie diese Inaktivität ihre Reduktion bewirkt und eine Isolation herstellt, so erzeugt sie in ihr auch Angst. Indem Nodier dieses Leben in Venedig, dem Urbild des urbanen Lebens, situiert, indem Nodier Liebe, Angst, Melancholie und Tod in Venedigs und Triests Natur und Musik hineinprojiziert, macht er Venedig als einer der ersten Literaten zum Mythos, zur Stadt der Liebe und des Todes. So wie dabei Venedig, Triest und das Schloß Duino, in dem Dante schon seine „Hölle" schrieb und das Rilke für seine „ Duineser Elegien" zum Vorbild diente, sich zum Mythos verdichten und verschlüsseln, so wird dabei aber auch das heutige Ex-Jugoslawien zum Ort des Schreckens eines Interregnums zwischen den Fronten. (L.W.)

Über den Autoren: Charles Nodier war nicht nur Romancier sondern zugleich der Begründer einer neuen Romangattung in Frankreich, des von der „gothic novel" (Beckford, Maturin, Walpole) beeinflussten „roman noir", des französischen Schauerromans also. Er nahm Stevenson vorweg, ist mit E.T.A. Hoffmann vergleichbar und beeinflusste bis hin zu Lautréamont die französische Literatur. Hierzulande erst- und letztmals 1835 übersetzt, ist er noch ein Unbekannter wie Villiers de l'Isle-Adam auch , mit dem er manche Elemente der Düsternis gemein hat. (C.L.)

GEGENSPRECHEN

edition gesellschaftskultur

literatur für singles

Wolfgang Dahlke-Moyer
JAZZ-life
oder die Lebensangst des Thaddis-Jaime
Roman
212 S., DIN A 5, Pb., DM 24,60, ISBN 3-925679-13-8

Der Jazzmusiker Thaddis Jaime hat Angst. Nicht nur davor, daß die Musik stirbt, die noch auf richtigen Instrumenten gespielt wird, und er seinen Job verliert. Oder daß seine Freundin ihn verläßt Oder das die Bücher verschwinden, weil die Leute sich nicht mehr konzentrieren können.
Daß schließlich die ganze ehrliche Kultur in einer tiefen Krise steckt, die er, Thaddis, nicht überleben wird. Was ihn aber erst recht deprimiert, ist, daß die Nachbarn denken, er arbeitet nicht, und daß beim Binden der Schuhe die Schnürsenkel verschieden lang sind.

Wolfgang Dahlke-Moyer, Dr. phil., hat in Heidelberg und Hannover Literatur- und Sprachwissenschaft, Philosophie und Politik studiert, über Literatur, Theater, Film, Musik geschrieben, Gedichte veröffentlicht, war Jazzmusiker und Dozent für Jazz-Schlagzeug in Hannover. Zur Zeit lebt er als freier Autor in Goslar.

Hanns-Diethelm Blunck
IN SCHWERER SEE ZUHAUSE
Spontanlyrik
108 S., DIN A 5, Pb., DM 22,90, ISBN 3-925679-14-6

lyrik soll mit einer sehr umfassenden aufgabe versehen werden, nämlich als mittel, zum bewußtsein höherer vorgänge und welten zu gelangen …

Hanns-Diethelm Blunck, 1972 Abitur, 1972 bis 1977 Studium der Philosophie, Germanistik, Psychologie und Pädagogik an den Universitäten Lüneburg und Hamburg, danach kaufmännische sowie Verwaltungsausbildung; Ununterbrochene literarische Aktivitäten seit dem 11. Lebensjahr und Vielleser.

Iris Rudolph
LEBEN OHNE CHRISTOPH
Roman
200 S., DIN A 5, Pb., DM 26,80, ISBN 3-925679-15-4

Die Menschheit braucht Helden. Helden des Alltags. Helden der ungewöhnlichen Wege. Was läßt dich zaudern, dieser Held zu sein?

Iris Rudolph, geb. Brand (Bielefeld 1950), studierte Psychologie (und autodidaktisch Kritische Psychologie) in Gießen, drei Kinder, lebt seit 1988 als freie Schriftstellerin in Berlin. Veröffentlichungen: „Ich aber möchte Dich in Deiner maßlosen Freiheit", Erzählung, Frankfurt/Main 1993.

Gottfried Weger
JAPANISCHES JAHR
Natur-Tanka
44 S., DIN A 5, Pb., DM 18,60, ISBN 3-925679-16-2

Man muß nicht unbedingt in die Natur hinausgehn, um deren Schönheit sehen und deren Wunder ahnen zu können - man kann auch dieses Buch lesen, in dem uns vierundsiebzig Gedicht mit schlichten, leicht verständlichen Worten und den Mittel.. der Poesie ein ganzes Jahr von ihr und ein wenig von denselben vor Augen führen.

Gottfried Weger, geb. 1951 in Simbach/Inn. Zuerst Koch, dann staatlich geprüfter Betriebswirt, jetzt Empfangsherr. Publikationen in Zeitschriften (seit 1986); Teilnahme an mehrere Anthologien (seit 1986); Lyrikband „Lebensblicke", 1988, Worms; Lyrikband „Die Seele träumt nie aus", 1992, Bad Windsheim (vergr.)

Martin Frischmann
... DER REST IST SCHWEIGEN
Gedichte, m. 19 Fotos
94 S., DIN A 5, Pb., DM 21,90, ISBN 3-925679-17-0

... Welten der Leidenschaft, des Traums und des Friedens, aber auch ... des Krieges und der Zerstörung.

Martin Frischmann, geb. 1970 in Österreich, arbeitet als Literat, Fotograf und Journalist in der Landeshauptstadt St. Pölten.

Aufkleber:

Arbeit ? Nein, Danke. Schwarz, rot mit goldenem Stern, 12 x 9 cm;
Geld macht nicht glücklich, rd., Blau auf Silber, 10 cm Ø;
je DM 2,- + 1,- DM Porto (in Briefm.) oder 6 Stck. (a. gem.) für DM 10,-

verlag für die gesellschaft Dr. W. Neumann,
Raabestr. 18, 30177 Hannover

Vertrieb:

Materialis Verlag Rendeler Str.9 60385 Frankfurt
Tel. (069) 45 08 82

1.

DER HAUPTMANGEL ALLES BISHERIGEN MATERIALISMUS (DEN FEUERBACHSCHEN MIT EINGERECHNET) IST, DASS DER GEGENSTAND, DIE WIRKLICHKEIT, SINNLICHKEIT NUR UNTER DER FORM DES OBJEKTS ODER DER ANSCHAUUNG GEFASST WIRD; NICHT ABER ALS SINNLICH-MENSCHLICHE TÄTIGKEIT, PRAXIS, NICHT SUBJEKTIV. DAHER DIE TÄTIGE SEITE ABSTRAKT IM GEGENSATZ ZU DEM MATERIALISMUS VON DEM IDEALISMUS - DER NATÜRLICH DIE WIRKLICHE, SINNLICHE TÄTIGKEIT ALS SOLCHE NICHT KENNT - ENTWICKELT. FEUERBACH WILL SINNLICHE - VON DEN GEDANKENOBJEKTEN WIRKLICH UNTERSCHIEDENE OBJEKTE: ABER ER FASST DIE MENSCHLICHE TÄTIGKEIT SELBST NICHT ALS GEGENSTÄNDLICHE TÄTIGKEIT. ER BETRACHTET DAHER IM "WESEN DES CHRISTENTUMS" NUR DAS THEORETISCHE VERHALTEN ALS DAS ECHT MENSCHLICHE, WÄHREND DIE PRAXIS NUR IN IHRER SCHMUTZIG JÜDISCHEN ERSCHEINUNGSFORM GEFASST UND FIXIERT WIRD. ER BEGREIFT DAHER NICHT DIE BEDEUTUNG DER "REVOLUTIONÄREN", DER "PRAKTISCH-KRITISCHEN" TÄTIGKEIT.

3.

DIE MATERIALISTISCHE LEHRE VON DER VERÄNDERUNG DER UMSTÄNDE UND DER ERZIEHUNG VERGISST, DASS DIE UMSTÄNDE VON DEN MENSCHEN VERÄNDERT UND DER ERZIEHER SELBST ERZOGEN WERDEN MUSS. SIE MUSS DAHER DIE GESELLSCHAFT IN ZWEI TEILE - VON DENEN DER EINE ÜBER IHR ERHABEN IST - SONDERN.

DAS ZUSAMMENFALLEN DES ÄNDERNS DER UMSTÄNDE UND DER MENSCHLICHEN TÄTIGKEIT ODER SELBSTVERÄNDERUNG KANN NUR ALS REVOLUTIONÄRE PRAXIS GEFASST UND RATIONELL VERSTANDEN WERDEN.

Sinnlichkeit ist keine Tätigkeit, auch keine praktische und in der Verbindung mit "menschlich" keine. Sie ist es im Gegensatz zum abstrakten Denken als konkretes. Während das abstrakte Denken von Sinnlichkeit abstrahiert, ist konkretes Denken die Vergegenständlichung und Entäußerung von Sinnlichkeit. Letztere sind menschliche Formen von Tätigkeit, das, was letztlich den Menschen vom Tier unterscheidet (und nicht unbedingt mit Produktion gleichzusetzen ist, auch wenn es produktiv und in diesem Sinne auch Produktion, aber keine (politische) Ökonomie ist). Das abstrakte Denken ist theoretisches Denken, konkretes Denken ist nach Marx praktisches Denken. Es ist auch ein sinnvolles gegenüber einem letztlich sinnlosen Denken, es bewährt die Sinne, statt von ihnen abzusehen (wie z.B. das naturwissenschaftliche Denken nicht erst heute). Allein, das bloß anschauende Denken ist ein ebenso kontemplatives, theoretisches Denken, nur mit dem Unterschied, daß es nicht den Geist, sondern die Natur anschaut. Die Anschauung, wie sie Feuerbach meint, ist weder abstraktes noch konkretes Denken, sondern kein Denken, nämlich Vorstellen. Vorstellung ist aber das Medium der Philosophie überhaupt. Ohne Vorstellung gibt es weder abstraktes noch konkretes Denken, umgekehrt transzendieren aber beide das bloße Vorstellen. Genauer gibt es beim abstrakten Denken eine Vorstellung des Geistes, beim konkreten eines der Natur. Beide sind Bedingungen der Möglichkeit oder Voraussetzungen des jeweiligen Denkens, ohne das dieses nicht ist und nicht über sich hinausgehen könnte. Wenn Marx im ihn überschreitenden Sinne an Feuerbach anschließend das konkrete Denken favorisiert, weil es von der Natur ausgeht, so zollt er wie jeder Materialist seinen frühen Tribut an den Geist, den er doch selbst in seinem Denken vertritt, das heißt, er macht sich falsche Vorstellungen über seine eigene Vorgehensweise. Denken wäre heute deshalb - so wie Marx implizit, ohne sich darüber zu äußern, seinen Standpunkt später revidiert - als ein Denken zu konzipieren, das sowohl von der Natur als auch vom Geist ausginge, das beide praktisch enthielte, ohne sie identisch zu setzen. Nun sind Natur und Geist in den für natürlich gehaltenen Begriffen, einer quasi dritten Natur (19), heute tendenziell identisch geworden. Es sind dies die Begriffe, von denen der Mensch sich Vorstellungen macht (wie die der Arbeit, des Geldes, der Moral und der Liebe). Diese Begriffe aber sind unbewußt, und das heißt, der Mensch macht sich heute Vorstellungen von seinem unbewußten Bewußtsein. Dieses ist die vorgestellte Voraussetzung des Denkens. In Denken aber hat sich, analog zur Verkehrung von abstrakter und konkreter Arbeit, die Veränderung vollzogen, daß abstraktes Denken (wie das der Technologie) konkret und das konkrete Denken (wie das der Politik) abstrakt geworden ist. Ein Drittes scheint nicht möglich, wäre aber gerade das Unbekannte, das eine Veränderung der Gesellschaft bräuchte. Nun ist abstraktes Denken und konkretes Denken bewußtlos, so daß als einzige Alternative ein unbewußtes Denken bliebe. Dieses unbewußte Denken, das erst heute massenhaft möglich wird (und das schon der Faschismus für seine Zwecke manipulativ benutzte und das heute, in der sozialfaschistischen Gesellschaft, die Werbung gebraucht), ist nach Maßstäben der Tradition ein ästhetisches Denken, ein "Behaupten" und "Urteilen". In ihm erst würde Denken seinem Begriff adäquat. Auf deutsch gesagt bedarf es heute unter revolutionstheoretischen und -praktischen Gesichtspunkten weder der Theorie noch der Praxis, sondern der Ästhetik. Allein ihr Wesen wäre Theorie, ihr Schein Praxis.

Daß der Materialismus die Natur zur Bedingung oder Vorstellung hat, identifiziert Marx mit dem Gedanken, daß sie für ihn Objekt sei. Dagegen habe der Idealismus, welcher Spielart auch immer, der den Geist zur Voraussetzung hat und voraussetzt, ein Subjekt gedacht. Anders gesagt ist beim Materialismus die Natur das Bestimmende, von der der Mensch abhängig sei, und beim Idealismus der Geist. Nach Marx' Denken ist der Materialist vom Objekt, der Idealist vom Geist abhängig oder, nach ihnen, der Mensch, was jene voraussetzen. Deshalb sind für den Materialisten die Menschen Objekte, für den Idealisten Subjekte. Das stimmt aber in dieser idealtypischen Vereinfachung nicht ganz, denn z.B. bei Hegel ist der Mensch identisches Subjekt-Objekt, zumindest da, wo er vernünftiger Mensch ist oder wo die Vernunft herrscht. Das ist heute, in der nach-bürgerlichen Gesellschaft, der Fall. - Der Idealismus faßt aber das Subjekt nicht als wirklich und sinnlich, sondern als möglich und abstrakt, weshalb kritische Theorie, auch die Marxsche, in der idealistischen Philosophie über das Gegebene hinausgehende transzendierende Momente annimmt. Der Materialismus faßt das Objekt nicht als entfremdet und unmenschlich, sondern als materiell und tierisch, weshalb er das gesellschaftliche Sein des Menschen verfehlt (wie z.B. der Behaviourismus und Pragmatismus oder auch in toto die Naturwissenschaften). - Weil Marx das identische Moment der abstrakten Möglichkeit als Kritik faßt und das des Stoffwechsels als praktisch, kommt er zu dem Terminus "der 'revolutionären', der 'praktisch-kritischen' Tätigkeit". In ihr ist die Kritik wirklich und sinnlich: polemisch, und die Praxis entfremdet und unmenschlich: Arbeit. Marxens Begriff praktisch-kritischer Tätigkeit ist der polemischer Arbeit, die er dann auch in der Deutschen Ideologie und der Kritischen Kritik an den Junghegelianern oder im Anti-Proudhon an diesen führt. Das gilt auch noch für die diversen Vor- und Nachworte von Marx, die allerdings seinen materialen Arbeiten in den "Grundrissen" und dem "Kapital" nicht entsprechen, was hier nicht erörtert werden kann. Marx persönliches praktisches Verhalten, wie es in den Briefen dargelegt ist, erhärtet diese Ansicht. - Heute ist dagegen nicht mehr von Subjekt oder Objekt auszugehen, weil diese sich in dem Begriff selbst trialektisch verflüchtigt haben (20). Der Begriff selbst aber ist weder als Subjekt noch als Objekt aufzufassen, sondern nur mit-sich-selbst-identisch, von sich selbst abhängig. Es sind die Politik, die Wissenschaft und die Medien, die ihn als solchen erhalten, indem sie ihn ständig neu konstituieren. Erst dadurch wird die Welt zu einer Welt. Kritik kann nur als Selbst-Kritik der Begriffe noch gedacht werden; Praxis als eine die Praxis der Arbeit (des Geldes und der Moral bzw. der Liebe) aufhebende Praxis. Das heißt, eine Tätigkeit, wie sie Marx vorschwebt, kann nicht mehr als Praxis und Kritik in einem gedacht werden, sondern nur noch als Selbstbefriedigung (wie es das Lieben zwischen Mann und Frau heute im genitalen Verkehr schon tendenziell geworden ist, aber eben nicht die Arbeit). Diese menschliche Tätigkeit ist dann aber keine gegenständliche Tätigkeit, sondern eine ungegenständliche. So wie der Wert ein "indirekt materialistisches Ding" (Krahl) oder ungegenständlich ist, das Wertgesetz eine ungegenständliche Bewegung beschreibt, wird die gesellschaftsverändernde Tätigkeit eine ungegenständliche, kommunikative, in der sich die Begriffe wie die Praxis von Arbeit (Geld, Moral und Liebe) auflösen. Dies entspricht einer Welt, die, wie Lyotard vermutet (21), fiktiv geworden ist (womit er Telekommunikation, Computer usw. meint). Die Arbeit selbst (ebenso das Geld, die Moral und die Liebe) ist aber fiktiv geworden (s. W.N., Die Antiquiertheit der Moderne (ebenda)). Selbstbefriedigende Tätigkeit aber ist keine re-volutionäre, sondern eine evolutionäre Tätigkeit.

Wenn nach Rousseau z.B. die Umstände (die Umwelt) und die Erziehung des Menschen (seine Natur) verändert werden müßten, bemerkt Marx, daß die Umwelt von einem Menschen verändert werden müsse, der selbst noch verändert wurde. Marx setzt also einen Menschen voraus, der von seiner Natur abstrahiert, das heißt einen Menschen, der sich selbst verändert. Die revolutionäre Praxis aber, die die Natur beherrscht, die innere wie die äußere des Menschen, ist die industrielle Praxis, die sich durch den Menschen ständig revolutioniert. Ein solcher Begriff von Praxis ist heute obsolet geworden, weil er die Natur des Menschen zerstört bzw. manipuliert. Nur aufgrund solcher Praxis ist das möglich, was wir Demokratie nennen: die Gleichheit aller an jenem Begriff. Die materialistische Ansicht dagegen rechnete noch mit einer über dem Volk stehenden Schicht, einem Problem, das sich in dem latenten Problem des Verhältnisses von Intelligenz und Proletariat tradieren sollte. Marx' Konzept hält die Veränderung des Proletariats und der Intelligenz gleichermaßen dagegen, was seinen Demokratie- und Sozialismusbegriff ausmacht. Dieser ist heute nicht mehr haltbar. Erstens hat er sich heute tendenziell (im Westen) realisiert, und zweitens beruht er in weitgehendem Maße auf der Herrschaft über innere und äußere Natur. Gegenüber diesen ist der Mensch aber invariant, was sich darin zeigt, daß diese dialektisch zurückschlagen: in der Pathologie, in der Entropie. Die Erziehung verändert heute wie die Umwelt den Menschen mehr als jener diese, derart, daß Umwelt und Sozialisation zu herrschenden Mächten wurden. Statt die Umstände (die Umwelt) und die Erziehung (die innere Natur) zu verändern, wie es der Materialismus fordert, und die Veränderung selbst noch zu verändern, wie Marx meint, wären die Umwelt und die Natur des Menschen allererst neu herzustellen, damit diese einerseits nicht zu bestimmenden Mächten werden, und sie zweitens nicht immer wieder und noch mehr beherrscht werden müssen. Sie wären als vernünftig zu konstituieren, was heute dem Ungeist der Gen-Manipulation und den Arbeitsüberwachungssystemen bzw. den Politikern, Wissenschaftlern und Medienagenten überlassen bleibt. Von daher wäre die Gesellschaft nicht in zwei Teile (Bourgeoisie und Proletariat) zu zergliedern, aber auch nicht zu integrieren (Demokratie/Sozialismus), sondern in viele Teile zu fächern, die ihren jeweiligen Wert haben (multikulturelle Gesellschaft). Revolutionäre oder besser: evolutionäre Praxis wäre dann auch nicht als Selbstveränderung zu fassen, sondern als Mensch- und Weltveränderung. Selbstveränderung wäre heute die Anpassung an die neuen Erfordernisse und die Bedürfnisse z.B. der Industrie. Es kommt aber darauf an, diese gerade zu verändern.

4.

FEUERBACH GEHT VON DEM FAKTUM DER RELIGIÖSEN SELBSTENTFREMDUNG, DER VERDOPPELUNG DER WELT IN EINE RELIGIÖSE UND EINE WELTLICHE AUS. SEINE ARBEIT BESTEHT DARIN, DIE RELIGIÖSE WELT IN IHRE WELTLICHE GRUNDLAGE AUFZULÖSEN. ABER DASS DIE WELTLICHE GRUNDLAGE SICH VON SICH SELBST ABHEBT UND SICH EIN SELBSTÄNDIGES REICH IN DEN WOLKEN FIXIERT, IST NUR AUS DER SELBSTZERRISSENHEIT UND DEM SICHSELBSTWIDERSPRECHEN DIESER WELTLICHEN GRUNDLAGE ZU ERKLÄREN. DIESE SELBST MUSS ALSO IN SICH SELBST SOWOHL IN IHREM WIDERSPRUCH VERSTANDEN ALS PRAKTISCH REVOLUTIONIERT WERDEN. ALSO NACH DEM Z.B. DIE IRDISCHE FAMILIE ALS DAS GEHEIMNIS DER HEILIGEN FAMILIE ENTDECKT IST, MUSS NUN ERSTERE SELBST THEORETISCH UND PRAKTISCH VERNICHTET WERDEN.

6.

FEUERBACH LÖST DAS RELIGIÖSE WESEN IN DAS MENSCHLICHE WESEN AUF. ABER DAS MENSCHLICHE WESEN IST KEIN DEM EINZELNEN INDIVIDUUM INNEWOHNENDES ABSTRAKTUM. IN SEINER WIRKLICHKEIT IST ES DAS ENSEMBLE DER GESELLSCHAFTLICHEN VERHÄLTNISSE.

FEUERBACH, DER AUF DIE KRITIK DIESES WIRKLICHEN WESENS NICHT EINGEHT, IST DAHER GEZWUNGEN:

1. VON DEM GESCHICHTLICHEN VERLAUF ZU ABSTRAHIEREN UND DAS RELIGIÖSE GEMÜT FÜR SICH ZU FIXIEREN, UND EIN ABSTRAKT-ISOLIERT-MENSCHLICHES INDIVIDUUM VORAUSZUSETZEN.

2. DAS WESEN KANN DAHER NUR ALS "GATTUNG", ALS INNERE, STUMME, DIE VIELEN INDIVIDUEN NATÜRLICH VERBINDENDE ALLGEMEINHEIT GEFASST WERDEN.

7.

FEUERBACH SIEHT DAHER NICHT, DASS DAS "RELIGIÖSE GEMÜT" SELBST EIN GESELLSCHAFTLICHES PRODUKT IST UND DASS DAS ABSTRAKTE INDIVIDUUM, DAS ER ANALYSIERT, EINER BESTIMMTEN GESELLSCHAFTSFORM ANGEHÖRT.

9.

DAS HÖCHSTE, WOZU DER ANSCHAUENDE MATERIALISMUS KOMMT, DAS HEISST DER MATERIALISMUS, DER DIE SINNLICHKEIT NICHT ALS PRAKTISCHE TÄTIGKEIT BEGREIFT, IST DIE ANSCHAUUNG DER EINZELNEN INDIVIDUEN UND DER BÜRGERLICHEN GESELLSCHAFT.

10.

DER STANDPUNKT DES ALTEN MATERIALISMUS IST DIE BÜRGERLICHE GESELLSCHAFT, DER STANDPUNKT DES NEUEN DIE MENSCHLICHE GESELLSCHAFT ODER DIE GESELLSCHAFTLICHE MENSCHHEIT.

Feuerbach, der die Welt aus der Religion deduziert, setzt Marx induktiv die Erkenntnis und praktische Veränderung der Religion entgegen. Wenn Feuerbach die religiöse Selbstentfremdung in die weltliche auflöst, erkennt Marx erstere aus letzterer entstanden. Diese müsse erkannt und als Widerspruch verstanden sowie praktisch revolutioniert werden. Deshalb kommt Marx zu der These, daß nach der Entdeckung des Geheimnisses der heiligen Familie in der irdischen diese "theoretisch und praktisch vernichtet werden" muß. Das heißt, die religiöse Selbstentfremdung und ihre Welt werden in ihrem Sein belassen, wenn es nicht zur Aufhebung der irdischen Widersprüche kommt, also z.B. die Familie abgeschafft worden ist, wie es bis heute nicht der Fall ist. Die positive Wissenschaft erklärt die geistig-religiösen Wesenheiten aus den weltlich-materiellen, wie es Marx in der Deutschen Ideologie als einzig wahre Wissenschaft vorschlägt, und Marx selbst nie geleistet hat, ebenso wenig und noch weniger seine Nachfolger. Feuerbachs Arbeit ist dagegen eine der, wie wir heute sagen würden, Reduktion von Komplexität, die auch Marx in den Grundrissen und im Kapital nicht aufgegeben, sondern zur Methode erhoben hat. Feuerbach und Marx sind darin - und dem würde sich heute N. Luhmann anschließen - identische Linkshegelianer. Was ihnen abgeht, ist eine dem religiösen oder geistigen eigene, immanente Kritik, wie sie in Ansätzen Adornos Werk enthält, oder wie es, davon gar nicht weit entfernt, ein Foucault praktizierte. Nur dadurch kommt es zu der berühmten Entfremdung von der Entfremdung (oder dem Bewußtsein der Entfremdung), daß die gesellschaftlichen Widersprüche nicht aufgelöst, sondern verdrängt wurden und werden, und der sogenannte Überbau eine ihm eigene Macht und Gewalt über den Menschen gewinnt, was das Produkt der Politik, der Wissenschaft und der Medien ist. So existiert, um beim Beispiel zu bleiben, die irdische Familie heute als bloße religiöse und geistige Vorstellung oder Selbstentfremdung, als Entfremdung von den eigenen entfremdeten Bedürfnissen und Interessen bzw. Erkenntnissen, deren Überwindung erst ein praktisches Denken, Sprechen und Handeln möglich machen würde. Deshalb hatte die Studentenbewegung der 60er Jahre darin recht, eine Kulturrevolution zu fordern und ansatzweise selbst zu praktizieren. Denn erst durch die (Selbst-) Kritik des

Geistigen und Religiösen (oder des Übersinnlichen) wird es intellektuell und tatsächlich möglich, die ihnen zugrundeliegenden Widersprüche und Entfremdungen a. in ihrer Realität anzuerkennen und b. durch die Konstitution von etwas Neuem aufzuheben.

Wenn ich wie Feuerbach das religiöse Wesen in das weltliche auflöse, erhalte ich nach Marx nur ein abstraktes Individuum, das ich als menschliches Wesen nur ausgebe. Das ist insofern richtig, als der Mensch, wie er (nicht erst heute) in Wirklichkeit ist, ein solcher abstrakter Mensch oder nur sein Schein oder Begriff, besser: Vorstellung, ist. Er ist isolierter Mensch, zumal in der Arbeit, die sein Leben bestimmt, ebenso, wie seine Sozialisation ihn arbeitsteilig zerstreut. Das Wesen eines solchen Menschen kann dann, und hier kritisiert Marx sich selbst (seinen Gattungsbegriff der ökonomisch-philosophischen Manuskripte), nur als Gattungswesen gefaßt werden. Als solches Wesen begreifen heute alle liberalen Gesellschaftskritiker und -verteidiger die Menschheit wie das Wesen des vereinzelten Einzelnen in der ganzen Welt. - Nun will Marx das menschliche Wesen nicht als isoliertes oder, im Gegensatz dazu, als Gattungswesen begreifen, sondern als "Ensemble der gesellschaftlichen Verhältnisse". Das heißt, er sieht den Menschen als Produkt der Gesellschaft. Diese in sich widersprüchlichen gesellschaftlichen Verhältnisse sind in den sie widerspiegelnden geistig-religiösen Verhältnissen erkennbar, und nur aufhebbar durch die Aufhebung jener, das heißt, die immanente Kritik und Aufhebung dieser allein führen zur Aufhebung letzterer. Feuerbachs Weg ist der der Abstraktion, Marx' der der Konkretion, was beides heute nicht mehr nützlich ist, denn der entscheidende gesellschaftliche Widerspruch ist der von Begriff und Ding geworden, von Unbewußtem und Material, an dem z.B. G. Anders sich aufreibt (s. G. Anders, Die Antiquiertheit des Menschen, München 1983), der auf dem Standpunkt des Feuerbachschen Menschen steht. Letztlich ist aber jedes Gesellschaftliche erklärbar, auch noch Begriff und Ding. Aber die Gesellschaft erklärt sich nicht selbst, sondern durch Distanz und Freiheit von ihr, was sich in anarchistischen Theorien wie denen Mühsams ankündigt und Adorno realisierte, der richtig immanenter Kritiker des Religiös-Geistigen war und blieb. Es kommt also bei der Aufhebung von Entfremdung an auf 1. den Gesichtspunkt der Geschichte und 2. den der nicht natürlichen, sondern gesellschaftlichen Allgemeinheit, was das Gegenteil zu jedem New-age-Populismus darstellt. Wenn Geschichte die Ideen, Worte und Taten ihrer großen Männer (weniger Frauen) und Gesellschaft der Inbegriff ihrer Daseins- und Bewußtseinsbestimmungen, letztlich ökonomisch zu analysierender Begriff, ist, dann sind erstere vor- und letztere unbewußt. Eine wie auch immer neue Gesellschaft ist nur durch ebensolche neuen Ideen usw. und Begriffe konstituierbar, weil nur dadurch der sogenannte Überbau sich selbst aufhebt, was seine einzige Veränderungsmöglichkeit ist. Erst dann gibt es so etwas wie ein menschliches Wesen jenseits gesellschaftlicher Verhältnisse, was von denen meist vergessen wird, die es auf Unmittelbarkeit anlegen. An die Stelle dieser gesellschaftlichen Verhältnisse, die im einzelnen sich sedimentieren, tritt die Gesellschaft selbst als Verhältnis, zu dem der Mensch steht wie einst nur zur Natur.

Ob in den ehemaligen sogenannten sozialistischen Ländern oder denen des Westens, ist das "abstrakte Individuum" ein Produkt der bürgerlichen Gesellschaft, das als Reaktion auf seine Isolation ein "religiöses Gemüt" entwickelt, durch das allein es sich wohlfühlt und seine Entfremdung ertragen kann. Die Entfremdung ist also notwendig, um sich von sich selbst nicht entfremdet fühlen zu müssen. Heute ist dieses

GEGENDENKEN

edition gesellschaftsphilosophie

Helmut Fleischer
EPOCHENPHÄNOMEN MARXISMUS.
260 S., DIN A 5, Pb., DM 32.60, ISBN 3-925679-12-x

Der Verfasser legt mit diesem Buch seine Bilanz vor. Das geschichtliche Paradox ist, wie der Vordenker ideologiekritischer Aufklärung zum Stammvater einer Weltideologie und zum Schutzpatron einer Weltmacht werden konnte. Helmut Fleischer sucht den Schlüssel zu einem historischen Verständnis dieser geschichtlichen Anomalie.

Helmut Fleischer (geb. 1927), war von 1957 bis 1969 in der Osteuropa-Forschung tätig, habilitierte 1971 an der Freien Universität Berlin und wurde 1972 Professor für Philosophie an der Technischen Hochschule Darmstadt. Buchveröffentlichungen: Marxismus und Geschichte, Frankfurt/Main 1969; Marx und Engels. Die philosophischen Grundlinien ihres Denkens, Freiburg-München 1970; Sozialphilosophische Studien. Kritik der marxistisch-leninistischen Schulphilosophie, Berlin 1973; Ethik ohne Imperativ. Zur Kritik des moralischen Bewußtseins, Frankfurt/Main 1987

Walter G. Neumann
SEXUALITÄT UND PHILOSOPHIE. Zur Psychoanalyse kritischen Denkens.
48 S., DIN A 5, Pb., DM 18.60, ISBN 3-925679-10-3

Dieses Buch gibt keine Auskunft über die Sexualität und die sexuellen Praktiken von Philosophen. Es ist auch keine Philosophie der Sexualität, die noch aussteht, sondern ein Buch darüber, was Philosophie mit Sexualität zu tun hat. Untersucht werden dabei die klassischen philosophischen Systeme von Platon bis Hegel und die sich daran anschließenden kritischen Philosophien von Marx bis Sartre, von Nietzsche bis Krahl. Der Gedanke, an sich selbst philosophisch, geht auf den sexuellen Gehalt dieser Philosophien.

Verlagsadresse: edition gesellschaftsphilosophie, Dr. W. Neumann,
Raabestr. 18, 3 Hannover 1

Walter G. Neumann
DIE MATERIELLE EINHEIT DER WELT. Eine Synthese von Geist und Natur.
88 S., DIN A 5, Pb., DM 24.80, ISBN 3-925679-11-1

Die Physik hat wie die gesamte Naturwissenschaft an der Erklärung des Geistes ihre Grenze. Dieser ist nach den Erkenntnissen kritischer Theorie nur materialistisch durch das gesellschaftliche Bewußtsein zu analysieren. Kultur und Natur bilden demnach eine Einheit, die im dem Menschen Unbewußten ihren Grund hat. In der Astrophysik spricht man/frau dabei von der schwarzen oder unbekannten Materie bzw. Anti-Materie. Gegen alle mathematischen Gleichungen und religiöse bis mystische Illusionen wird deshalb die Welt psychoanalytisch erkennbar und in einem einzigen, Einsteins einheitliche Feldtheorie realisierenden Entwurf verständlich.

RADIKALE ZEITEN. Zeitschrift. (Hrsgb.:) W.Neumann, Nr. 1/93
4 S., DIN A 4, DM 3.70 (in Briefmarken)

Die "Modern Times" und die "Temps Modernes" waren Kritiken zur rechten Zeit. Ihnen schließen sich "Radikale Zeiten", eine Flugblatt-Zeitschrift an. Die erste Nummer beginnt mit einer Kritik des Geldes angesichts des kommenden ökonomischen und ökologischen Zusammenbruchs der Weltgesellschaft, der kritisch-materialistischen Orthodoxie, des Mangels an Denk-Ökonomie und des Marxismus als "absolutem Idealismus" (H.J. Krahl).

edition

Gesellschaftsphilosophie

Dr. W. Neumann,
Raabestr. 18, 3 Hannover 1

Vertrieb: Materialis-Verlag
Rendelerstr. 9-11,
6 Frankfurt/Main 60, Tel.: 069-450882;

Gegensteuern

Neuerscheinungen 1993 bei Materialis

Gert Schäfer
Macht und öffentliche Freiheit
Studien zu Hannah Arendt
D 18, Materialis, 112 S. Pb, 22,90 DM, ISBN 3-88535-157-9, Mai 1993

Gert Schäfer (GS) hat Hannah Arendt (HA) noch hautnah selber erlebt, als sie während der Studentenbewegung an der Ffmer Uni eine Gastvorlesung hielt. Dazu eingeladen hatte sie Iring Fetscher, bei dem GS damals wissenschaftlicher Assistent war. So wie GS damit auf eine lange Beschäftigung mit HAs Werk zurückblicken kann, so haben seine ersten beiden Aufsätze in diesem Buch auch einen hinführenden Charakter auf dieses Werk. Der 3.Aufsatz geht dann medias in res. GS hat dafür die Schriften von HA einer eingehenden Analyse unterzogen, um die Marxismuskritik HAs herauszudestillieren. Durch die präzise Rekonstruktion und luzide Darstellung wird somit erstmals in der Literatur diese Kritik zusammenhängend einsehbar gemacht. Mit seinem 4. und letzten Aufsatz mischt sich GS dann in die aktuelle Auseinandersetzung um das Werk von HA ein. Während GS sich selber schon lange im Umkreis der Habermasschen Theoriebildung ansiedelt, hat die Diskussion in den USA sich mehr um die Angemessenheit der Habermasschen Interpretation von HAs Werk bewegt. GS setzt sich damit auseinander und setzt sich von den Positionen von Heather, Stolz, Luban und Canovan ab, während er sich mehr auf Benhabib und Bernstein bezieht. GS sieht die wesentliche Differenz zwischen Habermas und Arendt darin, daß Habermas den Theorieansatz des linguistic turn in seine Theoriebildung zusätzlich aufgenommen habe. Dies ist dann für GS der Ausgangspunkt, um auf das Spätwerk von HA einzugehen und es mit dem von Habermas zu vergleichen.

W. Kreutzberger, K. Christoph, G.A. Pilz, R. Pohl,
A. Schulte, B. Blanke, G. Schäfer, J.Seifert
Aus der Mitte der Gesellschaft -
Rechtsradikalismus in der Bundesrepublik
D 19, Materialis, 108 S. Pb, 22,90 DM, ISBN 3-88535-156-0, Mai 93

Die vorliegenden 8 Beiträge stammen alle von wissenschaftlichen Experten, die von ihrem Spezialgebiet her in prägnanter Weise auf die verschiedenen Aspekte des gegenwärtig grassierenden Rechtsradikalismus (RR) eingehen. Da alle Autoren an derselben Uni arbeiten (Hannover) -6 davon am Institut für politische Wissenschaft (IfPW) - und in einem laufenden Diskussionszusammenhang stehen, haben sie die arbeitsteilige Struktur ihrer Beiträge gut aufeinander abgestimmt. Dies kommt der Gesamt- und Nachwirkung des Buches zugute. Der erste Beitrag von WOLFGANG KREUTZBERGER, dem Experten für Rechtsradikalismus des IfPW, liefert mit seiner Erklärung des Begriffs "Rechtsradikalismus", der Mentalität konsequenter Rechtsradikaler, der gegenwärtigen Erscheinungsformen des RR und den Deutungsmustern den kategorialen Rahmen und das theoretische Gerüst für den ersten Teil des Buches "Ein neuer RR ?" Im 2. Beitrag von KLAUS CHRISTOPH wird die durch die Wiedervereinigung verstärkte Ausländerfeindlichkeit in ihrer Genese und Wirkung nachvollzogen. Der dritte Beitrag von G.A. PILZ, dem Fußballfan- und Skinheadexperten des Sportwissenschaftlichen Instituts, bringt plastisch die Denkweisen und Haltungen solcher Jugendlicher zum Ausdruck. Er setzt sich vehement dafür ein, die Alltags- und Lebenswelt dieser Jugendlichen kennenzulernen, sie nicht weiter auszugrenzen. Dies gelte umso mehr, da die überwiegende Zahl der gewaltbereiten und gewalttätigen Jugendlichen (100.000) noch keineswegs rechtsradikal seien. Der 4.Beitrag des Psychologen ROLF POHL geht dann näher auf die Binnendimension psychosozialer Erlebnisweisen bei der heute sich vollziehenden Pubertät und Adoleszenz ein. Die Gewaltfaszination und das

Sinken der Hemmschwelle gegenüber Tötung wird dabei als projektive Entlastung sowohl von den eigenen Ängsten als auch von der strukturellen und manifesten Gewalt in der Gesellschaft dechiffriert, die zunehmend ausagiert werde.

Der II.Teil des Buches beschäftigt sich dann mit der "Rolle der offiziellen Politik gegenüber dem RR". AXEL SCHULTE, der Ausländerexperte des IfPW, belegt detailliert, daß die strukturellen und institutionellen Maßnahmen, die in der Bundesrepublik bei Ausländern angewandt werden, für diese die objektive Realität einer Diskriminierung herstellen. Die offiziellen Reden der Mitglieder der politischen Klasse und der führenden Wirtschaftsvertreter hingegen suchen diese Tatsache zu dementieren oder zu bemänteln. BERNHARD BLANKE spezifiziert diese Aussage anhand des "Asylkompromisses". Hierbei hat es die politische Klasse vorgezogen, die alte Beschwörungsformel "Die Bundesrepublik ist kein Einwanderungsland" noch konsequenter zugrundezulegen statt endlich den Tatsachen ins Gesicht zu sehen und eine angemessene Einwanderungspolitik zu diskutieren und umzusetzen. Wenn daher GERT SCHÄFER die Diskrepanz zwischen den beschönigenden und selbstverherrlichenden Reden und den die Ausländer diskriminierenden politischen Maßnahmen zum Ausgangspunkt seiner Betrachtungen nimmt, so richtet er konsequenterweise darauf, die Motive, Denkweisen und Haltungen der offiziellen Politik aufzudecken, die diese ausländerfeindliche Realität produziert hat. JÜRGEN SEIFERT fasst abschließend zusammen und verwendet die erzielten Resultate dazu, um einen Forderungskatalog für eine demokratische Politik gegenüber dem RR aufzustellen.

Peter Schyga
Kapitalismus und Dritte Welt

Zur Aktualität der Akkumulationstheorie Rosa Luxemburgs

D 17, Materialis, 112 S. Pb, 22,90 DM, ISBN 3-88535-155-2, Mai 1993

Peter Schyga (PS) geht es darum, Elemente einer aktualisierenden Transformation der Kapitaltheorie Rosa Luxemburgs (RL) beizubringen. Der Schlüsselbegriff RLs ist für ihn dabei: die materielle Reproduktion der Gesellschaft. PS zeigt auf, daß RL, wenn sie die Reproduktionsfrage stellt, darunter die Gefährdung der nicht-kapitalistischen Sphäre versteht, während er im Zuge der heutigen Ökologiediskussion darunter die Bewahrung der Natur versteht. Der II.Teil des Buches beschäftigt sich dann mit der "Rolle der konkreten Untersuchungen von RL einem Test. Er untersucht auf der Basis der heutigen Quellenlage und Forschungen RLs Beispiel einer von innen initierten Modernisierung in der Dritten Welt : dem Ägypten des 19.Jh. Während RL davon ausging, daß die Dritte Welt zunehmend durchkapitalisiert werde und dies mit dem Beispiel Ägyptens zu belegen suchte, zeigt PS auf, daß dort nicht eine Durchkapitalisierung stattfand, sondern eine Einbeziehung in das ökonomische Weltsystem, die im Resultat zu einer Ökonomie der permanenten Unterentwicklung und Peripherisierung führte.

Materialis

Bestellungen über den Buchhandel
Materialis Verlag, Rendeler Str. 9-11,
D-6000 Frankfurt 60

Das materialische Wesen ist die konkrete Gestalt des geistigen Wesens. Jakob Böhme *abstrakte Individuum konkret geworden, es hat sich konkretisiert (sichtbar im Single-Dasein, dem individuellen Arbeitsvertrag, der Partnerwahl nach individuellen Eigenschaften usw.). Das religiöse Gemüt hat sich zu einem übersinnlichen entwickelt (wie im new-age, dem Psycho-Boom, dem Spiritualismus, Sekten usw.). Dagegen wären unter Aspekten einer Gesellschaftsveränderung zwei Strategien zu entwickeln: 1. muß das Individuum neben sich selbst treten, um seinn im abstrakten und konkreten nur aufgehobenen Sinn, den Sinn seines Lebens, besser: Daseins, zu erfassen. Das heißt, es müßte selbstbewußtes, egoistisches Individuum werden, das nimmt, was es braucht, und das tut, was es will und die Folgen trägt usw. Egoismus und Freiheitsbewegung sind nach einem Wort von Horkheimer (22) eng miteinander verknüpft. 2. Das übersinnliche Gemüt muß zum Mut zum Übersinnlichen werden, es auch ins Praktische umzusetzen. Es bedarf seiner eigenen Praxisrelevanz, statt bloße Kontemplation zu sein. Erst im Praktischen kommt das Übersinnliche zu sich oder auf seinen ihm entsprechenden Begriff, wie das Individuum in der Individualität.*

Das ist auch der kritischen Theorie vorzuwerfen, daß sie es bei der "Anschauung der einzelnen Individuen und der bürgerlichen Gesellschaft" beläßt, statt beide praktisch und durch die Sinne selbst zu verändern, wie es nur bei Marcuse anklingt (Versuch über die Befreiung (ebenda)). Der Widerspruch von Individuum und Gesellschaft ist ihr zentral wie stillgestellt, außer daß sie den Zerfall beider Momente beklagt, die in Eindimensionalität übergehen. So wie das einzelne Individuum aber heute schon begonnen hat, die bürgerliche Gesellschaft zu verändern und die bürgerliche Gesellschaft den einzelnen vergesellschaftet, verändert sich tendenziell auch diese. Das Individuum entwickelt viele, mehrere und verschiedene Ich, die nach-bürgerliche Gesellschaft spaltet sich in pluralistische, multi-kulturelle, verschiedene Gesellschaften auf. Beides geschieht aber noch in privater, privateigentümlicher Form. Diese aber ist nicht mehr durch eine praktische Tätigkeit aufhebbar (ebensowenig durch eine theoretische), sondern allein durch eine ästhetische praktischen Denkens, Sprechens und Handelns, durch die das Individuum zum gesellschaftlichen Menschen und die (nach-)bürgerliche Gesellschaft zur menschlichen Gesellschaft würden.

2.
DIE FRAGE, OB DEM MENSCHLICHEN DENKEN GEGENSTÄNDLICHE WAHRHEIT ZUKOMME - IST KEINE FRAGE DER THEORIE, SONDERN EINE PRAKTISCHE FRAGE. IN DER PRAXIS MUSS DER MENSCH DIE WAHRHEIT, I.E. WIRKLICHKEIT UND MACHT, DIESSEITIGKEIT SEINES DENKENS BEWEISEN. DER STREIT ÜBER DIE WIRKLICHKEIT ODER NICHTWIRKLICHKEIT DES DENKENS - DAS VON DER PRAXIS ISOLIERT IST - IST EINE REIN SCHOLASTISCHE FRAGE.

8.
ALLES GESELLSCHAFTLICHE LEBEN IST WESENTLICH PRAKTISCH. ALLE MYSTERIEN, WELCHE DIE THEORIE ZUM MYSTIZISMUS VERANLASSEN, FINDEN IHRE RATIONELLE LÖSUNG IN DER MENSCHLICHEN PRAXIS UND IN DEM BEGREIFEN DIESER PRAXIS.

Wenn "der Streit über die Wirklichkeit oder Nichtwirklichkeit des Denkens - das von der Praxis isoliert ist - (...) eine rein scholastische Frage (ist)", dann ist Denken weder als wirkliches noch als nichtwirkliches, sondern als praktisches zu fassen. Ein Denken, das nicht wirklich ist, ist eine bloße Vorstellung des Bewußtseins, ein Denken, das wirklich ist, ist ein bloßes Bewußtsein von Vorstellungen. Das erstere, exemplarisch das der Geisteswissenschaften, abstrahiert vom Sein, das der Naturwissenschaften vom Bewußtsein, wobei jenes ein materiell zu nennendes Sein und dieses ein ideell zu nennendes Bewußtsein ausmachen. Ersteres projiziert, letzteres rejiziert. Das eine bestimmt das Bewußtsein, das andere das Sein des Menschen. Beide aber sind Formen von Widerspiegelung, sei es eines Seins oder eines Bewußtseins, das heißt einer bestimmten Wirklichkeit. Insofern sind beide passiv. Praktisches Denken dagegen ist im Gegensatz dazu wirklichkeitskonstitutiv. Es ist ein gegenüber den obigen Weisen umgekehrtes Denken, Resultat der Umstülpung, die Marx an Hegel (wie auch an Feuerbach) vornimmt und mit dem er die Philosophie (und die Naturwissenschaften) denkend überschreitet (s. dazu A. Schmidt, Beiträge zur marxistischen Erkenntnistheorie, Frankfurt/Main 1970, S. 11), um einen Standpunkt noch außerhalb der Vernunft einzunehmen, der ihm im Proletariat verbürgt schien, das nichts zu verlieren haben sollte als seine Ketten. Die Frage ist also nicht, ob Denken gegenständlich (wirklich oder unwirklich, materiell oder ideell) sei, sondern, ob durch Denken Gegenständlichkeit hergestellt wird, das heißt, ob dadurch etwas Gegenständliches geschaffen wird, so, ob die Bedürfnisse, Interessen und Erkenntnisse des Menschen eine gegenständliche Befriedigung, Realisierung und Erfolg bringen. Das heißt, Denken wird nicht wahr, verifizierbar und falsifizierbar, weil es funktioniert, wie es der Positivismus unterstellt, sondern durch seine praktische Konstitution von Gegenständlichkeit, sei es eine materielle oder ideelle. Wirklichkeit und Macht bzw. Diesseitigkeit beweist Denken nicht durch das Beispiel und Experiment, Unterdrückung und Manipulation, Profit und Konsum, sondern durch seine sinnliche Gewißheit, Wahrnehmung und sein Verständnis. Das heißt, Denken ist nur dann wahr zu nennen, wenn es andere teilen, wenn sie selbst denken. Es ist also gesellschaftliches Denken eines gesellschaftlichen Menschen. Nur dadurch ist Denken, wie Adorno sagt (s. Negative Dialektik, Frankfurt/Main 1967), an sich selbst praktisch.

Aber nicht nur Denken ist als solches praktisch, wenn es Denken ist, sondern nach Marx soll "alles gesellschaftliche Leben (...) wesentlich praktisch (sein)". Sobald Leben (und Denken) nicht praktisch ist, wird es sinnlos, unsinnlich oder entfremdetes Leben (und Denken: Vorstellen): Leiden. Dessen Ausdruck ist bekanntlich Metaphysik oder aller Mystizismus und Fetischismus. Deren Auflösung und Aufhebung liege nach Marx "in der menschlichen Praxis und in dem Begreifen dieser Praxis". Durch gesellschaftliches, das heißt menschliches, Denken, Sprechen (Schreiben) und Handeln, also ein Denken, Sprechen und Handeln für den anderen Menschen (als engagiertes, veränderndes, wirkendes), wird Leben sinnvoll, die Leere der Entfremdung gefüllt und aufgehoben. Um das zu begreifen, muß der Mensch sich als denkender usw. neben sich und sein Denken stellen, es also selbst reflektieren, wodurch er selbstbewußt wird. Sein Bewußtsein wird dadurch rationell. Wenn das gesellschaftliche Leben (nur) wesentlich praktisch ist, erscheint es nicht (immer) als praktisch, sondern, wie heute, als konsumptiv, das heißt als aktive Passivität. Solches Leben scheint pragmatisch zu sein: in Erwägung dessen, was getan oder gelassen werden soll, vernünftig: kalkulierbar und damit erfolgversprechend. Es ist angepaßt. Ein solches Leben ist kein gesellschaftliches, sondern ein individuelles, vereinzeltes Leben, eins für sich und nicht für andere. Deshalb erscheint ein wirkliches Leben in einer seltsamen Verkehrung als Leiden, und das Leiden an der eigenen Bewußtlosigkeit als Leben. Gesellschaftliches Leben ist nur als bewußtseinskonstitutives Leben denkbar, und das ist im wesentlichen praktisch. Soweit es Arbeit ist, ist es unpraktisch, weil es sich eines Mittels bedient, das nur Vorstellungen produziert. Arbeit ist an sich irrational. Deshalb ist Praxis nicht Arbeit, wohl Arbeit Praxis (23).

11.
DIE PHILOSOPHEN HABEN DIE WELT NUR VERSCHIEDEN INTERPRETIERT, ES KÖMMT DARAUF AN, SIE ZU VERÄNDERN.

Interpretieren heißt, vor der Erkenntnis der Sache einen Zusammenhang herzustellen; Verändern bedeutet, den bestehenden Zusammenhang durch einen anderen abzulösen. Dazwischen klafft eine Lücke, die in der Geschichte der Philosophie als Chorismos (Schmerz) von Möglichkeit und Wirklichkeit tradiert ist. Dieses Loch verweist auf eine Unfähigkeit des Menschen, zugleich in der Sache wie über sie hinauszusein: die Tatsache, daß der Mensch zwar ein Naturwesen ist, gleichzeitig zur Natur aber in einem Verhältnis steht, das ihn zum Geistwesen macht. Das Verbindende, das den Hiatus überspringt und den Schmerz zwar nicht aufhebt, aber bewußt macht, ist das Medium, in dem der Mensch sowohl theoretisch als auch praktisch lebt, liebt und glücklich ist: das Denken, Sprechen und Handeln des Menschen selbst, ohne das weder Hegel noch Feuerbach oder Marx hätten tätig sein können: das jeder Theorie und jeder Praxis immanente Denken, Sprechen (Schreiben) und Handeln selbst. Anders gesagt macht sich der Mensch, der eine Sache und was aus ihr resultieren soll, bloß interpretiert, bloß Vorstellungen, bildet Meinungen und tut etwas. Dagegen ist Denken, Sprechen und Handeln als solches von vornherein ein veränderndes. Es ist praktisch statt bloß theoretisch. Nun kann, wie wir heute wissen, jeder Mensch denken, sprechen und handeln, aber er tut es nicht, oder, wenn er es tut, merkt er es nicht oder nicht den Unterschied zum bloßen Vorstellen, Meinen und Tun. Der Unterschied liegt in einer kleinen Differenz, die eine ums Ganze ist: der von Konsum und Genuß. In der einen Weise betätige ich mich als Tier, in der anderen als Mensch. Deshalb tritt der Mensch erst aus seiner (tierischen) Vorgeschichte heraus, wenn er die Welt seinen Bedürfnissen, Interessen und Erkenntnissen gemäß neu ordnet. Ihren Maßstab haben jene am Denken, Sprechen und Handeln selbst. Deshalb ist Zukunft nicht antizipierbar, es sei denn, sie wäre die Wiederholung des gegenwärtig Vergangenen. Der Mensch muß wissen, was er will, wenn er denkt, spricht und handelt. Deshalb hat Marx eine konkrete Vorstellung von dem, was kommen soll, auch wenn er sie nirgendwo darlegt. Sie ist ihm möglicherweise nicht bewußt gewesen. Das betrifft auch die kritische Theorie der Frankfurter Schule, die darüber das Bilderverbot verhängte, und zwar aus dem einsichtigen Erfahrungsgrund, daß alle Utopie heute von der Realität eingeholt wird. Deshalb geht es heute nicht nur um eine theoretische Antizipation, sondern um eine allein praktische, und das heißt, daß die neue Gesellschaft innerhalb der alten entstehen muß. Alles andere wäre, um ein Marx-Wort zu gebrauchen, Donquichotterie. Deshalb geht es nicht mehr um den Kampf gegen Kapital, Staat und die herrschenden Formen der Produktivkräfte, sondern um die Aufhebung von Arbeit, Geld und Moral. Das sie Verbindende liegt im Abzug der Liebe von der Gesellschaft, die jene trägt. Damit hebt sich auch das Wertgesetz auf, so daß der gesellschaftliche Mensch zur Veränderung der Welt überhaupt erst fähig wird, sein Denken, Sprechen und Handeln wirkt.

Nach Bloch bilden die Feuerbachthesen "die beginnende Philosophie der Revolution" (S. 328). In ihnen sei der Archimedische Punkt entdeckt, in dem sich das "Wissen nicht nur auf Vergangenes, sondern wesentlich auf Heraufkommendes" bezieht. Wenn Marx im Kommunistischen Manifest sagt: "In der bürgerlichen Gesellschaft herrscht die Vergangenheit über die Gegenwart, in der kommunistischen die Gegenwart über die Vergangenheit", der "Horizont der Zukunft" (S. 329) "mit Wissenschaft des Neuen und kraft seiner Leitung", dann ist eine Analyse der Gegenwart nicht ohne das Wissen um ihre Zukunft denkbar. Das aber ist kein Kantisches Wissen, wie etwas sein soll, sondern was sein wird. Dieses utopische Wissen aber ist sowohl negativ wie positiv zu nehmen, selbst als praktisches, nicht bloß theoretisches. Marx hatte es in den Grundrissen und den unabgeschlossenen Bänden des Kapitals aus den Begriffen der Gegenwart ableiten wollen, aber als kausal-mechanisches, nicht als dialektisches und schon gar nicht als trialektisch-positives (24). Wahrscheinlich stand die herkömmliche Wissenschaft dem Genie Marx selbst im Weg, um das Zukünftige selbst praktisch zu antizipieren. So blieb das Marxsche Denken selbst noch ein anschauendes, eines, das sich der Entwicklung überließ ebenso wie, Ironie der Geschichte, das zur Revolution noch fähige Proletariat. Marx wollte kein Prophet sein, kein Weltverbesserer, wie die Owen und Fourier und andere sozialistische Utopisten, die das Jerusalem hier und heute verwirklichen wollten. Heute herrscht weder die Vergangenheit über die Gegenwart noch die Gegenwart über erstere, sondern die Zukunft über die Gegenwart, das, was da kommen mag und im Anmarsch ist, wie sich schon entwickelt. Deshalb ist die Zukunft voraussehbar ebenso wie die Vergangenheit erinnerbar. Was dabei untergeht, ist die nicht gelebte Gegenwart. Deshalb ist heute die Zukunfts- und Horizonterweiterung eine der Aufklärung der Gegenwart, ihre Verwirklichung. Das heißt, das Utopische, Zukünftige liegt heute auf der Straße. Es muß bloß praktisch angeeignet werden. Theoretisch bedarf es des Zugriffs (25). Nur dadurch wird eine veränderte Zukunft noch möglich, die sich nicht dem Gang der Dinge bewußtlos überläßt. Es geht philosophisch also nicht mehr um Erinnerung, wie sie Fixpunkt von Platons Seelenschau bis Hegels Wesenslogik ist. Diese sind aufzugeben, so wie Marx nach Bloch eine "neue, seine durchgängige Geschehens- und Veränderungswissenschaft (...) in der Tendenz-Beherrschung zur Zukunft hin" (S. 331) konzipiert hatte. Es geht also um ein "konkrete(s) Wissensverhältnis zur Gegenwart", wie es in Marx' Werk angelegt ist und herausgearbeitet werden muß. "Die dialektisch-historische Tendenzwissenschaft Marxismus ist derart die vermittelte Zukunftswissenschaft der Wirklichkeit plus der objektiv-realen Möglichkeit in ihr; das zum Zweck der Handlung". "Erst der Horizont der Zukunft, wie ihn der Marxismus bezieht, mit der Vergangenheit als Vorraum, gibt der Wirklichkeit ihre reelle Dimension" (S. 332). Was an der Gegenwart zu analysieren und zu verwirklichen wäre, sind also die emanzipatorischen Momente an den Begriffen wie den Dingen, wie sie in ihrem ästhetischen Schein aufleuchten, der sodann in Praxis umzusetzen wäre. Die Tendenz ist dann das, was an der Gegenwart erscheint, und wäre auf ihr Wesen zu reflektieren. Sie bildete die begriffene Zukunft, damit einen Moment der Gegenwart, das bloß gegenwärtig zu sein scheint, deshalb selbsttätig praktisch zu verwirklichen wäre. Das heißt, ein heutiger Marxismus bezieht sein Wissen aus der Zukunft, nicht aus der Vergangenheit, und konstituierte damit die Gegenwart als neue, noch nie dagewesene.

Praxis an sich oder die Speise

Praxis wird hier als Aufhebung der Theorie mit deren eigenen Mitteln des Denkens, Sprechens (Schreibens) und Handelns verstanden. Sowohl der Glaube an Theorie als auch der an Praxis ist konstitutiv für den umgangssprachlichen Gebrauch von Theorie und Praxis: Praxis soll den individuellen Lebenserwerb sichern, der doch von gesellschaftlichen bzw. ökonomischen Verhältnissen abhängt; die "Fähigkeit, etwas sachkundig zu bewerkstelligen" (A. Schmidt, Kritische Theorie, Humanismus, Aufklärung, Stuttgart 1981, S. 110), die "gehäufte Erfahrung" dessen, der Praxis hat, besitzt sie als ein Eigentum, das heißt, er hat eine Vorstellung, Meinung und ein Tun von ihr, aber er ist nicht praktisch tätig, weil er nicht denkt, spricht und handelt. Das Gericht verhandelt und urteilt ebenso nach vorgegebenen gesellschaftlichen Strukturen und deren begrifflichen Vorstellungen, Meinungen und Tun, ist aber keine lebendige Praxis, die die Gesellschaft des Straftäters usw. verändert und seine Tat unmöglich machte. Praxis als "ein bereits in Handlungen umgesetztes, vergegenständlichtes Wissen: den Kontrast eines handfest Wirklichen zum bloß Ausgedachten, 'Theoretischen'" (ebenda), ist nur der Antipode zur Theorie als Vorstellung, imitatio; sie benutzt Denken, Sprechen und Handeln als Mittel, das heißt, sie ist als solche Praxis imitatio von Technik, praktisch verdinglichtem Denken, Sprechen und Handeln. Wer sich derart "praktisch verhält", arbeitet, das heißt, er denkt, spricht und handelt bewußtlos. Wenn der, "wer auf dem Eigenwert von Theorie beharrt, (...) leicht in den Verdacht eines lebensfremden Träumers (gerät)" (ebenda, S. 110/111), dann nur deshalb, weil er sich weigert, das Leben in Arbeit und bloße Vorstellung aufgehen zu lassen. Der Eigenwert von Theorie ist aber gerade das an ihr Praktische, Gesellschaftsverändernde.

In der Philosophie ist Theorie der Glaube an die Kraft des Bewußtseins gewesen, Praxis das, was ihm vorgeordnet ist und jene konstituiert. Theorie und Praxis sind insofern "konkret-menschliche Einstellungen zur gegenständlichen Welt", "Lebensideale" (ebenda, S. 111), durch die das Bewußtsein idealisiert wird, das heißt, es sind Ideen, Worte und Taten, Ausdrücke des geschichtlichen Verhältnisses von Mensch und Natur bzw. des Menschen zum anderen Menschen. Theorie ist "betrachtende Wissenschaft", also die Ideen, Worte und Taten der (sinnlichen) Wahrnehmung; Praxis als "ausübende" und "herstellende" Wissenschaft das Ende von Üben und Probieren, nämlich die Umsetzung von Ideen, Worten und Taten in (technische) Produktivkräfte und Gebrauchswerte. Das heißt, die Menschen verhalten sich zu den Ideen, Worten und Taten wie später in der Scholastik, kontemplativ oder passiv. Die Ideen etc. selbst verhalten sich spekulativ: als Gott, das heißt als Bewegung des verdrängten Bewußtseins, deren "Abbild" sie sind.

Die moderne Philosophie macht nun gerade dieses Verhältnis des verdrängten Bewußtseins zur Idee etc., zum Gegenstand von Theorie und Praxis. Die Lücke soll durch das "Experiment" und die "Interpretation" geschlossen werden. Die "menschliche Macht über die Dingwelt", die "Aktivität innerhalb der begriffenen 'Einheit der Natur'", die "Regeln" und "Ursachen" sind jedoch abhängig von der "von innen her wirkenden Natur", die als solche bloße Vorstellungen, Meinungen und Taten hervorbringt, also verdinglichtes Denken, Sprechen und Handeln zum Gegenstand hat, das heißt, auch Theorie und Praxis treten als verdinglichte auf, Theorie als "wahrhafte Theorie" und Praxis als "freie Praxis", als Formen des (verdrängten) Bewußtseins, auf die Bacons Erkenntnisideal geht. Theorie soll es mit ungegenständlichen, Praxis mit gegenständlichen Objekten zu tun haben. Theorie bleibt darin qualitativ oder begrifflich, Praxis "naturhaft-kreativ" oder künstlich begrifflich, das heißt, Theorie und Praxis werden "abstrakt und unvermittelt" (E. Bloch), je eigene Bereiche.

Solch verdinglichtes Denken, Sprechen und Handeln (technologischer Rationalität) ist Voraussetzung der französischen Aufklärung, mithin des (mechanischen) Materialismus. Mensch und Natur sind in ihm auf geistiges und körperliches Sein reduziert. Ihre Vergegenständlichungen sind Kunst und Wissenschaft, Abbilder ihres abstrakten Daseins und als solche instrumentelle Theorie und Praxis. Beide sind Reflexionen oder Brechungen ihres qualitativen, begrifflichen Daseins durch konkrete Arbeit (Mit-Denken, Mit-Sprechen, Mit-Handeln). Theorie und Praxis sind in ihr als instrumentelle aber nur vorbewußt gegeben: "unwirksame Kenntnis der Regeln" bzw. "gewohnheitsmäßige und unreflektierte Anwendung derselben Regeln" (Diderot nach Schmidt, S. 113). Die Praxis soll aber immerhin die Phänomene bewußt machen und die Theorie diese in Wesenheiten praktisch aufheben. Praxis hat also eine theoretische, Theorie eine praktische Bestimmung. Ihre vermittelte Einheit ist das Gesamtwissen (die Enzyklopädie) oder das absolute Wissen, das heißt, Theorie und Praxis werden als Privateigentum betrachtet, Denken, Sprechen und Handeln werden Werkzeuge oder Mittel (als Durch-Denken, Durch-Sprechen und (Da-)durch-Handeln). Daran kann Kants Erkenntnistheorie anknüpfen, die die Möglichkeit von Erkenntnis erörtert.

Kant unterscheidet nach Schmidt in der Kritik der Urteilskraft umgekehrt die Theorie als Philosophie der Natur und die Praxis als Moralphilosophie, das heißt, er nimmt beide ins Selbstbewußtsein zurück. Das Bewußtsein der Praxis bedarf nach Kant apriorischer Prinzipien, die Theorie auch des Empirischen. Praxis ist demnach abstrakt, Theorie konkret; Praxis gibt die theoretischen Sätze, Theorie bestimmt die Praxis. Praxis ist als solche Praxis des Denkens, Theorie Theorie des Handelns. Ein Kreis, den Hegel durch die Dialektik, d.i. die Kunst des Sprechens, schließen sollte. Für Kant geht es noch um eine aus sich heraus "verändernde Praxis" (ebenda, S. 115), das heißt um Umdenken, Versprechen und Verhandeln. Diese soll der Theorie als solcher ferngehalten werden, also autonom, letztlich Spontaneität sein.

Kant bleibt aber nach Schmidt "bei diesem unvermittelten Nebeneinander von Physis und Moral nicht stehen" (ebenda), sondern bindet beide "im Entwurf einer immanenten Zweckmäßigkeit der Natur" (ebenda): Sinnliche Welt und sinnliche Menschen sind durch die geschichtliche Praxis des bewußtlosen (transzendentalen) Denkens, Sprechens und Handelns, also "abstrakter Arbeit", vermittelt. Diese soll theoretische und praktische Vernunft aneinanderschließen. Diesen "Primat des Praktischen" bei Kant soll Marx als Arbeit aussprechen.

Die orthodoxe "Redeweise, der Marxismus lehre die 'Einheit von Theorie und Praxis', er sei (...) 'Anleitung zum Handeln', ist" (ebenda, S. 117) insofern richtig, als sie eine Gestalt des Marxismus oder eine Form erscheinenden Wissens schon bei Marx ist, das heißt, die Marxsche Theorie kann so verstanden werden, weil sie sinnlich so wahrgenommen wird. So erscheint das Kapital als "dinghaft-fertige, außerhalb ihrer (der Praxis, der Verf.) angesiedelte Theorie" (ebenda). Damit würde aber nach Schmidt "die Problematik des erkenntniskritischen Gehalts der Praxis verfehlt", die Aufhebung der "Differenz von Denken und Tun, Philosophie und wirklicher Welt, (die) unbefragt akzeptiert (wird), (...) bloß gefordert, während es darauf ankommt, sie geschichtlich zu begreifen" (ebenda), was Marx und Engels aber nur bewußtlos tun. Dieses geschichtliche Begreifen (der Begriff des historischen Materialismus) ist in dem Werk von Marx (und Engels) nur materialiter enthalten, wie Schmidt an anderer Stelle anmerkt (s. 100 Jahre Kapital, o.O., o.D.), und in den Vor- und Nachworten nicht oder nur ungenügend, höchstens abbreviativ, expliziert. Deshalb scheint es so, als wenn die o.g. Differenzen sich auch im Werk von Marx und Engels reproduzierten. Das ist aber nicht nur realer Schein: Das Bewußtsein, das sich einbilden kann, "etwas anderes als das Bewußtsein der bestehenden Praxis zu sein, wirklich etwas vorzustellen, ohne etwas Wirkliches vorzustellen" und von da an "imstande (ist), sich von der Welt zu emanzipieren und zur Bildung der 'reinen' Theorie (...) überzugehen" (Marx/Engels, Deutsche Ideologie, Berlin 1969, S. 31), ist nicht nur Abbild der Realität, "entfremdeter Ausdruck der objektiven Verhältnisse" (Schmidt, ebenda), sondern diese auch transzendierendes, darin bewußtloses Bewußtsein; also auch eine Form der Emanzipation und damit als "reine" Theorie ihr Gegenteil: Praxis. Ebenso der historische Materialismus (das geschichtliche Begreifen) von Marx (und Engels), der nirgendwo expliziert wird und als utopischer Gehalt der Marxschen Theorie allererst zu denken wäre. In solcher Anwendung des historischen Materialismus auf sich selbst (wie sie Korsch gefordert hat (26)) ließen sich auch allererst (bloße) Vorstellungen geschichtlicher Entwicklung der bürgerlichen Gesellschaft von dem Bewußtsein der Notwendigkeit der Abschaffung von Ware, Wert, Geld, Kapital, Staat usw. trennen und das Verhältnis von Theorie und Praxis bei Marx und Engels diskutieren, wie die Autoren es in den Feuerbachthesen reflektieren (s.o.). Sie betrachten Praxis insofern als Negation der Philosophie, so wie diese anti-utopisch und anti-metaphysisch wird und sich auf die Beurteilung der Welt einläßt (als auf ihre reale Grundlage) und sich "in der Sprache der Politik und der denkenden Anschauung" (Marx/Engels, ebenda) bewegt. Das aber ist eine - wenn auch im Sinne von Marx und Engels notwendige - Regression der Philosophie als des möglichen Bewußtseins, und, im Gegensatz dazu, Paranoia: Erst verwandelt sie sich aus abstraktem Denken, Sprechen und Handeln in konkretes, um dieses dann zu idealisieren und als die Scheinwelt zu konstituieren, als die das Handgemenge anzusehen ist, in dem für Marx und Engels der "Schlüsselbegriff geschichtlicher Praxis" (Schmidt, ebenda) entstanden ist. Nicht nur wäre Praxis dadurch als geschichtliche bestimmt, Geschichte wäre auch ihre Bedingung, das heißt, Marx und Engels hätten einen idealistischen Begriff von Praxis. Denn was wären die konkreten Begriffe der Zustände der bürgerlichen Gesellschaft anders als ihre imitatio und die Politik die Fortsetzung der Geschichte (des gewalttätigen Denkens, Sprechens und Handelns) mit anderen, friedlichen (demokratischen) Mitteln? Ein materialistischer Begriff von Praxis bedarf aber der kritischen Theorie und der praktischen Aufhebung von Geschichte als das menschliche Leben bewußtlos bestimmender Instanz. Politik dagegen ist eine genuin bürgerliche Kategorie und für den Menschen, soll er sie wahrnehmen, Selbstüberhebung.

Die Kritik von Marx und Engels an Hegel und den Linkshegelianern im Vormärz ist nicht nur die Beanstandung der spekulativen "Verkehrung der Wirklichkeit"

Wege zu sich selbst und zur Gruppe

Neuerscheinungen 1992 bei Materialis

Die Verbindlichkeiten und Vorbildlichkeiten der Gruppenvorstellungen sind verbunden mit einer konkreten Gruppenexistenz und gebunden an eine bestimmte Etappe der historischen Zeit.

KARL MANNHEIM

THOMAS LAMPE
DER AUFSTIEG DER "FRONT NATIONAL" IN FRANKREICH

Extremismus und Populismus von rechts
mit einem Vorwort von Wolfgang Kreutzberger
D 16, 150 S. Pb, 15,00 DM, Oktober 92

Le Pen und der "Front National" (FN) sind in Frankreich schon viel weiter vorangekommen als die Reps um Schönhuber, die DVU um Frey und die NPD hier.

Thomas Lampe (TL) erklärt mit seinem multifaktoriellen Ansatz in eindrücklicher Weise, wie dies zustandegekommen ist und wirft damit zugleich ein Licht darauf, worin sich die Situation in Frankreich von der in der Bundesrepublik unterscheidet und worin sie gleich ist.

Dabei zeigt sich, daß die extreme Rechte in Frankreich schon im Zuge des Verlustes der Kolonien und dann v.a. des Algerienkrieges das Kollaborationstrauma abschütteln konnte. Zwischen 1972 – 82 ist es dann der FN gelungen, die anderen Organisationen und Parteien der extremen Rechten in sich aufzusaugen oder sie zu paralysieren. Auf der Basis dieser Allein-Repräsentanz konnte sie sich dann zur effektiven Massenpartei heranbilden.

In einem ausgezeichneten zweiten Teil dient dann TL die Wahlsoziologie und -geografie dazu, die Bestimmungsgründe herauszuarbeiten, die der FN in der jüngsten Vergangenheit ermöglicht haben, sich diesen Masseneinfluß zu sichern. Es zeigt sich, daß in den Jahren von 1974-81 in Frankreich eine starke nachholende Modernisierung stattfand, die aber im Bewußtsein noch nicht richtig verarbeitet ist.

Im dritten Teil zeigt TL, daß der FN auf diese Situation reagiert hat. Indem er die interklassistischen Ängste und Unsicherheiten noch verstärkt und sie zugleich auf die ausländischen Einwanderer als Sündenböcke lenkt, präsentiert er sich als den Retter der Nation. So absurd es ist, daß die Immigranten dafür schuld sein sollen, daß die Franzosen zur Binnenwanderung gezwungen wurden, genauso absurd ist es, daß der FN als der angebliche Retter keine wirklichen oder auch nur von seiner Wählerschaft akzeptierten Lösungen in der Wirtschafts- und Sozialpolitik anzubieten vermag. Allerdings ist es nur konsequent, wenn der FN in dieser Absurdität fortfährt und die Abschiebung der Immigranten als Lösung der Probleme, die die Franzosen selber haben, anbietet.

Im letzten Teil zeigt TL, daß der FN viel von dem falschen Verhalten der etablierten Parteien profitiert hat. (L.W.)

CONCORDIA 21
DIE POSTMODERNE AKTUALITÄT WALTER BENJAMINS

m. Beitr. v. A.Deuber-Mankowsky, O.John, C.Lienkamp, H.Thielen, B.Stevens, G.Kruip und S.Mallo
C 21, ca. 120 S. Pb, ca. 15,00 DM, ISSN 0179-0846, Juni 92

aus dem Inhalt : DIE FRAU : Das kostbarste Beutestück im "Triumph der Allegorie" – "EINFÜHLUNG IN DIE WARE" : eine zentrale Kategorie Benjamins zur Bestimmung der Moderne – ZEIT UND ERFAHRUNG BEI BENJAMIN – AUS NIEDERLAGEN LERNEN: Die postmoderne Aktualität W. Benjamins – Der Freitod von W. Benjamin – ERINNERUNG UND BEFREIUNG – IN MEMORIAM WALTER BENJAMIN

HANS-BERNHARD SCHLUMM
DIE REISE INS BLAUE

Zum utopischen Denken der Frühromantik
ENA 1, 146 S. Pb, 24,80 DM, ISBN 3-88535-151-X, Juni 92,

Diese Dissertation zeigt im 1. Teil den Stellenwert der romantischen Geselligkeit des Jenaer Kreises im Kontext früh- romantischen, utopischen Denkens. Dabei konzentriert sich die Darstellung auf die gemeinsamen utopischen Motive und widmet sich nicht speziell den einzelnen Frühromantikern. Im 2. Teil werden die utopischen Dimensionen im Novalisschen Denken behandelt. Denn für den Autor ist Novalis sowohl der spekulativste Kopf des Kreises als auch derjenige, bei dem die utopische Intention am deutlichsten zum Ausdruck kommt. (L.W.)

IRIS RUDOLPH
ICH ABER MÖCHTE DICH IN DEINER MASSLOSEN FREIHEIT

Erzählung einer Kritischen Psychologin, die sich zu ihrer eigenen Feldstudie macht
LE 1, 144 S., ca. 24,80 DM, ISBN 3-88535-147-1, November 92

Dieses Buch besteht in erster Linie aus der fortlaufenden engram- matisch geladenen Notation der Erfahrungen der Autorin, die sich früher in der neuen sozialen Bewegung und heute in den "neuen sozialen Milieu" (Vester) situiert sieht und darin ein sich ständig änderndes Beziehungsgefüge unterhält. Hinzu kommen ihre sich daran anschließenden Reflexionen und Briefe sowie einige der Briefe ihrer Freunde.

Sie findet sich jedoch immer wieder in Dreiecksbeziehungen verstrickt. Dies stürzt sie in Unsicherheit, Eifersucht und Angst und läßt sie Situationen als unwirklich erleben. Doch es sind gerade die Distanzierungen und Abgrenzungen in den Beziehungen , die sie sich zu ihrem Schutz in der prekären Situation aufgebaut hat, die sie erst recht in die Unsicherheit und Angst hineintreiben. Als sie dies merkt und dieses Verhalten aufgibt, kann sie auch wieder ihre Emotionen einholen und damit ihren Verstand zu neuen Erkenntnissen antreiben.

Nach dem Durchlaufen von drei Dreiecksbeziehungen erkennt sie das Muster für sich, das sie dazu motiviert, sich in solche polaren Männerkonstellationen zu situieren, kann es reflektieren und für sich lebbarer umgestalten. (L.W.)

Über die Autorin: sie studierte Psychologie in Gießen, vertritt für sich die Kritische Psychologie nach Klaus Holzkamp, ist Mutter von 3 Kindern und lebt und arbeitet heute freischwebend in Berlin.

JEAN-MARIE VILLIERS DE L'ISLE-ADAM
AXEL

Ein Ideendrama
Hrsg, aus dem Französischen übertragen und mit eine Nachwort von Cl. Lanczkowski
ST 1, 188 S. Pb, 36,80 DM, ISBN 3-88535-137-4, Oktober 92

So wie die Suche nach dem Absoluten durch Axel und Sara unter den Bedingungen des Fin de Siècle damals (und der Postmoderne heute) nach Ansicht von Villiers scheitern muß, so sind doch die Gedankengebilde der Sphären, in denen sich das Suchen und Scheitern vollzieht, aufs präziseste geschildert und werden von Personen repräsentiert, denen diese Gedankengebilde in ihrer ganzen Ausgebildetheit auch geistig präsent sind. So wird der Ritus der Kirche anhand des Eintritts ins Kloster nicht nur einfach abgespult, sondern er wird von zwei hohen Repräsentanten gelebt und zelebriert, während in einem anderen Dialog das Doppeldenken dieser beiden Repräsentanten mitvollzogen werden kann. Und durch Villiers genaue Darstellung hindurch erweisen sich Dialog und Ritus als letztlich genauso hohl wie in der Routine der kleinen Kirchenlichter. So ergeht es einem aber auch mit der Welt des Adels – dem Wilhelminismus. Hier schwärmt ein Repräsentant des preußischen Hochadels dem Axel vom Hofleben in Berlin vor, weil er Axel dafür gewinnen will und hinterläßt bei seinem Gegenüber und dem Leser doch nur ein schales Gefühl.

Während so die von Villiers früher noch romantisch verklärten, institutionellen Gegenmächte des heraufkommenden Kapitalismus sich als ungenügend erweisen, ergeht es dann im 2.Teil den Gedankengebilden der individuellen Suchbewegungen des Fin de Siècle ganz ähnlich. Zwar ist der Magus durchaus ein kompetenter Vertreter der damaligen Esoterik (und des New Age heute) und er scheint sogar ein integrer Mann zu sein, doch kann sein großer Monolog letztlich keinen Funken wirklicher Einsicht zum Rüberspringen bringen, sodaß Axel sich trotz seiner langen Bindung von ihm abwendet.

Damit komme ich zum letzten Akt, der der Interpretation zugleich das größte Rätsel aufgibt: die "Welt der Leidenschaften" oder die Welt von "Gold und Liebe". Ich verstehe jetzt Villiers so, daß er die Steigerung der individuellen Genüsse – durchaus ein wesentliches Ziel der Suchbewegung des Fin de Siècle damals und der individuellen Emanzipation heute – nicht mehr als sein Telos begreift. Der Dandy Villiers, der sich in seiner Existenz als Stilist des Fin de Siècle entworfen hat, sieht jetzt in seiner Summe – der Axel ist sein letztes Werk – nicht mehr, daß man mit dem Causeur- und Flaneurtum sowie dem Dandysme an sich den Entfremdungen seiner Zeit entgehen könnte. Das Ausschlagen des Goldschatzes – also Geld en masse, um damit eine ausgesuchte, pretiöse Existenz der Sinnesverfeinerung und des Genießens führen zu können –, der Verzicht auf die sexuelle Liebe sind – meine ich – als Chiffren und Teile einer gesamten Stilistik zu verstehen. Sie stehen für den Verzicht auf den Dandysme um seiner selbst willen und ergeben für Villiers die Form des reflektierten Dandysme. Demnach dient Villiers der Dandysme vornehmlich dazu, sein Werk zu schaffen und seinem die Gestalt zu geben. Werk und Leben sind sozusagen die nach Gedankenvorstellungen gebildeteten, sodann herausgeschaffenen und in konkrete Eigenexistenz getretenen Gebilde, die vornehmlich seinen Ethos und Lebensstil manifestieren sollen.

Werk und Leben kommen in eins zusammen, wenn Villiers seinen Freunden und Künstlerfreunden (Malherbes, Huysmans, Mallarmé, Manet, Courbet u.a.) seine Séancen gab, in denen er aus seinen Werken rezitierte und sich dabei am Klavier begleitete und mit seinen Freunden diskutierte. Den "Axel" kann man sich daher als die Summe seiner literarischen Versuche und Aufführungspraxis vorstellen, wobei das Ganze auf das Plateau einer nächtelangen Theateraufführung gehoben ist. Rosa von Praunheim unternahm es in den 70er Jahren, daraus einen Film zu drehen. Das ZdF kürzte ihm allerdings das Ganze auf eine Stunde zusammen. Dabei wurde der ganze erste Akt weggelassen, der politisch der brisanteste ist. (L.W.)

CL. LANCZKOWSKI, GERBERT H. v. DOLDING
SATZ DES PYTHAGORAS

Etymologisches Lehrbuch der Mathematik oder ein Marionettenspiel (roman systhématique) nebst einem Essay in Redeform "Pourquoi un roman systhématique zum Behufe der Begründung des Systems" von G.-H. v .Dolding
cs 1, 326 S. Pb, 66,80 DM, ISBN 3-88535-138-2, Oktober 1992

BEATE VON ESSEN
VEXILLA

Katalog zur Ausstellung in der kommunalen Galerie mit einer Einführung von Lothar Wolfstetter
8 S. Karton 22,8 x 32,4 cm im Leporello, 3,00 DM, ISBN 3-88535- 150-1, lieferbar

Im Unterschied zur Ausstellung, bei der die neuen Landschaftsbilder aus Italien und Indien im Mittelpunkt standen, enthält der Katalog neben dem Titelbild "Vexilla" fünf kalligraphische Zeichnungen aus einer Serie, die BvE zu dem Tagebuchs einer japanischen Hofdame aus dem Jahre 1003 geschaffen hat. BvE hat da eine Konjunktion zur japanischen Malerei hergestellt, wobei frappiert, daß diese ganz japanisch wirkt und doch das Eigene zu spüren ist. Der ganze Leporello läßt sich auch gut in einen Wechselrahmen legen. Man kann dann immer wieder ein anderes Bild nach vorne falten und aufhängen. (L.W.)

HANNA RUT NEIDHARDT
24 TAGE ROSEN

Ein Postkartenset mit einem Florilegium von 12 farbigen Abbildungen
12 Postkarten A 6 vierfarbig im Set , 9,80 DM, Oktober 92

Der Postkartenset enthält den Zyklus der Blüte und des Absterbens eines Rosenstraußes in 24 Tagen. Auf jeder Postkarte sind 2 Phasen nebeneinander gemalt. Innerhalb des Zyklus wird der Strauß immer abstrakter in der Form sowie dunkler und gesättigter in der Farbe.

Axel Schulte, Monika Müller, Jan Vink u. a.
Ausländer in der Bundesrpublik

Integration, Marginalisierung, Identität
168 S. PB mit 20 Fotos, 34,90 DM

Das Buch empfiehlt sich als ergänzende Sachbuchlektüre zu „Ganz unten" von Wallraff. Dort, wo Wallraff schon den Boden bereitet hat, können die Beiträge dieses Buches zu einer umfassenden Information der verschiedenen Aspekte der Ausländerproblematik genutzt werden. Die Themen, die aufgeblättert werden, sind: Ausländerbeschäftigung, Ausländerpolitik, Fremdenhaß und Fremdenliebe, Internationale Solidarität im Betrieb, die Wohnsituation von Ausländern, Rückkehr der Arbeitsemigranten, die türkische Familie in der Bundesrepublik.

Michel Foucault
Freiheit und Selbstsorge

Interview 1984 und Vorlesung 1982,
84 Seiten, Pb, 21,90 DM

Foucaults **Vorlesung** entwirft sein zuletzt geschaffenes Theorieelement: die **Subjektkonstitution.** Mit ihr soll sich das Subjekt in die Lage versetzen, eine Freiheitspraxis zu entfalten. Sie soll es, wie Foucault im **Interview** erläutert, ermöglichen, die Diskurspraktiken , und die Machtdispositive richtig zu benutzen, um den Herrschaftssituationen widerständig und wirksam zu begegenen.

Dieses kleine Buch zeigt die Perspektiven und die Konsequenzen auf, die sich uns aus Foucaults neuer Theorie auftun.

Materialis

Rendeler Str. 9, 6000 Frankfurt 60,
Tel. (0 69) 45 08 82

(Marx/Engels, Die Heilige Familie, Berlin 1965, S. 7), der "sich reproduzierenden Spekulation", die den "wirklichen individuellen Menschen" durch Kategorien wie "Geist" und "Selbstbewußtsein" ersetzt, sondern an sich selbst Spekulation, denn der Mensch erscheint immer als entfremdeter Mensch, als Geist, Selbstbewußtsein usw., das heißt als "abstrakt" arbeitender und privateigentümlicher Mensch. Der "wirkliche individuelle Mensch" von Marx und Engels ist eine Abstraktion oder eine Utopie, weshalb die Feuerbachthesen und der erste Abschnitt der Deutschen Ideologie nicht als Ontologie, sondern als revolutionäre Theorie und Praxis zu lesen sind. Wer diese "Selbstverständigung" der Autoren als real und den Verhältnissen angemessenen theoretischen Ausdruck kollektiver Praxis, als "das - nie zu vergeistigende - Substrat von Geschichte (...): 'Sein' und 'Leben' der Gruppen, Klassen und Völker, ihre elementare, jeder Reflexion vorausliegende 'Wirklichkeit', den 'tätigen Lebensprozeß' der Menschen, ihre je anders bestimmte 'Reproduktionsweise'" (Schmidt, ebenda, S. 119) liest, versteht den historischen Materialismus nur abstrakt. Marx' und Engels' Kritik an der deutschen Ideologie ist selbst noch ideologisch, und in der Polemik gegen Bruno Bauer und Konsorten polemisch, nicht sozial (weshalb W. Eßbach recht hat, daß die Linkshegelianer gegenüber Marx und Engels mehr Recht haben, als diese ihnen antun). Wenn die Beschaffenheit des Substrats von Geschichte nach Schmidt sich "(nicht) rein begrifflich (...) konstruieren" läßt, hat das "streng geschichtliche Studium des 'materiellen, empirisch konstatierbaren und an den materiellen Voraussetzungen geknüpften Lebensprozesses' (Marx/Engels, Deutsche Ideologie, ebenda, S. 26)" (ebenda) den Charakter von Vorstellungen. Das heißt, Marx und Engels machen sich die Philosophie (und die Geschichte) nur verständlich; sie wollen also das, was gerade zu verändern und aufzuheben wäre, (allererst) verstehen. Diese Denkweise ist die Crux der Marxschen Theorie, ihre "regressiv-progressive" Methode (27). Wenn unter materiell, wie Marx und Engels hier suggerieren, "natürlich" verstanden wird, dann ist ein an natürliche Bedingungen geknüpfter Arbeits- und Lebensprozeß erst noch herzustellen. Der Begriff des Materiellen erhält bei Marx und Engels aber, weil sie sich von Feuerbachs Sinnlichkeit und "sensualistische(r) Anthropologie" aus Gründen ihrer A-Historizität trennen müssen, den Charakter von Arbeit bzw. Arbeitsteilung, der Grundlagen der Kritik der politischen Ökonomie, die damit einen quasi positivistischen Unterbau erhält, was die Erkenntniskritik anbelangt, das heißt, sie wird an sich selbst idealistisch, bloße Darstellung dessen, was ist, in der die revolutionstheoretische und -praktische Dimension getilgt ist. Arbeit wird als ewige Naturbedingung des menschlichen Stoffwechsels mit der Natur und dem anderen Menschen verstanden, der Mensch als arbeitendes Tier, die Geschichte als Geschichte von Klassenkämpfen, das Bewußtsein als Ideologie usw. Damit wird aber nur die Natur des patriarchalischen Mannes bewußtlos reflektiert.

Die "Darstellung" ist bei Marx und Engels eine ökonomische, gesellschaftliche und kulturelle Darstellung der Dinge. Marx und Engels wollen nicht "vom unmittelbaren Bewußtsein oder Selbstverständnis der Individuen noch nach einer überzeitlichen, materialer Geschichte fundierend vorgeordneten Anthropologie (oder Ontologie), welche die konkreten, jeweils gegebenen 'Verhältnisse der Menschen' aus dem 'Begriff des Menschen' abzuleiten trachtet" (ebenda), ausgehen, gehen aber unbewußt selbst vom Begriff des Mannes und dessen Vorverständnis der Natur aus, die dieser durch die Unterdrückung der Frau sieht und mit sich vermittelt oder aneignet. -

Wenn materialistisch dechiffrierte (oder aufgehobene, hermeneutisch verstehende) Philosophie aufhört, "als Spezialfach das Humanum zu verwalten" und "Sache der geschichtlichen Bewegung und ihrer Theorie" (ebenda, S. 120) wird, dann wird auch die ihr immanente Transzendenz der Geschichte aufgegeben für eine ihr transzendentale (bewußtlose) Immanenz, denn es gibt weder an sich noch für sich eine geschichtliche Bewegung, die willens wäre, sich selbst und damit die Geschichte aufzuheben. Das aber, was über den Immanenzzusammenhang von Philosophie und Geschichte (nach einer Forderung von Adorno) immanent über sie hinausgeht, ist das (praktische) Denken, Sprechen und Handeln selbst, also eine "individuelle Bewegung" auf die ihr entsprechende "Weisheit".

Ersteres ist auch Inhalt der berühmten 11. These über Feuerbach, in der es heißt, die Philosophen hätten "die Welt nur verschieden interpretiert, während es darauf ankomme, sie zu verändern" (ebenda). Die von Schmidt geforderte Interpretation dieser "höchst summarischen Absage an Interpretation" ist die, daß, statt zu interpretieren, gedacht (gesprochen und gehandelt) werden solle, das heißt, Denken, Sprechen und Handeln als Imperativ. Dieser aber bedarf der Reflexion über ihre Bedingungen der Möglichkeit ebenso wie ihres "voraussetzungslosen" (Hegel) Vollzugs, das heißt der Praxis als Veränderung des unbewußt gegebenen (der Sexualität, der Gefühle, der Sinnlichkeit) Ansichs der menschlichen Natur. Das verweist auf das Verhältnis von "weltkonstitutiver" und "weltverändernder" Praxis.

Marx und Engels kritisieren an Feuerbach, daß bei ihm "der Gegenstand, die Wirklichkeit, Sinnlichkeit nur unter der Form des Objekts oder der Anschauung (...), nicht aber als sinnlich menschliche Tätigkeit, Praxis; nicht subjektiv" (Marx/Engels, Deutsche Ideologie, ebenda, S. 5) gefaßt wird. Unter letzterer verstehen Marx und Engels die Konstitution von Welt. Das heißt, wenn sie an Feuerbach kritisieren, daß er in seiner Religionskritik nur "ein richtiges Bewußtsein über ein bestehendes Faktum" herstellen will, aber die Welt nicht revolutionieren, die vorgefundenen Dinge nicht praktisch angreift und verändern will, dann ist dieses eine geschichtsimmanente Kritik, denn sie ist gegen die rückständigen deutschen Verhältnisse gerichtet. Unter Konstitution von Welt verstehen Marx und Engels anscheinend eine - auf dem Boden der Sinnlichkeit vor sich gehende - Revolutionierung der alten Welt zugunsten einer neuen, die sie als Sozialismus bzw. Kommunismus verstehen. Letztere werden als Formen innerhalb der gegebenen Welt, die sich immanent zu ihnen verändern soll, verstanden: als höhere Formen der aufgeklärten Welt der Zivilisation. Diese wird als vermittelt begriffen. Ihre Revolutionierung ist aber nicht ihre Aufhebung, sondern ihre Aneignung durch politisch-verändernde Praxis. Sie mache nach Schmidt den Begriff der "weltverändernden Praxis" aus, dessen "allgemein-theoretischen Gehalt" Feuerbach nach Schmidt übersehe. Dieser aber ist bürgerlich wie die '48-Märzrevolution. Politik ist überhaupt die Form der Tätigkeit der Bourgeoisie, weshalb der philosophische Idealismus "die tätige Seite" entwickelt hat, wenn auch, wie Marx meint, "in radikal entstofflichter Form" (ebenda, S. 121). Er kennt "die wirkliche, sinnliche Tätigkeit als solche nicht", weil die Politik erstere ist. Aber nur deshalb ist die Welt für ihn eine subjektiv erzeugte Welt. Da sich, wie Schmidt mit Marx meint, die großen Denker wie Kant, Fichte und Hegel, die die "Spontaneität", die "Tathandlung" und den "Geist" thematisierten, "auf dem Niveau der modernen, durch die Französische Revolution eingeleiteten Geschichte" stehen, sind ihre Begriffe historisch-politische Begriffe, die aber nicht, wie Schmidt nach Marx meint, mit gesellschaftlicher Arbeit identisch sind. Das "gesellschaftliche Sein", in dem die Menschen nach Adorno leben, ist ein doppeltes: politisches: ("sinnliche Arbeit") und praktisches: ("abstrakte Arbeit"); in dem sie nach citoyen (Subjekt) und bourgeois (Objekt) geteilt sind, die Feuerbach zum Objekt hat und umdreht. So erscheint auch in der Realität die praktische Arbeit als sinnlich und die politische als übersinnlich. Feuerbachs Kritik wäre darum gesellschaftskritisch zu interpretieren statt, wie das Marx und Engels getan haben, abstrakt zu negieren (die Interpretation hat nach Adorno nicht ausgereicht (28)). Spontaneität, Tathandlung und Geist (als Ausdruck des Verhältnisses von Sinnlichkeit und Abstraktion) sind heute selbst zurückzunehmen in eine Praxis, die an Überlegung, Distanz und Genuß gebunden ist (s. u.). Das gesellschaftliche (sinnliche und abstrakte) Sein ist aber selbst durch die kulturelle Öffentlichkeit begrifflich vermittelt. Deren idealisierte Sprache ist identisch mit der Form "konstitutiver", "setzender" und "vermittelnder" Subjektivität, wie sie der philosophische Idealismus beinhaltet. "Der philosophisch verklärte Abstraktionsakt vollzieht sich" nicht, wie Schmidt meint, "in der tatsächlichen Tauschgesellschaft", sondern in der kulturellen Sphäre als deren schon idealisiertem sprachlichen Ausdruck (die Philosophen sind keine Warenbesitzer wie umgekehrt, was falsch ist an Sohn-Rethel (29)). Etwas anderes hätte auch Marx nicht behauptet. Andererseits: Abstrakte und sinnliche Arbeit sind nicht identisch mit die Gesellschaft verändernder Praxis, wenn jene als solche, wie heute, aufzuheben ist.

Nach Schmidt ratifiziert Hegel "spekulativ den 'gegenständlichen', mit der Warenwelt gesetzten 'Schein': die Tatsache, 'daß konkrete Arbeit' - die wirkliche Basis gesellschaftlichen Seins - 'zur Erscheinungsform ihres Gegenteils, abstrakt-menschlicher Arbeit wird'" (ebenda, S. 122), eine nach Schmidt aufzuhebende Verkehrung. Wir müssen aber heute davon ausgehen, daß diese Verkehrung sich zur ersten Natur materialisiert hat, das heißt, daß das, was Hegel "ratifiziert", Realität geworden ist und eine Umkehrung nicht mehr möglich ist, es sei denn, wir würden die abstrakt gewordene konkrete Arbeit selbst noch aufheben, das heißt, das "gesellschaftliche Sein" in ein ebensolches Nichts auflösen, aus dem allererst ein individuelles Sein entstehen könnte. Arbeit müßte sinnliche oder politische Arbeit werden. (Solche Arbeit als Politik ist nach Marx aber, modern gesprochen, weder parlamentarisch noch gewerkschaftlich.) Die vorbewußte "konkrete Arbeit" ist heute abstrakt und darin bewußt, das heißt (durch Schule, Ausbildung, Hochschule usw.) allgemeine Arbeit, während die bewußtlose (abstrakte) Arbeit konkret, das heißt sich ihrer Bewußtlosigkeit bewußt ist. Dieses Bewußtsein aber ist entfremdetes oder verkehrtes Bewußtsein, aber Bewußtsein oder Selbstbewußtsein. Umkehrung würde deshalb heute bedeuten, dieses Selbstbewußtsein aufzuheben. Wenn der Idealismus "die wirkliche, je historisch bestimmte Wirklichkeit nicht 'als solche' (anerkenne)" und Feuerbach selbst noch idealistisch befangen bleibt, reflektieren sie damit eine historische Realität: Der Idealismus spiegelt sie wider. Feuerbachs "anschauender Materialismus", der gegen abstraktes Denken rebelliert, ist selbst abstrakt, Reflex einer abstrakten Realität. Seine sinnlichen, "von den Gedankenobjekten wirklich unterschiedenen Objekte" sind selbst Abstraktionen, die sinnlichen Objekte solche verdrängter Sinnlichkeit, an sich. "Der" Mensch und "der" Leib existieren heute nur noch in der Vorstellung oder als Vorstellung. Die Tätigkeit, die nach Marx und Engels als menschliche oder "gegenständliche Tätigkeit" "in den materiellen Bestand jener Objekte eingeht" (ebenda), sind nur noch bewußt vorgestellte Tätigkeiten (wie bei der Arbeit der Angestellten und Beamten, aber auch des Bedienens und Überwachens des unmittelbaren Produktionsprozesses), deren Objekte als natürlich "gegeben" erscheinen. Wenn Marx gegenüber Kant, der "die Sinnlichkeit einem konstant passiven, dem Verstand, Denken überhaupt, einem konstant aktiven Vermögen" zuordnet, "Sinnlichkeit als tätig, aber auch Tätigkeit als sinnlich zu begreifen" (ebenda) versucht, ist Sinnlichkeit heute tierische Aktivität (wie im Verhältnis von Mann und Frau und im Konsum) und Denken (Tätigkeit) passiver Reflex der sinnlich gewordenen dritten Natur (der Begriffe), die damit zur ersten wurde. Marx kann über den Kantischen Dualismus von Denken und Sinnlichkeit nur hinausgehen, weil er den Menschen als arbeitendes Tier und Unterdrückten, Ausgebeuteten zugleich begreift. Tätige, aber vorgestellte Sinnlichkeit wäre heute gerade aufzuheben, wie der Marxsche Arbeiter.

Der Gegenstand des "praktisch-kritischen Materialismus" ist die aufzuhebende Arbeit als dem Inbegriff des Lebens, Liebens und Glücks in der Geschichte, damit als Produktion, das Prinzip der Konstitution von Welt. Produktion ist die Rationalisierung von Arbeit. In deren bewußtloser (transzendentaler) Verausgabung projiziert der Arbeitende seine Wesenskräfte auf die Natur, die ihm dadurch als dingliches Subjekt erscheint. Das heißt, Subjektivität ist die Rationalisierung eines dinglichen Subjekts, wie es Hegels Phänomenologie des Geistes als Theorie der Produktion beschreibt (30). Die Marxsche "'Aufhebung' der Philosophie (einschließlich der materialistischen), der Übergang zur Praxis" (ebenda, S. 123) hat nach Schmidt den "selbst noch theoretischen Sinn, sich über die 'Konstituentien' einheitlicher, intersubjektiv verbindlicher Erfahrung objektiven Seins neu zu verständigen" (ebenda), das heißt, die Konstitution der Welt nicht durch den Begriff (des Geistes), sondern durch den gegenständlicher Tätigkeit respektive Arbeit zu begreifen. Unter der Gewalt solcher (bloßer) Gegenständlichkeit wäre aber ihre Erfahrung nicht mehr möglich, ein Problem, mit dem sich Sartre und Merleau-Ponty vergeblich beschäftigten. "Auf dem Boden begriffener Praxis tritt die schlechte Abstraktheit eines 'weltlosen', rein geistigen Subjekts ebenso hervor wie die einer 'subjektlosen', an sich seienden Welt" (ebenda). Sie bedingt also eine "Reduktion der Gegenstände auf bloße Immanenz des Bewußtseins" ebenso "wie einen dogmatischen Realismus, der dem Bewußtsein eine ausschließlich 'abbildende' Rolle zuspricht" (ebenda). Sie wären durch die Praxis selbst aufzuheben, das heißt, die Praxis müßte noch die Praxis aufheben, oder Denken, Sprechen und Handeln müßten an die Stelle der Arbeit treten.

Wenn die traditionelle Philosophie nach Schmidt Fragen aufwirft, "zu deren Sachgehalt es gehört, sich innerhalb des Denkens nicht lösen zu lassen", wenn sie als "nur theoretische Aufgabe" faßt, was eine "wirkliche Lebensaufgabe" ist, dann lassen sie sich durch Arbeit und Politik, verstanden als Praxis, nur in dem Sinne lösen, als "Subjektivismus und Objektivismus, Spiritualismus und Materialismus, Tätigkeit und Leiden (...) in gesellschaftlichem Zustand (dem Kommunismus, der Verf.) ihr Dasein als Gegensätze" (ebenda) verlieren, das heißt identisch werden oder das arbeitende Individuum identisches Subjekt-Objekt würde wie in Hegels Vernunftkapitel der Phänomenologie des Geistes. Der Kommunismus ist demnach, gegen alle Vorstellungen, die Marx und Engels sich von ihm gemacht haben, die Synthesis von

Idealismus und Materialismus in weltgeschichtlicher Praxis, "ihre beide vereinende Wahrheit" (ebenda, S. 124). Der Kommunismus selbst ist nur eine Stufe der gattungsgeschichtlich gedachten gesellschaftlich-unbewußten Entwicklung, also selbst noch aufzuheben. Solche Identität von Subjekt und Objekt oder der Kommunismus als "autoritärer Sozialismus" ist im Wesen heute verwirklicht. Und zwar durch eine als Arbeit des Proletariats, der Intelligenz und des Kleinbürgertums (s. W.N., Die Antiquiertheit der Moderne) und der Politik ihrer Stellvertreter (Politiker, Wissenschaftler, Medienagenten) begriffene Geschichte heute, in der Post-Moderne. Ihr (vernünftiges) (Selbst-) Bewußtsein und ihre Form als Gesellschaft überhaupt wären selbst noch aufzuheben, Mensch und Natur zu verändern und denkende, sprechende und handelnde Gemeinschaften zu konstituieren.

Der neue Materialismus von Marx und Engels ist nur dann ein kritischer, sich selbst aufhebender, wenn er das "Ganze von Tathandlungen", auf das er "das Aggregat raum-zeitlicher Tatsachen, als welches unsere Erfahrung sich zunächst darstellt", das "'fortwährende sinnliche Arbeiten und Schaffen' gesellschaftlich organisierter Individuen" (Schmidt, ebenda, S. 124) als aufzuhebende bzw. zu verändernde begreift. Die "abstrakte Arbeit" als bewußtloses Tun, die Tat als bewußtes verdinglichtes Handeln, Ver-Brechen gegen Mensch und Natur, Reflexion von deren Aufhebung auf derem Boden, Vergesellschaftung des gesellschaftlichen, also atomisierten, abstrakt organisierten, dem anderen gegenüber gleichgültigen Individuum, seine Einzelheit durch die "Tat" transzendierend, konstituiert den anarchischen Reproduktionsprozeß (der bürgerlichen Gesellschaft) von unten, der allererst in einem anarchistischen Reproduktionsprozeß gemeinsam denkender, sprechender und handelnder, lebender und sich liebender wie glücklicher und sich anerkennender Individuen verwandelt werden müßte. Wenn Marx und Engels die "menschliche Wirklichkeit inhaltlich als 'sinnliche Tätigkeit' zu begreifen" (ebenda) versuchen, dann begreifen sie sie als arme Wirklichkeit, in der nicht nur in ihrer Reflexion, sondern auch in der Realität Sinnlichkeit und Tätigkeit unter Abstraktion vom lebendigen Bewußtsein, ihrer Vermittlung, kurzgeschlossen sind. Deshalb bleibt ihre sozialökonomische Analyse abstrakt und zu den unterdrückten Menschen unvermittelt. Ihre kritische Ontologie wird selbst unkritisch, wo, wie heute, der Mensch als Feuerbachscher "sinnlicher Gegenstand" einer Welt in "starrer Vorfindlichkeit", "schlechthin Seiendes", "einfache(s) Anzueignendes" gegenübersteht. Die sinnliche Welt ist zwar kein "unmittelbar von Ewigkeit her gegebenes, sich stets gleiches Ding, (...), sondern das Produkt (...) des Gesellschaftszustands, (...) ein geschichtliches Produkt (...), das Resultat einer Tätigkeit einer ganzen Reihe von Generationen" (Marx/Engels, Deutsche Ideologie, ebenda, S. 43), stellt sich aber heute als im Begriff entsinnlichte, scheinbar ewige, gleichbleibende (sich bloß noch reproduzierende), ungeschichtliche (post-histoire), sich als Resultat der Geschichte begreifende Ordnung dar. Das heißt, die Kantische "Destruktion vorkritischer Ontologie" (Schmidt, ebenda) wäre an der Marxschen Theorie selbst noch vorzunehmen. Nichts anderes meint die Forderung nach der Anwendung des historischen Materialismus auf sich, ihre eigenen Gestalten, selbst. "Was (und wie) (...) angeschaut und empfunden wird", ist deshalb heute nicht durch die soziale Gesamttätigkeit vermittelt, sondern durch die der Tätigkeit enthobenen Begriffe, die sich in der erst bei Kant erörterten und von Hegel durchgeführten Kritik der Ontologie im Aufgehen der Sinnlichkeit in Abstraktion als jene Ontologie reproduzieren. Dadurch sind auch die von Marx und Engels kritisch konzipierten oder auch nur gemeinten Begriffe zu herrschenden Vorstellungen geworden: Arbeit und Geld, Kapital und Staat sind positiv akzeptierte Werte. Ihre Abschaffung stehe nicht an. Sinnliche Tätigkeit, dem Zusammenhang von Unterdrückung des menschlichen Lebens dadurch entzogen, das sie als Schein von den Produktionsagenten selbst produziert wird, hat sich zur Abstraktion vom Bewußtsein des Arbeitens selbst verkehrt und ist zur Leistung (mit all ihren physischen und psychischen pathogenen Folgen) geworden. Das heißt, das menschliche Leben selbst müßte verändert werden: Es müßte zum Genuß, zur Muße und zur Bildung werden.

Nach Schmidt steckt in der Marxschen Theorie eine "Philosophie der Praxis als des Grundverhältnisses von Mensch und Natur": "Auf materielle Füße gestellt, nicht (die Philosophie, der Verf.) als solche verworfen, gewinnt die erkenntniskritisch-metaphysische Problematik neuzeitlicher Subjektivität eine die Menschen in ihrem massenhaften Sein unmittelbar betreffende Gestalt" (ebenda, S. 125), was Marx und Engels nach Schmidt nicht voll bewußt gewesen sei. Eine "qualitativ veränderte Praxis der Philosophie" müßte z.B. Bewußtsein und Selbstbewußtsein als durch Eigentum bzw. Privateigentum konstituiert und Arbeit als im Wesen Denken, Sprechen und Handeln dechiffrieren, Aspekte, die aber auch den Wahrheitsgehalt der Marxschen Theorie tangieren. Das Verhältnis von Mensch und Welt ist dann nicht unmittelbar durch Praxis, sondern durch die Gesellschaft vermittelt, weshalb im Anschluß an Krahl von Gesellschaftsphilosophie gesprochen werden muß. Nicht die Arbeit oder die Ökonomie, nicht die Natur und ihr Bewußtsein sind die Grundlagen der Welt, sondern die Gesellschaft an sich. Deshalb ist Gesellschaftsphilosophie Soziologie unter dem Aspekt der Aufhebung jener. "Neuzeitliche Subjektivität" ist der subjektlose Besitz von Objekten des Menschen, der dadurch Subjekt ist; sein "massenhaftes Sein" ist die objektlose Eigentumslosigkeit des Menschen am anderen Subjekt, wodurch er Objekt ist; das heißt, der Mensch ist heute, in der Post-Moderne, freies, der Herrschaft der Begriffe unterworfenes Subjekt und Sklave seiner selbstproduzierten Vorstellungen, also nicht-identisches Subjekt-Objekt der Gesellschaft als verinnerlichter Beziehung (Gesellschaft) zu sich und anderen Menschen. "Die Frage nach Einheit und Differenz von Subjekt und Objekt verliert ihren überzeitlichen, beschränkt 'kognitiven' Charakter" (ebenda) nur, weil sie sich in der Zeit verendlicht hat und (nur noch) überzeitlich scheint. Ihr Wesen, die Einheit und Differenz von Geschichte und Natur, hat sich aufgehoben und ist nur noch bloßer Schein: Die Geschichte ist ins post-histoire übergegangen, die Natur stirbt ab. Die Menschen erfahren keine "geschichtliche Natur" und "natürliche Geschichte" mehr, sondern deren Ende (Apokalypse- und Entropiebewußtsein). Heute ist alles möglich: "anything goes". Aber die Verzeitlichung der Identität von Subjekt und Objekt ist zugleich ihre Immaterialisierung, da ihr die materiellen Grundlagen, eben Geschichte und Natur, tendenziell entzogen sind. Deshalb werden auch Gegenstände, "die noch nicht in den Umkreis menschlichen Zugriffs gelangten" (ebenda), unter der Perspektive von science fiction betrachtet. Die Identität der Nicht-Identität von Subjekt und Objekt ist um so mehr, gegen Schmidt, kognitiven Charakters, realer Schein, der sich nur praktisch auflösen läßt, so wie die ebenso zum realen Schein gewordenen Erscheinungen Kapital, Staat und Produktivkräfte als die die Gesellschaft beherrschenden Momente. Subjekt und

Objekt sind für sich also nur noch als Abstraktionen von Geschichte und Natur denkbar, so wie sie sich in und durch die patriarchalische Revolution allererst im Verhältnis von Mann und Frau konstituiert haben. Praxis, bewußtes Denken, Sprechen und Handeln, würde sie auflösen, während ihre Vermittlung heute "sinnliche Tätigkeit", Arbeit auf der einen, Liebe auf der anderen Seite sind, die den Subjekt-Objekt-Charakter reproduzieren und damit alles beim alten lassen. Der Geschlechtsverkehr heute ist deshalb im Prinzip Selbstbefriedigung, deren Gegenteil "Sein-für-sich-als-für-andere" bzw. "Sein-für-andere-als-für-sich", so wie Hegel Liebe und Arbeit gleichermaßen bestimmt. Erst denkende, sprechende und handelnde, mit sich identische Menschen, Mann wie Frau, würden nicht-verdinglicht lieben und arbeiten. - Es ist einfach falsch, wenn Schmidt meint, daß die Arbeit (der Arbeitsprozeß) die "'urspüngliche Form menschlicher Praxis'" sei, wie uns die kulturellen Funde aus Höhlen inzwischen widerlegen. Wenn "jede produktive, reale Veränderungen bewirkende Tätigkeit (...) auf dingliches, außer ihr vorhandenes Sein" verwiesen ist, so ist das für die Konstitution der Arbeit als (patriarchalischem) neuen Moment der Vermittlung von Mensch und Natur die Frau bzw. die unmittelbare Bedürfnisbefriedigung im "Matriarchat", der Ur-Zeit. Diesem "materiellen Substrat" entspricht das "materielle Resultat": der Mann als Privateigentümer und als arbeitsteilig oder gesellschaftlich Arbeitender; ihrem ideellen Reflex, der Liebe, das Wertgesetz (der Wert) (31). Mit der bürgerlichen Aufklärung und Revolution sind es Ideen (Worte und Taten), die durch den Menschen (das Bürgertum) praktische Gewalt werden, so daß Marx recht hat, daß "Ideen (...) nie über einen alten Weltzustand, sondern immer nur über die Ideen des alten Weltzustands hinausführen (können). Ideen können überhaupt nichts ausführen" (Marx/Engels, Die Heilige Familie, ebenda, S. 126). Das gilt aber nur für die bürgerliche Revolution, die die Rationalisierung der Arbeit als Produktion (und der Frau als Konsumtion) bzw. die Materialisation der Liebe als Ökonomie (Ehe) und Sexualität zum Gegenstand hat. Sie bedurfte allerdings der Gewalt, die auch schon Moment der patriarchalischen Revolution war. Was die proletarische Revolution anbelangt, ist diese Orientierung von Marx an der "Poesie der Französischen Revolution" (H.J. Krahl) möglicherweise verhängnisvoll (gewesen), weil die ausgearbeitete Idee des Kommunismus, das Denken der Bedürfnisse des Proletariats eher den revolutionären Funken hätte zünden können als die Marxsche Theorie auf der einen Seite und die ohnmächtige Gewalt des Proletariats auf der anderen, ein Verhältnis, das sich bis heute (in der linken Theorie und Praxis) tradiert hat. Der Marxsche "wirkliche, sinnliche Mensch" ist allenfalls die Frau als Subjekt einer produktiven, reale Veränderungen bewirkenden Tätigkeit. Das Subjekt, das heute den Menschen (sich) und die Natur bzw. die Gesellschaft und das Bewußtsein verändert, also "revolutionäres" Subjekt ist, ist zwar "kein bloß reflektierender, der Empirie entrückter 'Geist'" (S. 126), aber ein in Distanz zur Gesellschaft und zum Bewußtsein denkendes, sprechendes (schreibendes) und handelndes Wesen: die Frau.

Die "reine, absolute Tätigkeit, die nichts als Tätigkeit ist", wie die Tathandlung Fichtes, läuft nach Marx auf die "Illusion vom 'reinen Denken'" (Marx/Engels, Deutsche Ideologie, ebenda, S. 453) hinaus, der "sauberen Sache" oder der aktiven Komtemplation des Verbrechens als einer Negation der Gesellschaft, die ihr immanent bleibt. Nach Schmidt soll der "praktisch-synthetische Akt" der Vermittlung, durch den "einheitlich erfahrbares Sein raum-zeitlicher Dinge erschlossen wird", diesem

Sein selbst angehören. Er ist durch das gesellschaftliche Subjekt bestimmt, das er konstituieren soll. Der Mensch als "selbstbewußtes Naturding" ist aber der Mann, während die Frau in bewußtes gesellschaftliches Wesen und unbewußtes Naturwesen geteilt ist. Der Mann als entfremdeter Mensch kann deshalb den Naturzusammenhang, so sehr er auch "die Unmittelbarkeit des jeweils vorgefundenen 'Naturstoffs' überschreitet, indem er diesen, sein Ziel, ideell vorwegnehmend, transformiert" (ebenda), nicht sprengen. Deshalb greift Marx auf Hegels List der Vernunft zurück; diese kann sich aber nur dann den materialeigenen Gesetzen der Natur als "solche 'Ansich': unabhängig von aller Praxis (und ihren theoretischen Implikaten)" bedienen, wenn "die gegenständliche Welt zu einer 'Für uns' geworden ist" (ebenda). Das heißt, die Natur (oder die (vorgestellte) Frau) muß schon das Eigentum des Menschen (des Mannes) sein, wenn sich zweckgerichtetes Tun behaupten soll. Anders gesagt: Die Objektivität muß schon Objekt des Subjekts (die Frau Objekt des Mannes) sein oder die Praxis (des Mannes) setzt schon eine bestimmte (Praxis und) Erfahrung (der Frau) voraus. Dagegen ist die Fichtesche Tathandlung Überwältigung, bloße Er-Zeugung. Es läge an der Frau (wie an der Natur), Fürsich zu werden, sich selbst zu besitzen und am Mann (wie an der Gesellschaft) sich als tätiges Wesen aufzuheben, Bedingungen des menschlichen Denkens, Sprechens und Handelns, die als praktische Vermittlung von Mensch und Natur wie von Mann und Frau nicht mehr ihrem Erfahrungshintergrund angehören, sondern Erfahrung allererst konstituieren. Sie hat lediglich das Nichts ihrer Entfremdung (s. W.N., Nichts lehrt Denken, Frankfurt/Main 1989) zur Voraussetzung, was eine individuelle Entfremdung des Menschen von der Natur und des Mannes von der Frau ist, wie sie Kritische Theorie thematisiert.

Wenn der Marxsche Materialismus "die Subjekt-Objekt-Problematik anhand der geschichtlich variablen Arbeitssituation" (ebenda) analysiert, statt, wie der vorkritische Materialismus, sich bei dem "dürren Bescheid, daß die Dinge unabhängig von jeglichem Bewußtsein existieren", begnügt, dann ist heute einerseits die Arbeitssituation in ihrem Begriff sistiert und andererseits sind die unabhängig vom Bewußtsein existierenden Dinge von solcher Begrifflichkeit. Der "naive Realismus", der sich nach Schmidt als "(allerdings objektiver) Schein" "auf jeder Stufe des Produktions- und Erkenntnisprozesses ebenso darbietet wie auflöst" (ebenda, S. 126/127), erscheint heute als Vorstellung, da der Produktions- und Erkenntnisprozeß ein bloßer Reproduktionsprozeß geworden ist (32). Wenn "in Wahrheit (...) Bewußtsein (als Moment realer Tätigkeit) stets schon in die von ihm erkennend reproduzierte Wirklichkeit eingegangen" (ebenda, S. 127) ist, wenn die Objekte, einem "subjektiven Zweck" unterworfen, sich "in Resultate und Behälter der subjektiven Tätigkeit" verwandeln, dann ergibt sich daraus ein quid pro quo von vorgestelltem Reproduktionsprozeß oder der Vorstellung der (herrschenden) Begriffe - und der den Arbeitsprozeß gestaltenden Vorstellungen der subjektiven Tätigkeit: der Begriff der eigenen Gesellschaft, das heißt der Schein, daß die herrschenden Begriffe menschliche (subjektive) und die subjektiven Vorstellungen allgemein gesellschaftliche (objektive) Vorstellungen sind. Die Gesellschaft wird als "unsere" Gesellschaft angesehen, "wir" als die Gesellschaft. "Die primitive Vorstellung von der Erkenntnis als 'Abbild', die Bewußtsein und Gegenständlichkeit (hier: die der Begriffe, der Verf.) scharf voneinander abhebt und die für letztere konstitutive Rolle der Praxis unterschlägt" (ebenda), erhält damit einen neuen Sinn: Die subjektiven Vorstellungen sind allerdings Abbilder der objektiven Begriffe, die einen Fetischcharakter der Gesellschaft bilden; die gesellschaftliche Praxis ist keine Kritik mehr an ihm, hat keine konstitutive Rolle für die Erkenntnis bzw. nur eine Praxis, die die subjektive Tätigkeit, sprich: die Arbeit, das Geldausgeben und sich moralisch Verhalten (s. auch W.N., Die Antiquiertheit der Moderne, ebenda), kritisiert, ist eine diesen Fetischcharakter transzendierende Praxis. Wenn Schmidt meint, daß die "auf ihren Begriff gebrachte Praxis (...) diese Kritik (ist)", dann unterschlägt er die Begriffslosigkeit der heutigen Praxis bzw. das Eigentum der Begriffe als herrschender an der stattfindenden Praxis. Kritik ist demnach die Differenzierung im Begriff der Praxis selbst oder zwischen Wesen und Erscheinung von Praxis: Arbeit ist im Wesen Denken, Sprechen und Handeln, aber als bewußtlose oder selbstbewußte. Das heißt, nur bewußtes Denken, Sprechen und Handeln ist "auf ihren Begriff gebrachte Praxis" als Kritik der Praxis als subjektiver Tätigkeit. Nur sie überwindet den naiven oder Abbild-Realismus bzw. vorkritischen Materialismus, den sie selbst praktisch aufhebt, um "kritischer Praktizismus" zu werden.

Arbeit soll nach Marx "selbst nur (...) Äußerung einer Naturkraft" (Marx, Kritik des Gothaer Programms, Berlin 1965, S. 17) sein, so wie sie gegenständlicher Natur bedürfe und keine "übernatürliche Schöpfungskraft" habe. Arbeit ist aber ohne Liebe nicht denkbar. Sie ist die Verausgabung von zurückgedrängter Lust: Libido/Kraft (33). Als solche ist sie Arbeitskraft und Abstraktion von unmittelbarer Bedürfnisbefriedigung, Triebverzicht im Sinne von Freud. Nur in diesem Sinne kann sie als "übernatürlich" oder übersinnlich, ihr Subjekt als Übermensch im Sinne Nietzsches bezeichnet werden. Für dieses "Subjekt (wird) alles zum Objekt", weil es die äußere Natur beherrscht, weil es seine eigene Natur beherrscht. Es steht deshalb nach Schmidt "im weltgeschichtlichen Kontinuum eines naturbeherrschenden, durch Bacon und Descartes eingeleiteten Subjektivismus, dessen metaphysisches" (S. 127) Wesen Objektivismus ist. Solch ein Subjektivismus ist es aber nur, weil es sich im "Ich denke, also bin ich" und in der "Liebe" selbst belügt, das heißt, es ist nicht Subjekt, sondern, um so mehr es sich als Subjekt wähnt, Objekt der Natur, die es sich unterwirft. Wenn Marx erklärt, "der Mensch verhalte sich 'von vornherein zur Natur, der ersten Quelle aller Arbeitsmittel und -gegenstände, als Eigentümer'" (Marx, ebenda, S. 17), dann ist das eine ideelle Naturbeherrschung (wie die des Werts und der "Liebe"), die ihren Grund in der realen Beherrschung der Frau durch den Mann hat, wo der Mann tatsächlich sich als Eigentümer verhält. Der Mensch kann die Natur (der Mann die Frau) aber nicht besitzen, er kann es sich nur einbilden (was seinen Subjektivismus ausmacht). Nur durch diese (subjekteigene) Abstraktion erscheint, wie Heidegger sagt, "alles Seiendes als das Material der Arbeit" (Heidegger, Über den Humanismus, in: Platos Lehre von der Wahrheit, S. 87f., nach Schmidt, ebenda). Als solcher abstrakter Mensch oder Subjekt wird der Mensch (d.i. der Mann) zum "Maß aller Dinge".

Die Hegelsche "Substanz (...) ebenso sehr als Subjekt aufzufassen und auszudrücken" (Phänomenologie des Geistes, S. 19, nach Schmidt, ebenda), beruht auf dieser Vermittlung des Menschen durch sich. Sie ist der dionysische Rausch des Unterworfenen und Unterwerfenden, des Herrschers oder des Menschen (d.i. Mannes), der seine Subjektivität erfährt, indem er sich vergegenständlicht, das heißt Kinder zeugt. Das Ur-Bild des (Marxschen) Arbeitsbegriffs ist der Geschlechtsakt. Wenn

Heidegger dann meint, daß das "Wesen des Verhältnisses (im) Wesen der Technik" (Schmidt, ebenda) läge, reflektiert dieser die objektive Widerständigkeit der Natur, hier: der Frau, die zu diesem Zweck überwunden werden müsse. Hegel hatte die Dialektik des Arbeitsprozesses aus der modernen Nationalökonomie gewonnen. Die Technik ist für ihn "keine eigenständige, gar 'metaphysische' Größe (...), sondern gesamtgesellschaftlichen Vermittlungen" (ebenda, S. 128) unterworfen. Auch Marx hält nach Schmidt politische Ökonomie und Technologie begrifflich auseinander und hält jene dieser für vorgeordnet. Der Mensch ist ihm ein "tool making animal" im Sinne von Franklin nur unter dem Aspekt seiner Vermittlung und damit Aufhebbarkeit. Der weltgeschichtliche Prozeß aber setzt die "Natur zum bloßen Substrat technologischer Veranstaltungen herab" (ebenda), das heißt, die Arbeit, Zweck des menschlichen Lebens der Vorgeschichte, verselbständigt sich in der Moderne zum Mittel, um dieses in der Post-Moderne selbst zum Zweck der Reproduktion zu machen. Die moderne Universalisierung der "menschlichen Anlagen, Bedürfnisse und Fähigkeiten", die mit der Herabsetzung bzw. Rationalisierung der Arbeit möglich wird, ist aber nach Marx zugleich als "völlige Herausarbeitung des menschlichen Inneren (...) völlige Entleerung, diese universelle Vergegenständlichung (...) totale Entfremdung, und die Niederreißung aller bestimmten einseitigen Zwecke (...) Aufopferung des Selbstzwecks unter einem ganz äußeren Zweck" (Marx, Grundrisse, Frankfurt/Main, o. D., S. 387). Die mit der Verschulung einhergehende andere Tendenz füllt diese Leere und entgegenständlicht diese Entfremdung, die dann als solche nicht mehr empfunden wird (Entfremdung noch der Entfremdung), die fremden (erlernten, angeeigneten) Zwecke werden zum Selbstzweck und damit einseitig, der Mensch eindimensional (s. Marcuse (34)). Dadurch wird anstelle der Arbeit oder diese zum technologischen Zweck oder die Technik zum Zweck des menschlichen Lebens. Nicht mehr ist die Natur "rein Gegenstand für den Menschen" und hört, wie noch Marx meinte, auf, "als Macht für sich anerkannt zu werden", sondern die Technik wird zum Gegenstand des Menschen, während die Natur sich selbst überlassen wird und allerhöchstens als zu brechende Macht anerkannt wird, wie es sich in der heutigen ökologischen Katastrophe zeigt. Aneignung und Versöhnung von Natur und Technik sind deshalb heute keine revolutionären Zwecke mehr: Aneignung ist vielmehr notwendig Produktion von Natur und Technik geworden, statt Versöhnung ihre Identität mit sich. Ein "Fortbestand ihres eigenen Seins" ist heute nicht mehr möglich, weil zu wenig oder zu viel.

Praxis ist, wenn sie nach Schmidt "auf allen geschichtlichen Stufen im Dienste von Individuen steht, die materielle Lebensbedürfnisse befriedigen" (ebenda, S. 129), ein Mittel, oder diese selbst stehen zu ihr in einem Eigentumsverhältnis, das heißt, sie besitzen sie und sie werden von ihr besessen. Wenn, wie Marx nach Schmidt meint, ihr Subjekt die Menschheit und ihr Objekt die Natur sein sollen, dann ist das ihre Rationalisierung oder die Enteignung der Praxis als Eigentum auf ihrem Boden, ihre Verallgemeinerung: Pragmatismus, instrumentales Handeln oder (tierische) Operationalität. Diese "Gesamttätigkeit" des "Gesamtarbeiters" erscheint nämlich "als bewußtes Organ, an vielen Punkten des mechanischen Systems in einzelnen, lebendigen Arbeitern; zerstreut, subsumiert unter den Gesamtprozeß der Maschinerie selbst, (...) nur ein Glied des Systems, dessen Einheit nicht in den heutigen Arbeitern, sondern in der lebendigen (aktiven) Maschinerie existiert" (Marx, Grundrisse, ebenda, S. 585), das heißt, die bereits vergegenständlichte Arbeit tritt in der dinglich-stofflich vermummten Form der Fremdherrschaft des Kapitals in der Maschinerie dem Arbeitenden gegenüber, der ihr gegenüber nur ein (selbstbewußtes) Anhängsel ist. Gegenüber der bewußten, abstrakt individuellen Arbeit erscheint deshalb der gesellschaftliche Gesamtprozeß als bewußtlos und konkret (s. Horkheimer (35)). Der Mensch ist in ihr als praktisch tätiger ein bewußtes Tier (animal rationale). Das ändert sich dann (womit auch die gesamtgesellschaftlich fixierte Arbeit aufhört), wenn die Praxis aus dem bloßen Mittel- oder Besitzverhältnis zum Zweck des menschlichen Lebens wird, d. h. die Bedürfnis-, Interessen- und Erkenntnisbefriedigung zum Zweck wird.

Nach Schmidt ist "in der bürgerlichen Welt individuelles Tun, Individuation als solche gesamtgesellschaftlich präformiert (...), wobei sich jedoch die Form des sich produzierenden und reproduzierenden Ganzen dem Bewußtsein der (ihre jeweiligen Zwecke bewußt verfolgenden) Individuen entzieht" (ebenda, S. 130). Wenn die bewußtlos "abstrakt" arbeitenden Individuen produzieren und reproduzieren, dann projizieren sie die von ihnen bewußtlos erlernten, angeeigneten Begriffe auf die gesellschaftlichen Dinge. Diese Begriffe sind solche der tradierten und erlernten (angeeigneten) Vergangenheit der Moderne, durch die sie als Individuen vorgeprägt sind. Das heißt, ihre eigenen vorbewußten Zwecke nehmen ihnen gegenüber fremde Gestalt an und beherrschen sie als unbewußte. Das "allgemeine Interesse" wird zum herrschenden Interesse in dem Maße, wie die Produktivkräfte, die nach Marx einst die Produktionsverhältnisse sprengen sollten, an sich selbst zu herrschenden Kräften geworden sind (s. dazu auch W.N., Die Antiquiertheit der Moderne). Sie vermitteln als Medien im weitesten Sinne des Wortes die Begriffe, die mit dem (Selbst-)Bewußtsein der sich produzierenden und reproduzierenden Individuen identisch sind. Die Produktivkräfte (oder die Medien) verwandeln die vorbewußten Begriffe (Vorstellungen) in unbewußte (Triebe) (36). Ihre Aneignung allein wäre deshalb heute zu wenig. Vielmehr müßte ihre bewußtlose Reproduktion bewußte, das heißt sinnvolle Produktion werden, die Arbeit bewußtes Denken, Sprechen und Handeln von nicht mehr zur Gesellschaft zusammengezwungenen, sondern in Gemeinschaften lebenden Individuen werden.

Die herrschenden Begriffe erscheinen bei Kant als "transzendentale Macht (...) geistiger Faktoren", als "allgemeine Subjektivität, von der das individuelle Erkennen abhängt" (Horkheimer, Traditionelle und kritische Theorie, in: Kritische Theorie II, Frankfurt/Main 1968, S. 152f.). Es sind "die Begriffe einer überindividuellen, dem empirischen Bewußtsein nicht zugänglichen Einheit der Mannigfaltigkeit stiftenden Tätigkeit des Geistes: transzendentale Subjektivität, reine oder ursprüngliche Apperzeption, Bewußtsein überhaupt" (ebenda) der bewußtlos, das heißt selbstbewußt Arbeitenden und "Lernenden", die nach Kant die gesellschaftliche Totalität fortwährend bestimmt-naturwüchsig konstituieren. Begriffe sind nicht abzuschaffen, aber durch Derivation (Häresie, Ketzerei) in ihrer Macht aufzulösen und ihrer Gewalt zu entkleiden, ihre Herrschaft abzubauen durch Begriffe, die es ihnen nicht gleichtun (Adorno (37)), also durch Zugriffe (38). Das heißt, die "allgemeine Subjektivität" wäre durch "besondere Objektivität", Denken, Sprechen und Handeln, zu ersetzen.

Richtig ist, "daß weder die wahrgenommenen Gegenstände noch der menschliche Perzeptionsapparat rein natürliche Größen sind" (Schmidt, ebenda, S. 131), sondern das, "was die Menschen in Alltag und Wissenschaft sinnlich erfahren, ordnen und verständig beurteilen", was also ihr Bewußtsein ausmacht, "immer schon gesellschaftlich präformiert" (ebenda, S. 130) ist, auch, wenn es "sich ihnen als ein faktisch Gegebenes, unbefragt Hinzunehmendes, von ihnen Unabhängiges" darstellt. Die "gesellschaftliche Gesamtpraxis" oder "die Gesellschaft" produziert dieses bestimmende Sein aber nicht selbst, sind sie doch selbst als von der individuellen Praxis Abhängige begrifflich strukturiert. Diese sind auch nicht die Begriffe einer herrschenden Bourgeoisie, die es nicht mehr gibt (der heutige post-moderne Zustand wäre auch etwa mit vorgeschichtlichen Verhältnissen vergleichbar). Sie sind Produkt der Projektion der in kollektiver Arbeit vereinzelten Arbeitenden, also von Arbeit und Arbeitsteilung. Ist erstere bewußtlos, so letztere erfahrungskonstitutiv und -beschränkend zugleich. Durch sie besitzt der Mensch ein Bewußtsein, das heißt, er ist selbstbewußt, hat ein Bewußtsein überhaupt, das, was dem Menschen "anders übrigbleibt", wenn seine sinnliche Erfahrung (Gewißheit), wahrnehmende Ordnung und sein durch den Verstand Urteilen einem verdrängten oder unbewußten Bewußtsein angehört. Statt dieses Bewußtsein durch Denken, Sprechen und Handeln zu vergegenständlichen, projiziert er, in seinem Selbstbewußtsein durch diese unbewußte Sexualität, Gefühle und Sinnlichkeit bedroht, diese auf den jeweils anderen Menschen und die Natur, an denen sie als Vorstellungen und als solche als natürlich erscheinen. So der jeweils andere das Gleiche tut, ergibt sich ein begriffskonstitutives quid pro quo. Die (herrschenden) Begriffe selbst sind aus dem gesellschaftlichen Verkehr der Menschen entstandene Fetische. Deshalb stehen diese zur Kritik und Veränderung. Wenn nach Schmidt marxistische Erkenntnis darauf abzielt, "die in den ausgemachten Fakten erstarrte Geschichte wieder freizusetzen", so ihre Praxis auf die Aufhebung der sie wesentlich konstituierenden Faktoren. Das Durchschauen der in den Produkten erloschenen Prozesse, Ideologiekritik oder Kritik des verdinglichten Bewußtseins, das sich an jene hält, ist zuwenig und als Zweck bloßer Bewußtseinsveränderung selbst noch idealistisch im Sinne einer Transformation des Selbstbewußtseins in vernünftiges Bewußtsein. Tatsächlich durchschauen die vernünftig gewordenen Menschen heute die Genesis ihres verdinglichten Bewußtseins (z.B. der Liebe), ohne daß solche (z.B. sexuelle) Aufklärung, die theoretisch blieb, etwas an ihrer individuellen Praxis ändern würde (z.b. heiraten sie wieder, wo doch allererst Männer und Frauen selbständig werden müßten).

Sartre bleibt schlecht idealistisch bzw. gut materialistisch, wenn er von der an sich doch selbst bewußtlosen Transzendentalität eines "entwerfenden Überschreitens" einer "totalisierenden Bewegung" die Aufhebung der schlechten Unmittelbarkeit der "Totalität" des strukturhaft verfestigten, "praktisch Trägen" (nach Schmidt, ebenda), einen besseren gesellschaftlichen Zustand erwartet. Es wäre dies nur eine bessere bürgerliche Gesellschaft, so wie Marx im Kommunismus eine höhere Gesellschaftsform sah. Es geht aber heute nicht um eine andere Totalität, ein anderes, menschenwürdigeres Ganzes, wie es z.B. auch der kritischen Theorie Marcuses vorschwebt, sondern das totalitäre Ganze zugunsten seiner es übergreifenden Teile als in sich bewegter, lebendiger Einheiten aufzuheben. Solche sind z.B. die Kommunen des "Arbeitens" und Lebens mit ihrer eigenen Geschichte und Subjektivität, in der die Natur zu ihrem jeweiligen Recht kommt.

Wenn sich nach Schmidt "an der Menschen- und Sachenwelt realiter nicht trennen (läßt), was an ihr naturgegeben und was gesellschaftliche Zutat ist" (ebenda,

S. 131), ist das selbst Ideologie, weil sie deren Genesis nicht aufklärt. Dabei wird davon ausgegangen, daß die Priorität nicht der äußeren, sondern der inneren Natur zukommt, was die Menschen- und Sachenwelt betrifft. Wenn es "eine in geschichtlicher Subjektivität unauflösbare Eigenstruktur der Materie (ist), die schon vor aller (...) 'subjektiven' Interpretation eine allgemeine, kollektiver Praxis entstammende Form erlangt hat" (ebenda), dann ist diese Form der Mann oder der Mann als Form, der der Frau als Materie entgegentritt und dadurch der Materie als äußerer Natur die Form gibt, die er der Frau gibt. Die Unterdrückung der Frau geht der Herrschaft über die äußere Natur voraus. Die "unauflösbare Eigenstruktur der Materie" ist selbst nur eine Vorstellung, so wie die Gesetze der Natur, so zutreffend sie auch (gegenwärtig) sind, durch das mit der Herrschaft über die Frau vermittelte Naturbild geprägt sind. Der "sich gegenüber individuellen, gruppen- und klassenmäßigen Determinanten" (ebenda, S. 132) durchsetzende allgemeine wie spezifische geschichtliche Rahmen, "dasselbe Medium der Wahrnehmungen", ist in letzter Instanz der patriarchalische, wie er in der Post-Moderne tendenziell (auch bedingt durch die Frauenbewegung) erscheint. Dagegen ist (heute) die "unsichtbare Allgegenwart kapitalistischer Produktionsverhältnisse im alltäglichen Leben der Menschen" (ebenda) vom Wesen (der Moderne) zum Schein geworden (zur Verkehrung von Wesen, Schein und Erscheinung s. den Anhang zu W. N., Selbstaufklärung und Lust heute, Frankfurt/Main 1991). Wenn Lukács in der "Warenstruktur das Urbild aller Gegenständlichkeitsformen und aller ihr ihnen entsprechenden Formen der Subjektivität der bürgerlichen Gesellschaft" (Geschichte und Klassenbewußtsein, Amsterdam 1971, S. 257) entdeckte, ist diese selbst nur eine Rationalisierung männlicher Vorstellungen, so wie die Ware eine Vorstellung oder idealisierte Scheiße ist, als die sie heute erscheint. Genuin ist die Ware der Mann, die Frau (heute wie am Anfang der Geschichte) das Geld, mit dem/der Marx seine Kritik der politischen Ökonomie auch hätte beginnen können. Deshalb ist alle Praxis (des Mannes) gesellschaftliche Arbeit, letztlich Politik. "Nichts in der Welt, was nicht dem Menschen einzig durch sie hindurch erschiene" (Adorno, nach Schmidt, ebenda, S. 233). Deshalb ist es unmöglich, weil ideologisch, "aus der durch Arbeit konstituierten Welt in eine andere, unmittelbare hinauszutreten" (ebenda), aber eine durch bewußtes Denken, Sprechen und Handeln konstituierte neue Welt ist eine durch deren Mittelbarkeit vermittelte, also etwas qualitativ anderes als eine bloß vorgestellte Welt.

Schmidt versucht, den kritisch-praktischen Materialismus von Marx mit Nietzsches Metaphysik des Willens zur Macht zu vergleichen. Auch für letzteren "sind die faktischen Bedingungen der Produktion und Reproduktion menschlichen Gattungslebens in dem Sinn erkenntniskritisch relevant, daß sie den transzendentalen Rahmen liefern, worin sich Natur als verfügbare Objektivität darbietet" (ebenda, S. 132). Diese faktischen Bedingungen sind aber nicht schlichtweg vorgeordnet, sondern müssen subjektiv vermittelt sein. Marx' "gegenständliches" Sein gilt "gegenständlichem Hervorbringen einer ihrerseits gegenständlichen, transsubjektiven Realität. Natur bearbeitend, objektiviert der Mensch sein (zugleich biologisch und) geschichtlich vermitteltes Gattungsleben, indem er, wie Marx hervorhebt, 'sich nicht nur (...) im Bewußtsein intellektuell, sondern werktätig, wirklich verdoppelt und sich (...) in einer von ihm geschaffenen Welt anschaut' (Marx, Ökonomisch-philosophische Manuskripte, MEW-Erg.band, Berlin 1977, S. 517)" (ebenda, S. 138). Diese Verdoppelung ist die von Menschen selbstvermittelte Verdoppelung sowohl der Arbeit in konkrete und abstrakte (für den Kapitalismus als solchen), des Geldes in Ware und Geld (für den Imperialismus) und der Moral in Begriff und Vorstellung (für den Faschismus) (s. zu diesen gegenständlichen Begriffen W.N., Die Antiquiertheit der Moderne, ebenda). Diese Verdoppelungen sind die - von Marx im ersten Fall so genannte - differenzia spezifica der kapitalistischen Produktionsweise von den vorbürgerlichen "negativ ökonomischen" Zuständen, weshalb ihre Differenzierung erst Marx vornehmen konnte, die hier im letzten Fall ergänzt und im zweiten derart umformuliert wurde, als Ware und Geld nicht mehr nur als Verdoppelung der Ware, sondern des Geldes, in dieser historischen Verkehrung, erscheinen. Ich beschränke mich auf den ersten Fall, nicht nur weil er das grundlegende Verhältnis ist, sondern auch, weil er für die Schmidtsche Untersuchung von Nietzsches Philosophie relevant ist.

Die Idee der Arbeit ist an sich selbst der Ausdruck eines gesellschaftlichen Verhältnisses, das von Mann und Frau oder Liebe als ideeller Naturbeherrschung und (Sexualität als) unmittelbare(r) Bedürfnisbefriedigung. Dieses Verhältnis erscheint in dem (kapitalistischen) Verhältnis von abstrakter und konkreter Arbeit umgekehrt oder auf den Kopf gestellt: die unmittelbare Befriedigung als abstrakte und die Liebe als konkrete Arbeit. Was aber sind die (subjektiven und objektiven) Bedingungen dieser Verkehrung, was die Frage nach der Vermittlung des "transzendentalen Rahmens" beantwortet? Doch wohl die der Rationalisierung der Liebe (und der Natur) auf der einen und der Irrationalisierung bzw. Verdrängung des (sexuellen usw.) Bewußtseins zum unbewußten Bewußtsein auf der anderen Seite. Unter solchen Bedingungen steht demnach der Mensch der Natur (und der Mann der Frau) sowie die Gesellschaft der durch den Doppelcharakter der Arbeit vergegenständlichten Natur als zweiter Natur gegenüber. Bewußtes Denken, Sprechen und Handeln wird irrational und unbewußt, das heißt abstrakt, und vorbewußtes (Vorstellen, Meinen und Tun) rational oder Inhalt des (Selbst-) Bewußtseins, das heißt konkret. In dem Maße nun, wie abstrakte Arbeit sich geschichtlich heute konkretisiert und konkrete Arbeit sich abstraktifiziert, werden beide identisch: zum undifferenzierten Begriff der Arbeit, der als herrschender heute den mit den Fakten zusammenfallenden transzendentalen Rahmen bildet (zusammen mit den Begriffen Geld und Moral, (39)). - Um der "Idee des Menschen" willen richten sich sowohl Marx' Begriff der "Aneignung" als auch Nietzsches Begriff des "Willens zur Macht" auf diese faktisch-transzendentalen Begriffe der Arbeit, des Geldes und der Moral, allerdings mit dem Unterschied, daß ersterer sie unter dem Aspekt ihrer Aufhebung und letzerer unter dem Aspekt ihrer Beherrschung sieht. Unter diesen unterschiedlichen Gesichtspunkten wird die Frage nach dem "Nicht-Festgemachte(n), Werdende(n) und Werdenkönnende(n), auf das Mögliche" (Heidegger nach Schmidt, S. 133), die Frage der Grenze, sekundär, wird doch das "unvollendet Wirkliche, künftig zu Aktualisierende" bei beiden Autoren als Vollendung der Moderne gedacht, die als Stalinismus im Osten und Faschismus im Westen gleichermaßen sich realisiert hatte, wobei es nicht verschlägt, daß die Geschichte andere Gestalten hervorbrachte, als es die Vorstellung des einen wie des anderen Autors gewesen sein mag. Das tangiert auch die Idee des Menschen, der in der großen Aufklärung als das "animal rationale" zu-

Die Logik der Destruktion

Neuerscheinungen 1991/92 bei Materialis

„Der Krieg ist der große Vereinfacher. Er reduziert alles auf die Unterscheidung zwischen Freund oder Feind und die dazu gehörige Todesbereitschaft und Tötungsbereitschaft. Es kommt für eine an Emanzipation gerichtete Bewegung darauf an, diese Reduzierung von Politik auf Gewalt zu vermeiden.

Jürgen Seifert

Jürgen Seifert, Regina Becker-Schmidt, Klaus Christoph, Peter Gleichmann, Gert Schäfer, u.a.
LOGIK DER DESTRUKTION

Der Golfkrieg als erster elektronischer Krieg und die Möglichkeiten seiner Verarbeitung im Bewußtsein
D 15, 206 S. Pb, 34,80 DM, ISBN 3-88535-142-0, Januar 92, lieferbar

9 Professoren und 8 Dozenten der Institute für Politische Wissenschaft, Soziologie und Psychologie der Uni Hannover nehmen eine Analyse des Golfkrieges und seiner Nachwirkungen vor.

Der gemeinsame Ausgangspunkt der Autoren ist der des Betroffenen, der sich seine Angst und die neue Qualität seiner Ohnmacht gegenüber dem elektronischen Krieg und dem zensierten Medienspektakel eingesteht und dies zu verarbeiten sucht. Die Autoren nehmen dabei ihre bisherige wissenschaftliche Arbeit zuhilfe und wenden deren Erträge auf die eigene Selbst- und Gruppenperspektivierung in dieser Situation an. Es entstand so das erste Buch, das ein substantiiertes Gegensprechen zu den Stellungnahmen der Enzensberger, Biermann, Pohrt, Brumlik u.a. beinhaltet. Deren Ansichten zum Golfkrieg wurden ja in den großen Medien wegen ihrer Pro-Haltung vorzugsweise wiedergegeben. Dadurch entstand dort der Eindruck , diese Stimmen seien repräsentativ für die linke und kritische Öffentlichkeit.

Exemplarisch sollen hier 4 der insgesamt 16 Beiträge vorgestellt werden.

JÜRGEN SEIFERT, ÜBERLEGUNGEN ZU DER FRAGE, WIE IST DER REDUZIERUNG VON POLITIK AUF GEWALT UND TOD ZU BEGEGNEN?
In seinem thesenhaften, substantiellen Beitrag wendet sich J.H. gegen die Möglichkeit, Politik heute immer noch auf Gewalt reduzieren zu können, und gegen die Feinderklärung als Mittel heutiger Politik. Während Bush und die allierten Streitkräfte 150.000 - 250.000 Tote zumeist aus der irakischen Bevölkerung für akzeptabel hielten, weil dies die Toten unter den eigenen Streitkräften auf 100 - 300 minimierte, geht es Seifert darum zu fragen: Welche Bedingungen machen das Kriegführen unmöglich ? Die Dezimierung der irakischen Bevölkerung beruhte auf einer Außerkraftsetzung der universellen Menschenrechte gegenüber diesen Menschen und auf einer unbegründeten Feinderklärung an diese. Dem Beitrag liegt offenbar zugrunde, daß für Seifert während des Golfkriegs die Verkettung des Kriegsproblems mit dem Menschenrechtsproblem für seine Verfassungsdiskussion auf neue Weise virulent wurde und daß er dadurch zu einer neuen Lösung für die Verfassungsfrage gelangte, die er in diesem Beitrag wiederum auf das Golfkriegsproblem rückübersetzte.

AHMAD MAHRAD, IST HITLER SADDAM?

Der Beitrag von Mahrad wendet sich zentral gegen die Gleichung Saddam = Hitler, die in der Linken u.a. auch von H.M. Enzensberger vertreten wurde. Es sind v.a. zwei wesentliche Argumente, die Mahrad geltend machen kann :

(a) Es gehört zum Wesen totaler Herrschaft, daß sie nach der Weltherrschaft strebt und sie zu erlangen auch potentiell in der Lage ist. Dies hat Hannah Arendt in ihrem Buch "Elemente und Ursprünge totaler Herrschaft" als wesentliches Ergebnis ihrer langen Analyse festgehalten und uns überliefert. In diesem Umstand aber unterscheidet sich der deutsche Nationalsozialismus vom irakischen Baath-Regime grundlegend. Saddam Hussein konnte zwar Kuwait besetzen lassen, aber er hatte keine Chance gegen die Alliierten unter Führung der USA. Auch kann das irakische Volk mit seinen 14 Mio. Menschen gar keine Basis für die Weltherrschaft dieser Nation abgeben.

(b) Es gehört zum Wesen totaler Herrschaft, daß sie eine hohe Mobilisierung der eigenen Nation für ihre Ziele effektiv erreicht. Dies war bei der deutschen Bevölkerung unterm Nationalsozialismus der Fall, nicht jedoch bei der irakischen Bevölkerung und auch nicht einmal bei der irakischen Armee. Die Nicht-Unterscheidung zwischen dem Saddam-Regime und der irakischen Bevölkerung war eine Fehlidentifizierung der irakischen Bevölkerung als absoluter Feind, die direkt der Gleichung Saddam = Hitler entspringt, die ja auch Bush extensiv gebrauchte.

KATHRIN BRAUN, DIE DEUTSCHEN, DIE LINKEN UND DER KRIEG

Der Beitrag von Kathrin Braun setzt sich mit den Artikeln zum Golfkrieg auseinander, die in der Bundesrepublik v.a. von Linken und Grünen u.ä. publiziert wurden. Es sind v.a. die Beiträge von Cora Stephan, Claus Leggewie, Wolfgang Pohrt, Wolf Biermann, Micha Brumlik und Detlev Claussen, die in der FR, der TAZ, der KONKRET und der LINKS erschienen sind, die sie sich vornimmt. Deren Normalisierungsbekenntnisse und deren Abqualifizierung der jugendlichen Proteste auf den Straßen hier bilden für sie - aber auch für das ganze Buch - die Gegenfolie für den Prozeß der eigenen Positionserarbeitung. Die Autoren von LOGIK DER DESTRUKTION wollen sich nicht einfach das vorgestanzte Raster überstülpen lassen. Sie suchen zu differenzieren und sich zu distanzieren. Und sie wollen sich nicht einfach der Herrschaftslogik, die im Endeffekt eine Destruktionslogik ist, ergeben.

KARSTEN REINECKE, SCHÜLER UND GOLFKRIEG

Karsten Reinecke hat mit diesem Thema während des Golfkriegs ein Unterrichtsprojekt mit 13-14 jährigen Schülern durchgeführt und beschreibt in seinem Beitrag die sich wandelnden Einstellungen und Reaktionen dieser Schüler. Dies reicht von der Darstellung der ersten selbstbewußten Schülerdemo am 15.1., an der alle teilnahmen, wo die Haltungen aber zugleich noch von klischeehaften Einstellungen stark bestimmt waren, hin zu dem Angstschock auf die Ölkatastrophe hin und der intensiven Zuwendung zur Golfkriegsproblematik 14 Tage später.

Helmut Bertram
Die Zerstörung der
Utopie

Die Installierung von Erbsündefreiheit, Inzestutopie und ungehemmten technischen Fortschritt in Casanovas Roman „Icosameron"

M 4, ca. 180 S. Pb, ca. 33,80 DM, ISBN 3-88535-140-4, Januar 92

Diese literaturwissenschaftliche Arbeit ist gut und eingängig geschrieben und der von ihr behandelte Casanova-Roman wird jetzt erst richtig aktuell, weil Helmut Bertram (HB) erstmals seine zugrundeliegende Problematik aufschlüsselt. Es zeigt sich dabei, daß diese auch unsere ist.

Mit dem „Icosameron"(I) strebte Casanova (C) eigentlich einen Welterfolg an. Als dies nicht gelang, schrieb er seine Memoiren und schaffte es damit, wenn auch erst posthum. Der Titel auf italienisch „IcosaMerone" bedeutet „Erzählung in 20 Tagen" und bringt die Erfolgsabsicht qua Überbietung schon zum Ausdruck : das „DekaMerone" von Boccacio ist eine Erzählung in 10 Tagen. Entsprechend umfangreicher ist auch das auf französisch geschriebene Icosameron – es hat 1200 Druckseiten.

H.B. macht mit seinem Buch den ersten Schritt der Erschliessung: er sondert textanalytisch und kontextuell, welche Ideen C. von wem und in welcher Absicht übernimmt, welche Elemente er neu hinzufügt und wie sich das Ganze im Handlungsablauf im Verhältnis zu dem allgemeinen Diskurs der Epoche und der literarischen Gattung der Utopien und Staatsromane verhält.

Es zeigt sich dabei: C. übernimmt die Idee der Reise ins Innere der Erde von Holberg, führt seine Reisenden, das Geschwisterpaar Eduard und Elisabeth (EE), in eine Utopie, die der androgyneninzestuösen Megamikren. Die Utopie als erbsündefreien Ort begründet C. religionsphilosophisch als prinzipiell möglichen Ort und projeziert damit ins Erdinnere, was das 16.Jh. noch in der Neuen Welt erblicken wollte. H.B. weist daher auch auf, daß die Megamikren von C. die bunt gemixten Züge der „edlen Wilden" tragen.

EE beginnen aber dort sofort die neuzeitliche Technologie einzuführen, ein Manufakturwesen und eine Rüstungsindustrie aufzubauen und sie als merkantilistische Ökonomie zu betreiben. Zuerst wird dies von C. mit der Nahrungssuche gerechtfertigt. EE und ihre aus ihrer inzestuösen Verbindung entstehenden und rasch sich vermehrenden Nachkommen das Geschlecht der Giganten seien – nämlich „gezwungen" gewesen, diese Nahrung den Schlangen das sind Schlangen mit menschlichem Antlitz und verführerischem Blick (also wohl Wesen von holdergefährlicher Weiblichkeit), die neben den Megamikren den inneren Protokosmos ursprünglich bevölkern – wegzunehmen. In der Folge seien sie wegen der rasenden Vermehrung ihrer Nachkommen sogar „gezwungen" gewesen, diese Schlangen gänzlich auszurotten. Und dann, mit ihrer riesigen Armee und Rüstungsindustrie im Rücken, seien EE und ihre Giganten wiederum „gezwungen" gewesen – wo ein Herrschaftswille ist, ist auch ein Zwang zur Herrschaftsausübung, gegen die Megamikren vorzugehen, sie kolonisierend zu unterwerfen und zu christianisieren. Am Schluß des Romans, nachdem EE infolge einer selbst ausgelösten Bergwerksexplosion wieder auf die Erdoberfläche zurückkehren, hat der heutige Leser die Gewißheit erlangt, daß ihre Nachkommen, die Giganten, irgendwann die megamikrische Utopie vollends zerstört haben werden. Dies gesteht sich aber C. nicht ein.

HB kann eindrücklich vorführen, daß C. infolge des Zwiespalts zwischen seiner Technikeuphorie einerseits und seiner Distanz zur Aufklärungsphilosophie andererseits dahin gelangt, die selbst geschaffene Utopie in die Apokalypse umschlagen lassen zu müssen. C. ist der erste, der die Gattung der Utopien und Staatsromane in die der negativen Utopien, ja der Science fiction überführt.

Über die Darstellung von H.B. hinaus zeigen aber auch die handlungsbestimmenden Momente der Inzestutopie und der Schlangenausrottung, daß in dem Roman „I" eine starke unbewußte Symbolbildung vorliegt, die auf die Steuerung durch die angstneurotische Verfassung des Autors, die zugleich heute die psychische Normalverfassung darstellt, deutet. Diese auszuleuchten, wäre Sache einer psychoanalytischen Interpretation, für die H.B. mit seiner Untersuchung den Boden bereitet hat. Meinem ersten Eindruck nach könnte die unbewußte Symbolbildung in der Inzestutopie und in der Schlangenausrottung aber auch in einigen anderen Aspekten des „I" sich für den Zusammenhang von Sexualität und Herrschaft noch von weit größerer Relevanz erweisen, wie Casanovas Schilderungen in den „Memoiren".

Die Lektüre von HBs Buch schafft einen starken Anreiz, Casanovas „Icosameron" zu lesen. Dies bewahrheitete sich nicht nur bei mir, sondern auch bei den anderen, die bisher HBs Buch gelesen haben und die alle daraufhin den „I" sich vornahmen. Dabei hat sich HBs Buch nicht nur als Hinführung sondern auch als Einführung bewährt.

Peter Sarter
VENEDIGBILDER

Der Venedig-Mythos und die zeitgenössischen Venedigbilder in der Literatur
M 3, ca. 92 S. Pb, ca. 19,80 DM, ISBN 3-88535-141-2, März 92

Seit Anfang des 19.Jh. wurde von Künstlern aus vielen Ländern, in der Hauptsache Schriftstellern, ein Venedig-Mythos geschaffen. Dieser Mythos bringt Stereotypen hervor, die Venedig als Stadt der Liebe und des Todes, als angemessenen Ort für Künste und Künstler, als Märchen- und Traumstadt, als Stätte des Unheimlichen schildern.

"Es ist ein gescheit und unterhaltsam geschriebenes, zugleich systematisch aufgebautes Panorama und Pandämonium des Venedig-Mythos in der Kulturindstrie und Literatur des 20.Jahrhunderts. ...Eine Untersuchung von der Art gibt es noch nicht, und (wie die Reisebücher von Kammerer/ Krippendorf, Petri und Bordon, aber auf andere Weise sie ergänzend) könnte ein solches Buch dazu beitragen, daß jenes ideologische Feld abgebaut und bewußter, verantwortungsvoller mit dem einmaligen geschichtlichen Erbe, das Venedig darstellt, umgegangen wird. ...Der ursprünglich exogene, touristische Venedig-Mythos wurde in diesem Jahrhundert fortschreitend von Italienern und Venezianern internalisiert - nicht zufällig in derselben Zeit, in der Venedig entindustrialsiert und die Terra Ferma ruinös industrialisiert wurde. Venedig wurde sich selbst zum Mythos. Mir scheint, der Mythos von Venedig ist eine der Hauptursachen, wenn nicht die Hauptursache des Untergangs von Venedig." (Gerhard Goebel-Schilling)

Leseprobe:
Zwar lag der Höhepunkt dieser Entwicklung in der Décadence, wesentliche Bestandteile des Mythos wirken jedoch bis in die heutige Zeit, in unterschiedlichen Formen, nach. ... Wie derartige Bilder entstehen und vermittelt werden, was sie bewirken, davon handelt der folgende Text, in dem die Rede sein wird von der Genese und Funktion, von der Reproduktion und Variation des Venedig-Mythos, untersucht anhand von Material, das literarische Darstellungen der Stadt einschließt, ohne daß diese ein Gegenstand der Analyse wären, dem sich alle unterordnen. Ins Blickfeld geraten ebenso andere Existenzformen des Mythos, die unter anderem auch die Funktion haben, die literarische Repräsentation zu determinieren und zu begleiten bzw. die Rezeption zu bestimmen; unter Umständen können sie auch in belletristische Texte eingehen, wobei daran erinnert wird, daß auch und gerade Literatur kein ideologie- und mythenfreier Raum ist. Dabei ist erstaunlich die Vielfalt und Breite des Mythos, seine Vitalität und Erneuerungskraft und Variationsfähigkeit.

Zum Autor: PETER SARTER, Jg. 1945, Dozent für Romanistik und Germanistik mit Lehrstuhlvertretungen an den Unis Osnabrück, Hannover, Frankfurt und Bremen.

Concordia 19
Internationale Zeitschrift für Philosophie.
Leonardo Boff u.a., Die Krise des Marxismus
C 19, 120 S. Pb, 15,00 DM, Mai 1991, ISSN 0179-0846

Dieses Heft enthält u.a. folgende deutsche Beiträge:
LEONARDO BOFF, DER ZUSAMMENBRUCH DES AUTORITÄREN SOZIALISMUS UND DIE THEOLOGIE DER BEFREIUNG: Boff, der vom Papsttum am stärksten angegriffene Befreiungstheologe, war im Februar 1990 in der Noch-DDR und reflektiert hier seine Eindrücke. So wie er den Sozialismus in der DDR für ein autoritärpatriarchalisches und diktatorisches Sozialismus-Modell hält, so hält er den Menschen dort vor, daß die meisten offenbar vom westlichen Konsummodell besessen sind. „Vorsicht! Ihr könntet von einem totalitären Staat in einen totalitären Markt geraten. So wird der Totalitarismus nicht überwunden." Die Bedeutung der Krise des Sozialismus in Osteuropa und weltweit sieht er darin, daß dieser den wahren Kern der sozialistischen Utopie wieder freilegt. Er sieht, daß sie in Lateinamerika und anderswo sich auf dem Wege zu einer Demokratie von unten vorwärtsbewegt. Diese soll ermöglichen, daß jeder sich als jemand verwirklichen kann, der von seinen Beziehungen lebt (Alterität, Differenz, Solidarität, Partizipation).
PETER PENNER, ÜBER DEN BEGRIFF DER BEFREIUNG: Auch P.P. reflektiert den zentralen Begriff der Befreiungsphilosophie von Enrique Dussel im Angesicht der Krise in Osteuropa.
So wie dort die Alternative zwischen dem Interessenausgleich durch die unsichtbare Hand des Marktes oder durch die Steuerung der Ökonomie mittels einer Demokratie von unten sich jetzt stellt, so stellt sich das Problem in der Dritten Welt schon seit langem. Dieser wird die Anerkennung durch das kapitalistische Weltzentrum verweigert. Die Befreiungsphilosophie fordert diese Anerkennung theoretisch ein. Da Freiheit für sie die Anerkennung des anderen voraussetzt, sieht sie sich bisher der Freiheit beraubt. Erst durch ihre Anerkennung als Gleiche durch das kapitalistische Weltzentrum würde ihre Fremdheit aufgehoben und zugleich eine kohärente Identität konstituiert.
HANS JÖRG SANDKÜHLER, KRISE DES MARXISMUS: Der bekannte marxistische Philosoph aus Bremen geht hier den Gründen für die aktuelle Krise des Marxismus nach und versucht daraus Konsequenzen zu ziehen. Der Marxismus hat sich im Lauf der Zeit entsubjektiviert; er hat seinen humanen Maßstab und sein Ziel noch nicht gefunden. Stattdessen erschöpfte er sich im Praktizieren einer „sozialistischen Ökonomie", ohne jedoch ein effektives Modell hierfür zu haben und versuchte den Liberalismus in seinem Triumphalismus über eine angeblich objektiv verbürgte Tendenz noch zu überbieten.
HELMUT THIELEN, JENSEITS VON LENIN UND BERNSTEIN: Die bisherigen Formen von konsequenter oppositioneller Politik erweisen sich derzeit als von außen zerstört und von innen zerfallen. H.T.s zentrale These ist, daß in der Opposition zuviel von dem nachgeahmt wurde, wogegen sie sich eigentlich gerichtet hatte. Dies sei geschehen, um der Ohnmacht zu entgehen und stattdessen Macht zu erlangen. Dem setzt H.T. eine Konzeption von utopischen Sozialismus und befreiender Praxis entgegen, die im Hier und Jetzt in den Gemeinschaften ein und ausgeübt werden kann. Er verbindet dabei auf originelle Weise Ansätze der Kritischen Theorie mit denen von Buber, Bloch und der Befreiungsphilosophie.

Materialis Verlag · Rendeler Str. 9-11 · D-6000 Frankfurt 60
Tel.: (069) 45 08 82

bei Materialis

grundelag, zu dem die Menschen real geworden sind. Sowohl der "gesellschaftliche Mensch" von Marx als auch der "Übermensch" Nietzsches bleiben als bloße Vorstellungen, der Rationalisierung der Idee des Menschen, auf der Strecke, um in der heutigen nach-bürgerlichen Gesellschaft zum (vernünftigen) Ideal-Ich-Anteil des selbstbewußten Menschen zu werden, der in der Vorstellung die Macht in der Gesellschaft ausübt und, getrennt von seinem menschlichen Bewußtsein, Übermensch oder Ungeheuer ist (wie die herrschenden Politiker, Wissenschaftler und Medienagenten).

"Die den Menschen umgebende Welt (hatte, der Verf.) mit dem Übergang von der feudalen zur modern-bürgerlichen Gesellschaftsformation (...) den Charakter eines unmittelbar 'Gegebenen' eingebüßt" (Schmidt, ebenda, S. 133), das in einem "Begriff von Erkenntnis, der im passiven Abschildern oder Nachbilden an sich seiender Strukturen" aufging. Dagegen ist für Marx und Engels wie für Nietzsche mit jener Moderne die Reflexion auf "jenen weltgeschichtlichen, höchst praktischen Prozeß" relevant, "der den bisherigen Begriff wahrer Erkenntnis: die adäquatio rei adque cogitationis erschüttert hat" (ebenda). Gehen Marx und Engels von einem Wahrheitsbegriff aus, der die Aufhebung des schlechten, verarmten Lebens, der materiellen Lebensverhältnisse, zum Inhalt hat, sich also erst praktisch realisiert, ist nach Schmidt Nietzsches Erkenntnisbegriff "lebensmetaphysisch" verkleidet, ja biologisch und pragmatisch orientiert: Der Erkenntnistrieb soll ein "höherer Eigentumstrieb", gerichtet auf die "Bemächtigung der Dinge" sein, der (in Marxschen Worten) Aneignung der entfremdeten Produkte, des Selbsts und der Gattung. Die Erkenntnis arbeite nach Nietzsche "'als Werkzeug der Macht', ihr Begriff sei 'eng und streng anthropozentrisch und biologisch zu nehmen' (Nietzsche, Werke, Band XV, Leipzig 1901, S. 275)" (ebenda, S. 134). Ihr Begriff ist, wie ihn später unbewußt Heidegger fundamentalontologisch entfalten sollte, sexuell gemeint, das heißt, er reflektiert in sich den neuzeitlichen Widerspruch von Sinnlichkeit und Abstraktion, wie er Nietzsches Werk insgesamt charakterisiert. Seine Frage ist die, wie der Mensch angesichts dieses Widerspruchs sich verhalten solle.

Nietzsche selbst setzt gegen das "Erkennen" das "Schematisieren", "dem Chaos soviel Regularität und Form auf(erlegen), als es unserem praktischen Bedürfnis genugtut", was allein Wahrheit beweise. Dagegen sei das "Ergründen von Wesen, Dingen, 'An-Sichs' (...) ein Bewußtmachen von Bedingungen", ein "Vertrauen zur Vernunft und ihren Kategorien, (die) nur die (...) Nützlichkeit derselben für das Leben" (nach Schmidt, S. 135) erweise. Wahr, läßt sich daraus folgern, ist für Nietzsche nur das, was "da" ist (letztlich die Frau, die verfügbar ist). Das heißt, in einer chaotischen Welt, einer Welt an sich jenseits der Institutionen (wie z.B. der Ehe), müßten Regeln und Formen gebracht werden, um die (sexuelle usw.) Produktion und Reproduktion der Welt (des Mannes) zu verwirklichen und zu sichern, handfest zu machen gegen ihre bloß geistige Verfügbarkeit. Sein "praktisches Bedürfnis" ist das nach Sicherheit. Darin ist Nietzsche nach Schmidt "nicht vordergründig-theoriefeindlich, sondern 'im wesentlichen Sinne'" (ebenda) praktisch orientiert. Man solle nicht so viel reden, sondern handeln; gemeint ist der "Vollzug des Lebens selbst" (Heidegger, Nietzsche, Band I, Pfullingen 1961, S. 572). Die Welt soll dadurch überhaupt erst ein Sein erlangen, "Welt des Seienden" gegen ihren (bürgerlichen) Prozeß des "Werdens" werden, die Sexualität in Liebe übergehen, die sie in Arbeit und Ehe usw. überführt. Der Nietzschesche Wille zur Macht besteht demnach in dem Stillstellen der kapitalistischen

Entwicklung der bürgerlichen Gesellschaft, wodurch der Mensch "seine Bestände (...) sichern und (...) mehren", das "Vermögen alles Lebendigen (vorab des Menschen)" gegen seine bewußtlose Transzendenz und Verausgabung um den Preis seiner Objektivierung und Rationalisierung sein eigen werden könne. Das heißt, Nietzsche will die "Überwältigung" (der Natur, der Frau) ohne Folgen; keine Produktion und Reproduktion des menschlichen Lebens und Arbeitens, sondern den Genuß (des actus purus). Nietzsche ist ein dionysischer Denker.

Nietzsches Lehre von der Praxis als "perspektivisch-horizontale(r) Bestandssicherung" (der Lage von Mann und Frau im Geschlechtsakt) ist insofern mehrdeutig, wie Schmidt meint, weil sie einmal dem Weltmaterial (dem Verhältnis der Frau zum Mann) jede Eigenstruktur abspricht und zum anderen Gesetze gelten läßt, die "unser (...) beschränkter Menschen-Verstand nicht vorgeschrieben hat". In dieser "kollektiv 'zurechtgemachten', individuell jedoch als bewußtseins-transzendent erlebten Alltagswelt" erfährt der Mensch, Mann wie Frau, "den Stoff jener 'vermenschlichten' Welt als die 'formlos-unformulierbare Welt des Sensationen-Chaos'" (Schmidt, ebenda, S. 136/37), nämlich als und durch den Orgasmus. Deshalb sind bei Nietzsche die konstanten Dinge und Strukturen "lebensförderliche Fiktionen". Wirklichkeit und Wahrheit vergehen in jenen, um Neuem Platz zu machen. Was Nietzsche "zur Beschaffenheit des Seins überhaupt erklärt, (entstammt) gattungsgeschichtlicher Arbeit" (ebenda, S. 137); was am Beispiel des Geschlechtsaktes nachvollziehbar ist, wobei davon ausgegangen wird, daß dieser keine gegenseitige Selbstbefriedigung ist wie heute.

Der Praxisbegriff von Nietzsche ist der Begriff männlicher Praxis: "Bildende, formierende Tätigkeit" des "gestaltlosen Materials", der männlichen Vorstellung der Frau; ihr soll ein Bereich relativer Stabilität und "inter-subjektiver Verbindlichkeit" abgezwungen werden. Gestaltlos soll sie sein, weil ihr die "Ordnung, Gliederung, Form, Schönheit, Weisheit, und wie alle unsere ästhetischen Menschlichkeiten heißen" (Nietzsche nach Schmidt, ebenda, S. 137), fehlen; sie soll aber notwendig sein! Durch sie bliebe der "Gesamtcharakter der Welt (...) in alle Ewigkeit Chaos". Wenn Schmidt fragt, ob nicht solche "Notwendigkeit sinnstiftende Praxis ihrerseits stiftet, allererst ermöglicht" (ebenda), wird das (patriarchalisch) bürgerlich sublimierte Verhältnis von Mann und Frau, Mensch und Natur, verewigt. Es unterschlägt, daß die Frau und die Natur als gestaltloses Material eine bloße männliche Vorstellung sind, wenn auch ihre Emanzipation noch aussteht. Marx sieht nach Schmidt das chaotische Weltmaterial zwar nicht als "Ansich, wohl aber relativ auf menschliches Ordnungsbedürfnis" chaotisch an. Solche Ordnung ist leicht als die der männlichen Begriffe zu dechiffrieren. Die "unorganische Natur" ist für ihn jungfräuliche Natur. Die menschliche Arbeit habe aber "stets mit schon strukturiertem, naturgesetzlich bestimmtem Material zu rechnen" (ebenda, S. 138). Außerdem könnten wir nur von jener Natur reden, weil und wenn wir von menschlicher Arbeit abstrahierten, das heißt nur, wer nicht arbeitet wie "der" Philosoph usw., stellt sich Frau und Natur als formlos vor. Das heißt, menschliche Arbeit oder Denken, Sprechen und Handeln vermitteln auch die Frau und die Natur als subjektive, nicht-dingliche Objekte. Ebenso vermittelt das Denken, Sprechen und Handeln der Frau den Mann umgekehrt als Menschen, der er dadurch allererst wird. Daher gehört solche menschliche Arbeit zur Emanzipation der Frau. "Auf einem anderen Blatt steht, daß die Menschen von der Eigenstruktur naturalen Seins nur in dem Maße wissen, wie es im geschichtlichen Horizont ihrer Gesamtpraxis erscheint und bearbeitet wird" (ebenda). Ist diese, wie heute, wesentlich konsumtiv-reproduzierend, erscheint die Natur als allseits verfügbar bis zur Zerstörung und die Frau als Nutte, die als solche auszeichnet, nur gevögelt "werden" zu wollen (s. dazu auch W.N., Was ist Liebe? Hannover 1986). Wäre das anders, würden Frauen Männer um den geschlechtlichen Verkehr selbst nachsuchen und die Natur ihre Rechte auf Bewahrung und Erhaltung deutlich machen.

Während Nietzsche am "Leitfaden des Leibes" philosophiert, also die (körperliche) Sinnlichkeit, den Eros, zur "großen Vernunft", dem "Kraftzentrum", "von dem aus die 'Welt' entworfen wird" (ebenda), macht, also das verdrängte Bewußtsein zum Subjekt macht, denkt nach Schmidt Marx umgekehrt, von Hegel her das Weltganze im Sinn angeeigneter und anzueignender Natur : als "unorganischen Leib des Menschen'" (ebenda), das heißt, er trennt die Natur als unorganische von der des Menschen als organischer, die nur unter der Herrschaft des Begriffs des Kapitals identisch werden. Nur insofern erscheint neben dem unmittelbaren Lebensmittel und der Materie als "der Gegenstand und das Werkzeug seiner (des Menschen, der Verf.) Lebenstätigkeit" (Marx nach Schmidt, ebenda) die Frau bzw. der andere Mensch als Produktivkräfte, die anzueignen sind. Der "subjektivischere" (Schmidt, ebenda) Nietzsche diskutiert dagegen, da jene Aneignung ausblieb, deren Bedingungen aus männlicher und damit hoffnungsloser, höchstens gewalttätiger, Sicht: Die unmittelbaren sinnlichen Bedürfnisse sind selbst nur die Wiederkehr des Verdrängten, nicht diese selbst. Marx dagegen hält sich, wie Schmidt richtig bemerkt, "mit großartiger Unbefangenheit ans 'gegenständliche' Sein und Wissen" (ebenda), das heißt, er setzt Menschen als Subjekte voraus. Solcher Subjektivismus ist allerdings idealistisch, weil er die Bedingungen seiner Möglichkeit (und Notwendigkeit wie Freiheit oder auch der Ganzheitlichkeit (s. W.N., Die Antiquiertheit der Moderne, ebenda, S. 53ff.)) nicht reflektiert, was sein Anteil am Scheitern der (proletarischen) Revolution ist. Wenn nach Marx der Mensch die "Natur bearbeitend, (...) sein (zugleich biologisch und) geschichtlich vermitteltes Gattungsleben (objektiviert)" (Schmidt, ebenda), entfremdet er sich auch gleichzeitig von diesem und schaut dieses nur noch an, so wie er sich (s.o.) arbeitend verdoppelt hat. Wird dieses Gattungsleben auch noch als zweite Natur (der Produktivkräfte) zur ersten, das heißt, wird in der Vorstellung der heutige Schein des Lebens natürlich (wie die Liebe, die Ehe, die Familie, die Beziehung - die Disco, die Kneipe, das Spiel, das Ritual usw.), wird die Notwendigkeit der unmittelbaren Bedürfnisbefriedigung des gesellschaftlichen, vereinzelten Menschen nur noch in der Form der unmittelbaren Aneignung (nicht identisch mit Vergewaltigung) erfüllbar. Ansonsten wird das Gattungsleben zur Kontemplation, zur Selbstbefriedigung der Geschlechter wie im Medienkonsum.

Schmidt erörtert im Anschluß daran "die Frage nach der Wahrheit und ihrem Kriterium" (ebenda, S. 139) bei Marx und Nietzsche: Mit dem Willen zur Macht soll bei Nietzsche der Mensch "Herr (...) werden über das Vielerlei der Sensationen", was Wahrheit sichert; dafür muß aber das Sein (z.B. die Frau) getäuscht und gebändigt werden (bekannt ist Nietzsches Spruch, daß, wer zum Weibe gehe, nicht die Peitsche vergessen solle). Die Bedingung von Wahrheit, die letztlich im Orgasmus liegt (40), ist die "Steigerung des Machtgefühls" gegenüber dem dunklen Etwas (der Natur, der Frau). Nietzsches Begriff der Wahrheit ist deshalb nach Schmidt nicht seinsadäquat, weil er das Vorstellen des vorgestellten Objekts nicht (als männlich) reflektiert. Er unterschlägt also das durch Denken, Sprechen und Handeln schon Erreichte an Erkenntnis, erkannter Wirklichkeit. Sich diesem zu vergewissern ist nicht dasselbe wie Anpassung ans Gegebene, sondern selbst Aneignung von Produktivkräften, heute: von Begriffen. Die Täuschung des Seienden ist allerdings heute ein Moment des Verhältnisses des Mannes zur Frau und zur Natur, aber auch der Frau zum Mann und zur Natur (auch ihrer eigenen). Zweck dieser Veranstaltung ist die Beherrschung im Geschlechtsakt aus Gründen der Verhütung, des Kinderwunsches und der Steigerung der Befriedigung. Alles kreist heute um den Sex. Was damit verfehlt wird, ist aber gerade die Wahrheit des Orgasmus, der zur mehr oder weniger technischen Angelegenheit wird. Unmittelbare Aneignung dagegen implizierte das "Mach, was du willst, und trage die Folgen", also Verantwortung für sich, den anderen und die Gesellschaft bzw. Mann und Frau als Menschen.

Marx dagegen erweist sich nach Schmidt "auch hinsichtlich des Problems der Wahrheit und ihres Kriteriums als der materialistischere Denker" (ebenda): Er beharre darauf, daß die Materie als solche unerschaffen sei, das heißt, daß das "praktische Erzeugen einer gegenständlichen Welt" Natur als sinnliche Außenwelt immer schon voraussetzt, so wie die Frau als Mutter immer vorausgesetzt ist. Sie ist zwar nicht Ansich, aber auch keine bloße Vorstellung, sondern - allenfalls zu kritisierende - Realität (ebenso das den Patriarchaten der bürgerlichen Gesellschaft vorhergehende Matriarchat). Die durch die Abstraktion von dieser/diesen erreichte Herrschaft über die Natur als dem Stand der Produktivkräfte entsprechendem "Niveau menschlicher Praxis" ist zu jenen invariant. Die bestimmte Beziehung von Mann und Frau zu den Eltern ist deshalb Index ihrer je möglichen und wirklichen Praxis; sie ist so kritisch oder unkritisch wie jene. Alle menschlichen Lebensverhältnisse sind nach Marx "von vornherein (...) praktische, also durch die Tat begründete Verhältnisse" (Marx, Randglossen zu Adolf Wagners Lehrbuch der politischen Ökonomie, in: Marx/Engels, Werke Band 19, S. 362, nach Schmidt, ebenda), das heißt, sie sind (s.o.) durch "das Böse" begründet oder, mit anderen Worten, durch den als schmutzig oder als me on geltenden Sex vermittelt, wie dem Geschlechtsakt der Eltern zur Zeugung des Kindes in der Vorstellung von diesem. Solches Böse wird heute zum Sauberen rationalisiert, ohne an sich gut oder vernünftig zu werden. Die Weltgeschichte selbst ist als Index von Weltkonstitution die bösen Taten der großen Männer (und weniger ebenso bösen Frauen). Sie bilden das "konkret-geschichtliche Apriori, unter dem Subjekt und Objekt menschlicher Erkenntnis stehen" (ebenda, S. 140). Praxis trifft nach Schmidt "eine Auswahl aus der Fülle naturgegebenen Materials, organisiert es und verleiht ihm - sprachlich fixierte - 'Bedeutungen'" (ebenda), das heißt, der Mensch fällt über den Mann oder die Frau ästhetische Urteile, die durch Sprache zum praktischen Bewußtsein werden und ihn die Wahrheit erfahren lassen. Wahrheit hat bei Marx, im Gegensatz zu Nietzsche, also nicht der Orgasmus als solcher, sondern die Praxis des Denkens, Sprechens und Handelns selbst, sei sie nun bewußtlos "abstrakt" oder bewußt "konkret". Wo diese heute zusammenfallen, repräsentiert sie als allgemeine (nur) den Durchschnitt (wählt der einzelne, wenn er in Besitz der Wahrheit kommen will, den durchschnittlichen anderen Menschen), das "Befriedigende". Diesen Menschen zieht es weder hinab noch hinauf. Was durchschnittlich gesehen wahr ist, wird zum Kriterium von Wahrheit überhaupt. Die Arbeit im allgemeinen ist nicht mehr konkrete oder abstrakte Arbeit, sondern Durchschnittsarbeit geworden. Der Mensch findet diese als das "in den Dingen (wieder), was er selbst in sie hineingesteckt hat" (Nietzsche, Werke Band 16, S. 97, nach Schmidt, ebenda), ein Satz, den auch Marx unterstreichen würde.

In der ersten Feuerbachthese identifiziert Marx subjektive, "sinnlich menschliche Tätigkeit, Praxis" mit "gegenständliche(r) Tätigkeit" und der "revolutionären", der "praktisch-kritischen Tätigkeit" (Thesen über Feuerbach, in: Marx/Engels, Werke Band 3, ebenda, S. 5).Dieser nach Schmidt "genial umrissene Praxisbegriff begründe eine materialistisch gewendete Konstitutionslehre" (S. 140), auf die "jede Diskussion der Marxschen Wahrheitstheorie zurückgreifen" müsse. Dieser Praxisbegriff ist aber bei Marx an der Kategorie der Arbeit im Stoffwechsel von Mensch und Natur gewonnen und auf ihn zentriert: Sinnlich menschliche Tätigkeit aber kann keine selbst noch entfremdete Arbeit sein, die sich an Gegenständen der Natur abarbeitend diese (revolutionär) umwälzt und (praktisch) verändert, indem sie ihnen eine neue Form gibt. Hier ist der Wunsch der Vater des Gedankens. Arbeit ist eine un-sinnliche und unsinnige Form von Tätigkeit und erst als Handeln sinnlich und menschlich. Es ist auch schwierig, sie, wie es die Praxis der Arbeiterbewegung war, für die Auseinandersetzung des Menschen mit der Gesellschaft und ihren Institutionen (wie Kapital, Staat, Produktivkräften) unverändert zu gebrauchen, da wir es hier nicht mehr mit Gegenständen zu tun haben, die durch (materielle und geistige oder moralische) Arbeit umgewälzt werden können. Der Versuch endet nur in der Niederlage und als idealistisch gefaßte, nicht wirkliche, sinnliche Tätigkeit (sondern ideologische Auseinandersetzung) in Anpassung (und Reformen). So wird dieser Praxisbegriff für das Verhältnis des Menschen zum (anderen) Menschen erst recht problematisch: Faßt der Mann die Frau als Gegenstand seiner (verdrängten) Sinnlichkeit, wird die umwälzende Tätigkeit zur Wiederherstellung mythologischer, der bürgerlichen Aufklärung zugrundeliegender, patriarchalischer Macht über die (als Bourgeoisie verstandene) Frau, die darin zum Ding wird, so wie die als Wunsch wiederkehrende Sinnlichkeit letztlich phallozentristische Vorstellungen impliziert, das heißt, der Mann bespiegelt sich als homo sapiens nur selbst, der sich als solcher bewußtlos arbeitend (und darin fortschrittskonstitutiv) entäußert. Die ungeheure Warensammlung ist nicht umsonst eine von Scheiße, die Ware deren idealisiertes Exemplar.

Dagegen ist nicht auf die Feuerbachsche Position, "daß der Gegenstand, die Wirklichkeit, Sinnlichkeit, nur unter der Form des Objekts oder der Anschauung gefaßt wird" (ebenda), als einer praktischen Alternative zurückzukommen, sondern als Beschreibung einer (heutigen) Realität des Menschen unter der Herrschaft der Begriffe, zu einem Verhältnis, an dem allererst praktische Alternativen zu entwickeln wären. Außerdem ist zu beachten, daß die Marxsche o.g. Konstitutionslehre die reale, zu kritisierende Praxis darstellt, ihre daseiende Form. Dieser Widerspruch von Passivität und Aktivität macht die heutige Selbstzerrissenheit des Menschen aus. Psychologisch gesehen drückt sie sich im phallischen Narzißmus aus. Vita contemplativa (vom Materialismus entwickelt) und vita activa (vom Idealismus entwickelt) sind keine Alternativen mehr. Eine (r)evolutionäre, praktisch-kritische Tätigkeit, verstanden als Denken, Sprechen und Handeln, hätte heute beide die Dinge umzuwälzen, indem sie den Schein des unmittelbar gegebenen So-Seins, die Vorstellungen etc., verändert (vita essentiarium). Sie faßte den Gegenstand, die Wirklichkeit, Sinnlichkeit und Wesentlichkeit, die menschliche Tätigkeit als Schein, der sich als Schein weiß (analog dem Wertgesetz als indirekt materialistisch-gegenständliches Ding), und die Praxis als (für eine neue Welt) konstitutive und darin praktisch-kritische.

Ebenso ist die heutige Gültigkeit der zweiten Feuerbachthese von Marx problematisch. Wenn die Frage, "ob dem menschlichen Denken gegenständliche Wahrheit zukomme (...), eine praktische Frage" ist, das heißt, daß "der Mensch die Wahrheit, i.e. Wirklichkeit und Macht, Diesseitigkeit seines Denkens" (nach Schmidt, S. 141, ebenda) in der Praxis beweisen müßte, dann hat diese Frage der Faschismus eher beantwortet als die marxistische Kritik, wenn man von der Russischen Oktoberrevolution einmal absieht. Tatsächlich ist ja, wenn man von dem absieht, was unter dem Begriff Faschismus alles zusammengezogen und dann pauschal negativ bewertet wird, im Kleinbürgertum und seiner Praxis, soweit sie sich je autonom entfalten konnte, die innerhalb des theoretischen Rahmens der bürgerlichen Aufklärung einzig mögliche "Wahrheit" als dem Übereinstimmen des Urteils mit seinem Gegenstand, also die seit Aristoteles tradierte klassische Definition der Wahrheit, an der auch noch Kant festhält, real geworden, so wie die Aufklärung zu sich (und damit auch zu ihrem sie selbst aufzuhebenden Ende) gekommen ist. Deshalb sind heute unter dem Aspekt der "Wirklichkeit und Macht" bzw. "Diesseitigkeit (des) Denkens" erörterte Wahrheitsfragen, wie sie nicht nur die bürgerliche Wissenschaft, sondern auch die linke Theorie führen, identisch oder eine Projektion des Denkens auf die Realität. Andererseits bleibt "der Streit über die Wirklichkeit oder Nichtwirklichkeit des Denkens - das von der Praxis isoliert ist - (...) eine rein scholastische Frage" (Marx nach Schmidt, ebenda), aber diese Scholastik ist heute, wo es keine Praxis gibt, eine daseiende Frage. Die Alternative wäre ein, unbeschadet von einer praktischen Verflochtenheit (z.B. politischer Kämpfe), praktisches Denken, das wirklich, mächtig und diesseitig ist. Ein Denken also, das durch sich den (denkenden) Menschen wie die Natur und den anderen Menschen umfaßten, die (s.o.) Gegenständlichkeit des Gegebenen und seine Widerständigkeit wie seine Gebundenheit an das Hier und Jetzt transzendiert (und insofern bewußtlos ist, als es als Subjekt den Menschen als ohnmächtigen, von ihm ergriffenen, voraussetzt). Es wäre dies das, was Bataille als Extasis des Denkens bezeichnet hat (41).

Es ist im weiteren davon auszugehen, daß die von Schmidt für materialistisch unabdingbar gehaltene Differenz von Subjekt und Objekt nur noch, wo überhaupt, wo die Menschen zum identischen Subjekt-Objekt geworden sind, in der Differenz von Begriff und Vorstellung besteht, und das heißt auf den Menschen bezogen, diese die Differenz des unbewußten Begriffs und der bewußten Vorstellungen ausmachen, eine Tatsache, die materialistisch nur durch eine Reflexion der Psychoanalyse einholbar ist. Wahrheit ist demnach nur noch indirekt gegenständlich (oder ein Wert). Nach Schmidt ist das Kriterium der Wahrheit die Praxis; nicht die spekulative Identität und das rationalistische Kriterium "logischer Bestimmtheit und Durchsichtigkeit", sondern eine "objektive Kontrollinstanz, die den theoretischen Zusammenhang als solchen transzendiert und doch, mit Lenin gesprochen, ein 'Kettenglied in der Analyse des Erkenntnisprozesses' bildet, ihm also zugleich angehört" (ebenda). Die Praxis soll "die Rolle des imaginären (vom Gegner materialistischer Erkenntnistheorie unentwegt geforderten) 'Beobachters', der Original und Kopie: die realen Objekte und die Formen ihrer kognitiven Widerspiegelung miteinander vergleicht", spielen. Bei Engels aber wird die Anwendung der Dinge zum Gebrauch "einer unfehlbaren Probe auf ihre (der Sinneswahrnehmungen, der Verf.) Richtigkeit oder Unrichtigkeit" unterzogen, das heißt, er kommt zum letztlich positiven Verfahren des "trial und error". Auch der von Schmidt hervorgehobene Praxisbegriff ist am Erfolg orientiert, das heißt, er verfällt dem Profitdenken, richtigem Bewußtsein einer falschen Realität. Dagegen wäre ein (ekstatisches) Denken richtig oder wahr, wenn es sich nicht selbst widerspricht, und wenn seine praktische, das heißt sprachliche, schriftliche Veräußerung ihm adäquat ist bzw. das notwendige Handeln daraus (er)folgt. Das Denken gehört, wie Adorno unterstreicht, selbst zur Praxis. Denken ist dann wahr, wenn es ihm die Objekte des Denkens danken.

Die Berufung von Engels und Lenin auf "sinnliche Erkenntnis", die Schmidt aus der ihnen notwendigen Abgrenzung ihres materialistisch-dialektischen Wahrheitskriteriums von ihren Gegnern ableitet, ist nur das Wesen, als die "Übereinstimmung unserer Wahrnehmungen mit der gegenständlichen Natur der wahrgenommenen Dinge" (Engels, Die Entwicklung des Sozialismus von der Utopie zur Wissenschaft, in: Marx/Engels, Ausgewählte Schriften in 2 Bänden, Band 2, S. 91, nach Schmidt, ebenda), von deren früher positivistischer Theorie. Das heißt, der damit als Wahrheitskriterium ausgegebene Abbildrealismus ist das an der Produktion der Intelligenz abgelesene richtige Bewußtsein einer falschen Realität, die schließlich heute in der Widerspiegelung der herrschenden Begriffe im Bewußtsein der Menschen besteht. Eine Folge davon ist, daß, gesellschaftsphilosophisch gesehen, in dem gegenüber einem Aufgehen der Wirklichkeit in "Empfindungskomplexen" Bestehen auf "dinglicher Transzendenz" auch die Subjekte zu Dingen werden, was die Stalinistische Herrschaft und Orthodoxie erst möglich machte und im Faschismus mündete, der dies vollendete, indem er die zu Dingen gewordenen Menschen wie im KZ auslöscht, aufhebt. Die übermächtig dingliche Welt heute ist zugleich eine immaterielle (s. W.N., Die Antiquiertheit der Moderne, ebenda, S. 51ff.). Ein nicht mehr dingliches, aber gegenständliches Sein muß heute überhaupt erst geschaffen werden. Die gegenüber dieser Praxis sinnliche Erkenntnis (Wunschdenken) muß kritisiert werden, woraus sich erst eine praktisch-kritische Tätigkeit ergibt.

Die Sinneserlebnisse, die uns nach Engels und Lenin "im praktischen Kontext mit Natur und Gesellschaft zuteil werden" (Schmidt, ebenda), sind an der abstrakt gewordenen Natur und Gesellschaft nicht mehr unmittelbar gegeben, sondern nur noch über ihre Begriffe vermittelt, das heißt, sie sind Vorstellungen oder Sinneserlebnisse "überhaupt", was ein kritikwürdiger Zustand ist, der nur praktisch aufgelöst werden kann, indem Natur und Gesellschaft neu konzipiert werden: zu Kultur und Gemeinschaft werden. Sinneserlebnisse werden dadurch zu Sinnerlebnissen. Natur und Gesellschaft als bloße Vorstellungen existieren nicht mehr "außerhalb und unabhängig vom subjektiven Bewußtsein". Was tatsächlich übrigbleibt, sind Syllogismen und das "Gefühl des Widerstands". Dagegen weisen die alltägliche wie wissenschaftliche Praxis, die sich auf ihnen Äußerliches richten, kein gegenüber dem vortheoretischen Glauben ans Sein der Dinge Wissen um sie auf, weil sie dieses fortschreitend (durchaus im Sinne von Engels) auflösen und zerstören. Nur in der Krise von Natur (Entropie), Gesellschaft (ökonomische Krise) und Mensch (Krankheit) erweist dieses sich als Ansich, das heißt ein Wissen im Zustand der Passivität (der Muße, Ruhe,

Nicht-Arbeit, dem Genuß). Von dieser sind aber nur evolutionäre Veränderungen zu erwarten, weshalb das linke Warten auf eine revolutionäre Krisensituation falsch ist. Umgekehrt bedürfen ein Sein und Ansichsein der Dinge konstituierender Praxis, durch die die Sinne im Sinne von Marx zu "theoretischen Sinnen" oder zum Sinn werden. Diese(r), nicht die Dinge, bilden das Transzendente, das Bewußtsein und Natur, Gesellschaft und Mensch zu sich kommen läßt und sie zu Mit-sich-Identischen macht. Erst dann existieren die Dinge "unabhängig und außerhalb vom subjektiven Bewußtsein", weil sie durch an sich objektives Denken, Sprechen und Handeln als solche vermittelt sind und als Subjekte erfahren werden. Nur als Subjekte sind die Dinge unabhängig und außerhalb vom Subjekt. Die "ursprüngliche Einheit theoretischen und praktischen Welt-Umgangs", die nach Schmidt die Marxsche Schule betont, daß "Erkennen und Umgestalten der Dinge (zusammengehören)", ist, wie Höhlenmenschen bzw. die Kultur des Ur-Menschen zeigen, falsch: Sie stellt sich vielmehr als deren Ursprung nach patriarchalisch, als die zugleich praktische und theoretische Unterdrückung der Frau durch den Mann dar. Die Frau ist kein Ding, sie erscheint nur so, weil der Mann sie dazu macht. Wenn nach Mao kein Materialist ist, wer die "unmittelbare Erfahrung leugnet und die persönliche Teilnahme an der die Wirklichkeit verändernden Praxis ablehnt" (Mao nach Schmidt, ebenda, S. 142), dann ist er auch kein Mann, das heißt selbst ein Ding unter Dingen: der Masse, die nur ein kollektives, aber kein individuelles Bewußtsein hat. Materialist ist darin nur, wer abstraktes Gesellschaftsmitglied ist, das auf seine Individualität verzichtet. Alle Praxis ist deshalb kognitiv, weil sie im Wesen Denken, Sprechen und Handeln ist, und "'Theorie' als relativ autonome, unmittelbaren Bedürfnissen enthobene Lebensform: Wissenschaft und Philosophie als Zweige der Praxis, die sich ausschließlich objektiven Erkenntnissen widmen, welche freilich - indirekt - auf die Praxis zurückwirkt" (S. 142/43), ist eine Abstraktion von diesem praktischen, objektiven Denken, Sprechen und Handeln: Reflektieren, Reden und Reagieren. Es ist dies Selbstvergewisserung, Selbstdarstellung und Selbsterhaltung.

Die Wahrheitstheorie ist heute, anschließend an die erste und zweite Feuerbachthese von Marx und einer im Wesen veränderten (darin aber eigentlich nur das Wesen der Vergangenheit zeigenden) Realität so zu "interpretieren", daß die "gegenständliche Wirklichkeit", die "sinnlichen", von bloßen "Gedankenobjekten (...) unterschiedenen Objekte" Feuerbachs, die des verdrängten Bewußtseins, der unbewußten Sexualität, Gefühle und Sinnlichkeit ist, die weder eine "abstrakte Unmittelbarkeit dinglichen Seins, die idealistischen Positionen wenig voraus hätte" (ebenda, S. 143), noch als einseitige Form "anschaulich vorhanden" ist, sondern eine durch Denken, Sprechen und Handeln, also durch Praxis zu vergegenständlichende Realität darstellt.

Nach Schmidt "beruht der Marxistische Materialismus auf einem gegenstandstheoretischen Realismus. Aber er reduziert sich nicht auf ihn" (ebenda). Marx betrachtet die "Wirklichkeit" aber nicht nur "als Subjekt-Objekt weltgeschichtlicher Aktivität", als Synthese "bewußt-menschliche(n) und bewußt-naturale(n) Seins" (ebenda), sondern unter dem Aspekt ihrer Aufhebung bzw. Veränderung. Hat sich heute nämlich bewußt Menschliches in bewußt Unmenschliches oder Tierisches und Bewußt-Naturales sich in Bewußtlos-Menschliches oder gesellschaftliches Sein verwandelt, ist Wirklichkeit eine in sich gebrochene und bloß reflektierte, das heißt, sie steht wie die Welt auf dem Kopf, oder die Wirklichkeit ist kein Subjekt-Objekt mehr, sondern der Begriff, zu dem die Selbstbewegung von Subjekt und Objekt sich synthetisiert haben. Die "unabhängig von ihnen (den Individuen, der Verf.) existierende Körperwelt", sowohl des Leibes als auch der äußeren Natur, ist nicht nur durch kollektive Arbeit, sondern auch durch kollektive Vorstellungen geprägt (nur darum kann der Mensch sie sowohl zerstören als auch selbst schaffen (Gen-Technologie, Retortenbaby usw.)).

Wenn nach Lenin in die "vollständige 'Definition' eines Gegenstandes die ganze menschliche Praxis (...) mit eingehen" (Lenin nach Schmidt, ebenda) muß, dann unterschlägt das als absoluter Imperativ die bewußtlos-naturale Seite des Stoffwechsels des Menschen mit innerer und äußerer Natur (das Unbewußte des Menschen und das Bewußtsein der Natur) und das unmittelbare Bewußtsein des Menschen, das in der Sowjetorthodoxie und der Leninistischen Praxis unter der Herrschaft der Partei ausgeschaltet wurde, weshalb die Oppositionsbewegungen in den ehemaligen Ländern des real existierenden Sozialismus unter anderem religiöse und bürgerliche ideologische Vorstellungen angenommen hatten. Eine absolute Praxis ist im Prinzip eine an Gewalt gebundene politische Praxis. Die "gegenständliche Natur", sowohl als "Seele" (s.o.) als auch als "Bewußtsein" äußerer Natur, ist nur in diesem Sinne "durch die herrschende Gesamtpraxis vermittelt" als Objekte von Herrschaft, ob nun bürgerlicher oder ehemals real sozialistischer (dem Anderssein der Idee bürgerlicher Freiheit, Gleichheit und Brüderlichkeit) Form. Das außer-(und inner-)menschliche Gegebene ist allerdings unter diesem Aspekt ein "verschwindender - wenngleich stets aufs Neue sich setzender - Schein" (ebenda), der sich als Schein reflektieren muß und dadurch zum Wesen und Subjekt wird, soll Herrschaft abschaffbar sein. Die alltägliche wie einzelwissenschaftliche Praxis hält sich demgegenüber nur "an die 'fertig' vorliegende Realität" (ebenda, S. 144), weshalb letztere nach H.J. Krahl der Erkenntniskritik unterzogen werden muß. Das Kriterium der Praxis kann allerdings, wie Lenin meint, "irgendeine menschliche Vorstellung (niemals, der Verf.) völlig bestätigen oder widerlegen (...)" (Lenin nach Schmidt, ebenda). Als gegenüber der "Seele" und dem "Bewußtsein" der Natur ist solche Praxis allerdings "unbestimmt und bestimmt zugleich", nämlich verselbständigte Praxis, wie die Parteipraxis bestätigt. Aus dem unerbittlichen Kampf gegen den Idealismus in allen seinen Spielarten wird der Idealismus zu einer Transzendenz (Bewußtlosigkeit) der Praxis, das heißt dadurch, daß die Praxis als Wahrheitskriterium überfrachtet oder überbewertet wird, wird sie zur bloßen Aktion oder zum Aktionismus, wie z.B. in der Studentenbewegung der 60er Jahre, die darin die Oktoberrevolution imitierte. Andererseits wird die nicht völlig zu bestätigende oder widerlegbare menschliche Vorstellung, selbst ein Gesichtspunkt des Lebens und der Praxis gegenüber der "Seele" und dem "Bewußtsein" der Natur, zur Ideologie (des Sowjetmarxismus wie des westlichen (und ehemals östlichen) Alltags). Eine praktizistisch-pragmatistische Gesellschaft wie z.B. in den USA ist deshalb an ihrer Basis ideologisch, was im real existierenden Sozialismus die ökonomischen Verhältnisse waren, die unter der direkten Herrschaft der Partei standen. Die ideologische Herrschaft in den nach-bürgerlichen Gesellschaften des Westens ist dagegen indirekt vermittelt über die (massenhafte) Lebens- und Liebespraxis des einzelnen Gesellschaftsmitglieds. Die "herrschende Gesamtpraxis", die "ganze menschliche Praxis" ist deshalb ein aufzuhebendes Wahrheitskriterium, weil sie

Wahrheit Ideologie gleichmacht. Wahrheit ist heute mit Lüge identisch, weil sie praktisch vermittelte Herrschaft voraussetzt.

Die "Praxis als geschichtliche Totalität", die, nach Schmidt faktisch oder virtuell, die Wirklichkeit durchdringt, ist eine selbst noch aufzuhebende Herrschaftskategorie, die die von der Praxis zu übergreifenden Urteile (des menschlichen Denkens) präformiert. Sie wird zum Praktizismus oder Aktivismus, zum Konsum einerseits und zum Protest andererseits. Praxis, unabhängig vom Denken, wird dadurch affirmativ (gegenüber Kapital, Staat und Produktivkräften wie Gesellschaft), ob nun in positiver oder negativer Form. Beide orientieren sich an der herrschenden Praxis, die einzelne, aber ebenso massenhafte Politiken in Parteien, Organisationen, Verbänden und Gruppen, einschließt. Praxis als Denken, Sprechen und Handeln, Vergegenständlichung von verdrängtem Bewußtsein, wird in beiden an die schlechte Totalität gebundenen Formen ausgegrenzt und unterdrückt. Deshalb kann (r)evolutionäre Praxis heute nur außerhalb oder in Distanz von Kapital, Staat, Produktivkräften und Gesellschaft wirksam bzw. wirklich werden. Das heißt, sie setzt bereits Freiheit voraus (s. dazu Merleau-Ponty (42)), oder sie setzt (das privateigentümliche) absolute Wissen und seine Negation voraus, das heißt auch ein identisches Subjekt-Objekt, den "Gesichtspunkt der alle Bereiche umfassenden praktischen Lebenstätigkeit" (Matthiesen, Kritik der philosophischen Grundlagen und der gesellschaftspolitischen Entwicklung des Maoismus, Köln 1973, S. 19, nach Schmidt, ebenda), das heißt einen Standpunkt außerhalb der Vernunft, auf dem jener Mensch steht, der sich von Arbeit, Geld und Moral (und Liebe) prinzipiell oder augenblickshaft lossagt, also tendenziell außer sich oder neben sich tritt, das Prinzip der Selbsterhaltung aufgibt und in sein verdrängtes Bewußtsein "eintaucht". Die Feststellung, was "wahr" und "unwahr" ist, liegt deshalb - das sah schon Nietzsche - außerhalb der Philosophie. Allgemeine Praxis aber ist Denken, Sprechen und Handeln, darin konkret-geschichtlich. "Insofern gründet 'gegenständliche Wahrheit' in 'gegenständlicher Tätigkeit'", verstanden als kommunikatives Handeln (nicht im Sinne von Habermas' idealistischer Konstruktion (43)). Wahr kann dieses aber nur sein, wenn die "seiende Wahrheit des Gegenständlichen als solche verbürgt ist" (ebenda, S. 145), das heißt, die Frau/der Mann/die Natur, die gesellschaftlichen Objekte müssen befriedigende ästhetische Urteile enthalten, das heißt sinnlich verzehrbar oder gebrauchswerthaft sein, was ihre Wahl als Objekte der menschlichen Praxis ausmacht. Sie müssen nach Marx einer "Wahrheit des Diesseits" entsprechen, die eine schöpferische Praxis voraussetzt, die die Materialität der Welt erschließt. Das heißt, das Objekt muß auserwählt und gewollt sein. Nur dadurch spiegelt unsere Erkenntnis "eine objektive, von Menschen unabhängige Wahrheit" wider. Wahrheit muß an sich selbst ontisch sein, um "die Grundlage für Wahrheit als Qualität von Sätzen" abzugeben. Sie darf also weder subjektiv noch objektiv sein, sondern beides zugleich in ihrer Identität, das heißt, sie muß dem Begriff (der Frau/des Mannes, der Natur) entsprechen.

Der Einfluß des pragmatischen Praxisbegriffs nicht erst von Mao-tse-tung, sondern auch schon von Lenin und den Bolschewiki, auch die Studentenbewegung der 60er Jahre darf nicht unterschätzt werden, auch wenn die führenden Köpfe des SDS andere, neue, reflektiertere Konzepte im Sinn hatten. Deshalb ist es richtig, wenn Schmidt bei denen, die "sich unentwegt auf 'Praxis' berufen, einerseits unterhalb

Anders Machen

Neuerscheinungen Herbst 1989 bei Materialis

Marx konnte nur dadurch die Illusion einer in der Geschichte und ihrer Materie verwirklichten Negation hegen und weitergeben, daß er die nicht – kapitalistische Zukunft zu einem absolut Anderen machte. Wir aber, die wir Zeugen einer marxistischen Revolution waren, wissen sehr gut, daß sie kein absolut Anderes ist.
Maurice Merleau-Ponty

Leo Kofler
Die Vergeistigung der Herrschaft
Zweiter Band : Gesellschaft und Elite zwischen Humanismus und Nihilismus

MP 35, Materialis, 268 S. Pb, ca. 39,80 DM, September 89 (3.A.)
ISBN 3-88535-127-7

In seinem zweibändigen Unternehmen, die Theorie der bürgerlichen Gesellschaft in den Rahmen einer humanistischen Philosophie zu stellen, erweist sich Kofler als Vorkämpfer der Hegelschen Linken heute. Und von den großen Männern dieser philosophischen Tradition ist er auch einer der letzten, die noch leben. In dem nun vorgelegten zweiten Band (3.A.) steht die Gesellschaft im Mittelpunkt, während es im 1.Band der Staat war.

In historisch weit ausgreifenden Kapiteln versteht er es, das Bürgertum plastisch aus seinem Menschenbild heraus begreifbar zu machen.Für dieses erweist sich der Eigentumsbegriff als bestimmend. Aus ihm leitet sich sowohl das Selbstbild des Bürgertums als der zur Herrschaft bestimmten Klasse ab als auch die Mißachtung der Lohnarbeitenden und Eigentumslosen. »Derjenige ist als unfrei zu betrachten, der sich zum Knecht eines anderen dadurch macht, daß er ihm gegen Lohn,den er zu empfangen hat, für eine gewisse Zeit den Dienst verkauft.« (John Locke)

Kofler führt mit vielen heute unbekannten Details anhand der Wahlrechtsbewegung des 19. Jahrhunderts den Beweis, daß das bürgerliche Postulat der Ungleichheit und Unfreiheit der Lohnarbeitenden und Eigentumslosen den Demokratiebegriff des Bürgertums an seiner Wurzel beschädigt.«Die übrig gebliebene Freiheit ist nicht mehr die Freiheit, Ideale zu verwirklichen, sondern die Freiheit der Konkurrenz.« Und: »Fragt man, wofür und für wen diese Freiheit gut sein soll, wird philosophisch verschämt zugegeben: für das Ego des Starken. Damit ist alle Demokratie offen verraten, denn Demokratie ist ihrem Urwesen nach stets fortschreitende Möglichkeit zur Freiheit für alle.«

Die daraus hervorgehende Entfremdung trifft aber nicht nur den Bürger sondern auch den Arbeiter und Kleinbürger. Kofler gelingt es, den Entfremdungszusammenhang durch die Kategorie der Pauperisierung aufzuhellen. »Der Mensch wird zum Pauper, wenn ihm das Bewußtsein seiner Situation verloren geht, wenn er unter für ihn unverständlich gewordenen Bedingungen sich selbst,sein wahres Wesen, seine wirkliche gesellschaftliche Funktion, die Inhalterseines Wissens, Stellungnehmens und Begehrens nicht mehr versteht.« Die Pauperisierung manifestiert sich zwar,wie Kofler nachweist, für Bürger, Arbeiter, Kleinbürger im einzelnen in durchaus differenter Weise. Ihr unterliegt aber im Bewußtsein aller Klassen heute eine Vermaterialisierung und extreme Individualisierung. »Gerade unter dem Druck des allgemeinen Existenzkampfes in der bürgerlichen Gesellschaft – Prinzip der freien Konkurrenz – erkauft das Individuum seine Anpassung an die Erfordernisse dieses Lebenskampfes durch den Verzicht auf die allseitige (oder auch nur mehrseitige) Ausbildung seiner Subjektivität.« Und er fährt fort: »Die einseitige Anreizung der egoistischen Triebhaftigkeit der Individuen auf Kosten anderer und höherwertiger Seiten ihres Menschentums verführen den heutigen Menschen dazu, sein Glück mehr oder weniger einseitig im Bereiche der materiellen Befriedigung zu suchen.«

Zweierlei setzt Kofler diesem Mitbauen am Kerker der Entfremdung entgegen. Erstens: »Das Vermögen zur tätigen und erfüllten Geselligkeit bildet ein zentrales und tragendes Moment dessen, was wirklich menschliches (und nicht deformiertes) Leben ist, und der unglückliche Zustand des Menschen setzt sich am ehesten da an, wo dieser glaubt, der Gemeinschaft und all dem, was sie aufgibt, den Rücken kehren zu müssen.« Zweitens : das durch seine philosophische Anthropologie begründete Streben nach Selbstverwirklichung. Beides ermöglicht und erfordert den Aufbau einer wirklichen Opposition. Die Opposition heute sieht Kofler im Stadium einer informellen, progressiven Elite, da die Arbeiterbewegung erstarrt ist.

Über den Autor:
Leo Kofler ist jetzt 82 Jahre alt und hält noch immer einmal die Woche an der Uni Bochum seine Vorlesung. In Polen geboren,schloß er sich 1925 der Wiener Arbeiterbewegung an und war dort seit 1930 als Bildungsreferent tätig.1938 floh er vor dem Faschismus in die Schweiz und veröffentlichte dort sein Buch »Die Wissenschaft von der Gesellschaft«. 1947 erhielt er in Halle einen Lehrstuhl für Geschichtsphilosophie und Neuere Geschichte und veröffentlichte 1948 sein bekanntestes Werk »Zur Geschichte der bürgerlichen Gesellschaft«. 1951 ging er in die Bundesrepublik und veröffentlichte 1952 »Wesen und Rolle der stalinistischen Bürokratie«. 1960 folgte die Erstausgabe des hiermit wieder vorgelegten Werks unter dem Titel »Staat,Gesellschaft und Elite«. 1973 erhielt Kofler eine Professur an der Uni Bochum. Es folgten weitere Veröffentlichungen bis in die jüngste Zeit.

Detlev Schwarzburg
Abstraktes Denken und wahres Wissen

(Arbeitstitel)
Zum Verhältnis von Wissenschaft und gesellschaftlicher Praxis bei Weber, Habermas, Popper und Feyerabend
D 13, Materialis, ca.140 S. Pb, ca. 28,80 DM, Oktober 89
ISBN 3-88535-128-5

Schwarzberg führt in dieser nachgelassenen Schrift, die seine Habilitation werden sollte, eine gut verständliche und vieles klärende Auseinandersetzung mit den Positionen von Popper,Feyerabend und Habermas. Er konzentriert sich dabei auf die Fragen: Ist eine Veränderung der aktuell prekär gewordenen Konstellation von abstraktem Denken und wahrem Wissen, wissenschaftlicher Erkenntnis und gesellschaftlicher Praxis möglich? Wie stehen die obigen drei Denker dazu?

Um einen gemeinsamen Bezugspunkt zu erhalten, legt Schwarzberg seiner Auseinandersetzung die Verstandestheorie von John Locke zugrunde, die für den Beginn der Neuzeit bestimmend ist und untergründig noch heute wirkt. Diese geht davon aus, daß wahres Wissen die an sich existierenden Strukturen der Wirklichkeit aufdeckt, als solches dann technisch in der Praxis anwendbar ist und beim Wissenden selber die Fähigkeit zum abstrakten Denken hervorbringt. So wie diese Fähigkeit aber nur von Intellektuellen und vom Bürgertum entwickelt werde, so bleibe aber die übrige Bevölkerung einem anschauungsgebundenen Denken verhaftet,das seine körperlichen wie psychischen Impulse nicht zu beherrschen vermag.

Bezogen auf Popper zeigt sich nun, daß dieser Objektivität in diesem traditionell erkenntnistheoretischen Sinn versteht. Dies impliziert aber auch, was Locke noch explizit gemacht hatte, daß Popper von einem hierarchischen Gesellschaftsaufbau ausgeht und von daher Einschränkungen demokratischer Praxisformen vorsehen muß.

Feyerabend fordert demgegenüber die »Zerstörung der heutigen Autorität wissenschaftlicher Erkenntnis«, um der »Barbarei unseres technisch-wissenschaftlichen Zeitalters« Einhalt gebieten zu können. Seine »freie Gesellschaft« soll den verschiedenen Traditionen gleiche Chancen einräumen und diese sollen sich in einem »freien Verfahren« gegenseitig verstehen und Macht geben. Einen Weg, wie die vorhandene,reale Unterschiedlichkeit und differente Funktionalisierung der Gesellschaftsmitglieder aber abgebaut werden könnte, zeigt er aber nicht auf.

Am ausführlichsten beschäftigt sich Schwarzberg mit der Position von Habermas. Um dessen Theorie beser hinterfragen zu können, vergleicht er sie zudem mit der Auffassung Freuds zum abstrakten Denken, beschäftigt er sich mit der Habermasschen Weber-Interpretation und mit dem Versuch Bahros,über Weber hinauszukommen. Schwarzberg kommt zu dem Schluß, daß Habermas von den unhintergehbaren Bedingungen der Herausbildung von Interessen abstrahiert. Diese wirken aber der argumentativen Verständigungrentgegen und damit auch der Anwendung des abstrakten Denkens, das Habermas seinem Modell einer argumentativen Verständigung zugrundelegt. Da überdies die Anwendung des abstrakten Denkens zur Technisierung der Lebensverhältnisse führt, wäre erst mit der Durchführung von Bahros Gedanken, einer Aufhebung der funktionalisierenden Wirkung der gesellschaftlichen Arbeit, die Möglichkeit für mehr Demokratie gegeben. Aber gerade von diesem Gedanken sagt Habermas, daß er »vermutlich nicht mehr eingelöst« werden kann.

Über den Autor:
Detlev Schwarzburg ist mit 36 Jahren an Herzinfarkt gestorben, nachdem er dieses Buch abgeschlossen hatte und es gerade vom Vorprüfungsausschuß der Sozialwissenschaftlichen Fakultät der Uni Hannover als Habilitationsschrift angenommen worden war. Die Veröffentlichung erfolgt in der Reihe »Diskussionsbeiträge« des Instituts für Politische Wissenschaft der Uni Hannover, an dem er als wissenschaftlicher Mitarbeiter tätig war.

Michael Vester
Die Entstehung des Proletariats als Lernprozeß

Zur Logik sozialer Praxis und frühsozialistischer Theorie in den englischen sozialen Bewegungen 1792–1848

MÖ 1, Materialis, ca. 484 S. Pb, ca. 66,80 DM, Oktober
ISBN 3-88535-112-9

Mit diesem Buch legt der Verlag die 4. Auflage eines lange vergriffenen Grundlagenwerks vor. Es behandelt die Entstehung der modernen sozialen Bewegungen in einer Eopche des Umbruchs, unter dem Einfluß der Industrialisierung, der französischen Revolution und des Untergangs traditionaler Lebenswelten. Das Buch liefert eine spannende Zusammenfassung der sozialen Kämpfe, Lernprozesse und Enttäuschungen zwischen 1792 und 1848, im englischen »Mutterland der Arbeiterbewegung«. Dabei versucht der Autor, die Entstehung und Veränderung sehr vielfältiger Bewegungen zu erklären: Maschinensturm und Streik, Gewerkschaften und Genossenschaften, Bildungs- und Wahlrechtsvereine, Versammlungs- und Presseöffentlichkeit, demokratische und frühsozialistische Theoriebildung – und auch Bewegungen für die Frauenemanzipation und eine nichtautoritäre Kindererziehung.

Das Buch kritisiert die gängigen marxistischen und bürgerlichen Mythologien, die soziale Bewegungen nur als passiven Reflex großer historischer Gestaltungskräfte gelten lassen. Dies gilt für »ökonomistische« wie für »elitistische« Theorien. Für die einen ist es die industrielle Revolution,die das Proletariat schafft und durch Fabrikarbeit vereinheitlicht, ihm Arbeitsdisziplin und Einsicht in den technischen Fortschritt beibringt und es, über die materielle Verelendung, auch die Empörung lehrt. Für die anderen gelten die »Massen« als nicht »politikfähig« und nicht »theoriefähig«; um es zu werden, bedurften sie einer rationalen und zentralisierenden Organisation oder »Partei« und einer »richtigen Theorie«, also professioneller politischer und intellektueller Führer, wie z.B. Owen oder später Engels und Marx.

Vester entwickelt eine Alternative zu diesem, für Intellektuelle typischen Masse-Elite-Schema. Er knüpft an kritische Traditionen des Marxismus an, wie sie von Beer, Reich, Cole, Korsch, auch Hobsbawm und vor allem dem neulinken »kulturellen Materialisten« Edward Thompson vertreten werden. Er geht über sie hinaus, indem er Theorie und Praxis aufeinander bezieht und die Logik sozialer Bewegungen für die Dauer einer ganzen Epoche herauszuarbeiten sucht. Er betätigt Thompsons These, daß die Arbeiterklasse nicht nur vom Kapitalismus erzeugt wurde, sondern sich auch durch die eigene Erfahrung und Praxis selbst erzeugt hat. Die Arbeiterbewegung war demnach eine Transformation älterer sozialer Akteure und Milieus, der bäuerlichen und handwerklichen Unterklassen. Diese Transformation war weder ein automatischer noch ein voluntaristischer Prozeß, sondern folgte einer Dialektik von objektiven Bedingungen und subjektiver Praxis. Industrielle Revolution und politische Repression determinierten nicht ein bestimmtes Verhalten, sondern waren »Lernprovokationen«. Sie konnten zu ganz verschiedenen Formen von Anpassung oder Widerstand, Vereinzelung oder Solidarisierung, Angst oder Zuversicht, von Bejahung oder Ablehnung des Industriesystems führen. Denn dies hing ab von einem komplexen Bedinungsrahmen, in dem statische Momente (wie Habitus, Wirtschafts- und Machtstrukturen) mit dynamischen Momenten (wie Erfahrung, Bewußtsein, Ereigniskonstellationen) konkurrieren.

Nach Vesters Konzept der Lernprozesse verlaufen diese nicht beliebig, sondern nach gewissen Mustern oder Logiken. Die dabei erkennbaren kurzen und langen Wellen oder Zyklen der Kämpfe und des Lernens folgen jedoch keinem vorab fixierten Modell oder Schema, sondern sind Interpretationen des empirischen Prozesses.

Dieser neuen Auflage ist ein umfangreiches,neues Vorwort vorangestellt, das auf die von dem Buch ausgelöste wissenschaftliche Diskussion mit neuen Klärungen antwortet. Diese betreffen einerseits die Logik langer historischer Transformationsprozesse, denen auch heute wieder die neuen sozialen Bewegungen folgen. Andererseits entwickeln sie, unter stärkerem Bezug auf P.Bourdieu und kritische Traditionen empirischer Soziologie und Psychologie, auch ein empirisch analytisches Instrumentarium für die Untersuchung der sozialen Bewegungen überhaupt.

Über den Autor:
Michael Vester, geb. 1939, Professor für Politikwissenschaft in Hannover, z.Zt. Forschungsprojekte über Landarbeiterkooperativen in Südportugal und über Sozialstrukturwandel und neue soziale Milieus in der Bundesrepublik.

Anders Denken

Eine philosophische Reise

Qualmanach 3

Q 3, ca. 96 S. geh., 3,00 DM, Juli
ISBN 3-88535-033-5

Das Heft enthält u.a. folgende Beiträge:
Michel Foucault, Freiheitspraktiken des Subjekts
Roger Garaudy, Nach 1968 erst entdeckte ich die orientalische Philosophie
Leo Kofler, Vom Austromarxismus zur Anthropologie des Eros
Roger Garaudy, Der Tod der Abstraktion
Leo Kofler, Die Inkarnation des Staates in Elite, Intelligenz und Bürokratie
Hans-Jürgen Krahl, Verweltlichung und Verwirklichung der Philosophie
Helmut Becker, Bernd Heiter, Lothar Wolfstetter, Foucault-Workshop: ein Bericht
Stefan Immerfall, Erkenntniskritik als Revolutionstheorie

Paketangebote

Alle Bücher eines Angebots sind jeweils zu einem Paket eingeschweißt und mit speziellen Vorsatzblättern auf den Umschlagseiten des Pakets versehen

Leo Kofler
Vergeistigung der Herrschaft
Band 1+2

MP 34+35, zus. 390 S., zus. 55,00 DM statt 62,60 DM einzeln (Ersparnis 7,60 DM),
ISBN 3-88535-111-0 und -127-7

Roger Garaudy
Biographie des 20. Jahrhunderts
Band 1+2

Ed. Nicole, zus. 270 S. Pb, zus. 35,00 DM Pb statt 40,00 DM einzeln (Ersparnis 5,00 DM),
ISBN 3-925679-06-5 und -07-3

Bund proletarisch – revolutionäre Schriftsteller
Johannes R. Becher, Andor Gabor, Kurt Kläber, Erich Weinert, Ludwig Renn (Hg.)
Die Linkskurve
Jahrgänge 1929–1932, Band 1–4

MP 9–12, zus. 1 628 S. Pb, zus. 125,00 DM statt 145,20 DM einzeln (Ersparnis 20,20 DM),
ISBN 3-88535-007-6, -012-2, 029-7, 013-0

Bestellungen über den Buchhandel
Materialis Verlag, Rendeler Str. 9-11,
D-6000 Frankfurt 60

ihres umfassenden Begriffs, weil es ihnen an geschichtsphilosophischer Einsicht gebricht, (...), andererseits (...) partikuläre Formen von Praxis (...) vergötzen", Dinge und Menschen zu äußerlich manipulierbaren werden, die Erkenntnis zum Instrument verkümmert, die Begriffe in ihrer Bedeutung von seinen praktischen Konsequenzen abhängig gedacht werden. Dadurch entstehe ein "konkretistisches, am je Besonderen orientiertes 'Betriebswissen'" (S. 146). Sie unterschlagen bewußtlos die geschichtsphilosophische Dignität ihres Praxisbegriffs, die "Praxishaftigkeit" ihres Denkens, weil es projektiv-pathisch ist, also selbst noch zwanghaft wie die aus dem Bürgertum stammenden Vertreter der Studentenbewegung, weshalb "Praxis" zum fetischhaft besetzten Ausweg aus einer subjektiv wie objektiv zwanghaften Situation wird. Konkretes Handeln wird zur Manipulation, weil es handfest sein soll, das heißt zur narzißtistischen Selbstbefriedigung, Erkenntnis zum Mittel der Emanzipation, der ihre ihr eigene Würde mit dem Faschismus verlorengegangen ist. Die Notwendigkeit des Aus- und Aufbruchs muß auch die zu herrschenden gewordenen Begriffe umdeuten. Das heißt, es gibt etwas Richtiges im von Schmidt aufgezeigten Falschen an der Studentenbewegung: die, wenn auch abstrakte, Negation der Theorie als Herrschaftswissen und der Praxis als aus ihr abgeleitetes Handlungswissen (technologisches Wissen) zum Zweck der Reproduktion der bürgerlichen Gesellschaft und ihrer Institutionen, den Erhalt des status quo (innerhalb und außerhalb) und des Widerspruchs von sozialer Basis der Produktivkräfte und kapitalistischem Überbau der Produktionsverhältnisse, dem historischen Kompromiß aus Vernunft schlechthin der Post-Moderne heute. Da dieses anti-kapitalistische Bewußtsein diesem ohnmächtig gegenübersteht, orientiert es sich an Bewegungen der Dritten Welt, die diese "bürgerliche" Theorie und Praxis militant bekämpft. Index solcher Praxis ist dabei die von Schmidt untersuchte maoistische Strategie.

Dem gesellschaftlichen Widerspruch entspricht der Widerspruch von Sinnlichkeit und Abstraktion, von Sinnlichem und Rationalem, zentrales Kennzeichen einer vernünftigen, Ideal-Ich-indizierten post-modernen Gesellschaft. Deren Vermittlung bedarf allerdings, wie Mao sagt, der Praxis als Grundlage. Die "unmittelbare Erfahrung" aber, aus der nach Mao "alle echten Erkenntnisse" stammen, ist der Genuß als das Abstraktion und Sinnlichkeit praktisch Verbindende, das der Konsum nur vortäuscht. Ebensolcher Täuschung unterliegt Mao, wenn er "Materialismus und Utilitarismus, Wahrheit und Erfolg einander annähert" (ebenda). "Produktionskampf", "Klassenkampf" und das "wissenschaftliche Experiment" sind deshalb in Wahrheit Mittel, diesen Prozeß möglich zu machen, der jedes Individuum (nicht nur in der Dritten Welt, in dieser aber existentiell), betrifft. Das macht Mao zu einer Erkenntnistheorie, die der von Marx (an Hegel) gewonnenen das Subjektive an der "geschichtlich strukturierenden 'Gesamttätigkeit'" (ebenda) voraus hat. Die linke Bewegung im Westen wie die Befreiungsbewegungen in der Dritten Welt wollten und wollen Emanzipation "hier und heute", da das "Unmittelbare, Sinnliche, Individuelle" von den herrschenden Politikern, Wissenschaftlern und Medienagenten zunehmend unterdrückt wird, Herrschaft sich in die Triebstruktur hinein erstreckt (44). Daran hält sich (heute) auch die Mehrheit, die sie sich affirmativ im Konsum realisiert. Ein revolutionärer Begriff (und ein Begriff von Praxis) muß deshalb gegen Marx' an Hegel gewonnenem objektiven Entwicklungsbegriff am verdrängten Bewußtsein ansetzen, das heißt, er muß individuell, sinnlich und unmittelbar orientiert sein. Das heißt auch, daß er die

Existenz des Menschen, wie sie Sartre erörtert, nachhaltig berühren und verändern muß.

Die von Mao-tse-tung in seinem Aufsatz "Über die Praxis" geforderte Ein- und Unterordnung unter die Praxis ist die Konstitution der Theorie zur herrschenden und die Verwandlung der Praxis des Denkens, Sprechens und Handelns in Weg-Denken, -Diskutieren und Machen. Die erkenntniskonstitutive Macht der Praxis wird damit gerade sistiert und zum Anhängsel der Theorie, so wie sie zur Lösung von Problemen gebraucht wird. Probleme sind jedoch selbst aufgehaltenes Denken, Sprechen und Handeln, ein bestimmtes Verhältnis zur Praxis: Kontemplation.

Proletarische Praxis als "reine geschichtliche Existenz und geschichtlichen Sinnes" (Merleau-Ponty, Die Abenteuer der Dialektik, Frankfurt/Main 1974, S. 59) ist das Denken, Sprechen und Handeln des Menschen auf einer bestimmten Stufe der gesellschaftlichen Entwicklung, seines Bewußtseins und der Natur. Klassenbewußtsein ist heute, gegen Schmidt, "ein psychologischer oder kognitiver Zustand des Proletariats" (ebenda, S. 148), dem "am Schreibtisch ersonnene, ihm aufgenötigte Aktionsprogramme" von Gewerkschaften, linken Gruppen und Parteien entsprechen. Das ist das Resultat seiner als "geschehende(r) Praxis: 'weniger als ein Subjekt und mehr als ein Objekt'; es bezieht seine 'objektive', in der materiellen Lage des Proletariats sich abzeichnende 'Möglichkeit' aus: die der Koinzidenz 'des Änderns der Umstände und der menschlichen Tätigkeit oder Selbstveränderung'" (Merleau-Ponty nach Schmidt, ebenda)". Die Menschen "sind" heute nicht klassenbewußt, aber sie "haben" ein Klassenbewußtsein (über deren Besitz sie aufgeklärt werden müßten, um es aufzuheben und sich als Menschheit zu setzen). Ihre Praxis ist "Geschehen" oder Schicksal: Je mehr sie als Subjekt von sich geben, desto weniger Subjekt sind sie; je weniger sie zu Objekten oder Dingen vergegenständlichen (ihre Arbeit ist weitgehend immateriell (45)), desto objektiver wird die sie umgebende Welt (zum Block von Objektivität). Die "objektive Möglichkeit" von Klassenbewußtsein hat sich heute subjektiv realisiert, worüber der Mensch selbst aufzuklären wäre, um solches Bewußtsein noch aufzuheben. Indem der Mensch heute seine Umstände selbstbewußt oder vernünftig arbeitend, Geld verdienend und ausgebend und sich moralisch verhaltend (ohne was das Wirtschaftswunder nicht möglich gewesen wäre) verändert, verändert er sich auch selbst - und wird zum Tier. "Revolutionäre" oder "praktisch-kritische Tätigkeit" kann deshalb nicht mehr immanent, das heißt ökonomisch, gesellschaftlich usw. gefaßt werden (das heißt als Revolution), sondern nur noch als Konstitution eines neuen Menschen, das heißt als Evolution. Deshalb treten bei Merleau-Ponty's Interpretation des Marxismus die objektiv-ökonomischen Inhalte zu Recht zurück für ein geschichtlich situiertes Denken, Sprechen und Handeln leibhaftiger Menschen (eine Praxiskategorie, die auch der Autor, ohne vorherige Kenntnis der Schriften von Merleau-Ponty, selbständig entwickelt hat). Praxis ist für Merleau-Ponty Kommunikation, Austausch, Umgang, eine "proletarische Praxis, ehe sie erkannt wird" (Schmidt, ebenda), das heißt ein in unserem Sinn negativ ontologisch Gegebenes. Sie bedarf der "kritischen Verarbeitung". Sie ist "als reflektierter Ausdruck des von der unterdrückten Klasse Erlebten" (ebenda) ein Überschreiten der "Immanenz souveräner, stummer Bewußtseine". "Klassenbewußtsein" wäre nach Merleau-Ponty ein "'Austausch' zwischen Arbeitern, die als 'sprechende Menschen' Theoretisches aufnehmen können, und Theoretikern, die als 'lebendige Menschen' fähig sind, in ihren Begriffen zu berücksichtigen, 'was die anderen gerade durchleben' (Merleau-Ponty, ebenda)" (ebenda). Es ist die vorweggenommene Aufhebung des Arbeiters als Arbeiters, damit aber eher unter dem Begriff "menschliches Bewuβtsein" oder "Menschheitsbewuβtsein" zu subsumieren.

Engels hatte mit der Reduktion der Praxis als Wahrheitskriterium auf "das Experiment und die Industrie" in seinem "Versuch, Philosophen wie Hume und Kant zu widerlegen", sich auf Hegel berufen, der "bereits 'das Entscheidende' zur Kritik an Kant vorgetragen (habe), 'soweit dies vom idealistischen Standpunkt möglich war" (ebenda). Engels, der hier die monistische Seite der Hegelschen Philosophie der eigenen These der "Unerkennbarkeit des Dings an sich (...) der eigenen Ansicht zugute hält, verkennt, daβ Hegels scharfe Polemik gegen die These der Unerkennbarkeit des Dings an sich (...) wesentlich auf seinem absoluten Idealismus beruht. Eine hohle Abstraktion ist das Ding an sich nur, wenn die Substanz der Welt durchgängig subjekthaft gedacht wird" (ebenda, S. 149). Nun ist diese Kritik an Engels nicht nur als Kritik an der Theorie oder am Praxisbegriff als Begriff zu führen: Die gesellschaftlichen Dinge selbst haben sich geschichtlich so entwickelt, daβ die Substanz der Welt, wie es Hegel sah (nicht voraussah), durchgängig subjekthaft geworden ist, indem durch die Begriffe der Politik, der Wissenschaften und der Medien bzw. auch die Vorstellungen der Arbeit, des Geldes und der Moral die Menschen mit ihrem vernünftig gewordenen Selbstbewuβtsein das Sein nachhaltig bestimmen. Das heiβt, das Bewuβtsein bestimmt heute das Sein, der absolute Idealismus hat sich heute realisiert. Einerseits sind deshalb die idealistischen Prämissen zu kritisieren und aufzuheben, aber nur durch die Mittel der idealistischen, daseienden Philosophie selbst, also durch Denken, Sprechen und Handeln, das heiβt einer (objektiven) Vergegenständlichung des Subjekts.

Schmidt meint, daβ das Denken der Substanz als Subjekt "jede Weise ihrer Aneignung, auch die praktische, als Gestalt von begreifendem Wissen restlose Erkenntnis des Begriffenen" (ebenda) einschlieβt, wie sie bei Hegel im "absoluten Wissen", dem Bewuβtsein des Privateigentums, gegeben ist, hinter dem nach Schmidt "sich nichts befindet" - als eine neue Wirklichkeit. Tatsächlich akzeptieren Marx und Engels die Hegelsche Kant-Kritik und betonen andererseits "die prinzipiell unaufhebbare Differenz von Begriff und Wirklichkeit" (ebenda, S. 150), was tendenziell zur Abbildtheorie führt. Die o.g. Differenz ist nicht aufhebbar, zumindest nicht innerhalb der Philosophie - und der heutigen Welt. Vielmehr sind Begriff und Wirklichkeit heute dasselbe und darum aufzuheben. Die Abbildtheorie bzw. die Marxsche Differenz von Denken und Sein beruht heute nur noch in der von Begriff und Vorstellung, seiner Wirklichkeit im Bewuβtsein des Menschen. Dem ist nur noch durch seine neue Wirklichkeit zu begegnen, wie sie Denken, Sprechen und Handeln hervorbringen kann.

"Die vulgäre Unterscheidung des Abstrakten und Konkreten" (Merleau-Ponty nach Schmidt, ebenda) als Gegensatz von Theorie und Praxis ist heute nicht nur ein Bewuβtsein der Linken, sondern auch des Marxismus allgemein, wo Praxis als "Kontakt mit dem Sinnlichen oder der Technik" verstanden wird. Tatsächlich sind die Menschen heute praktisch, wodurch sie die Welt reproduzieren. Dadurch sind sie aber den herrschenden Begriffen oder Vorstellungen hilflos ausgeliefert: kontemplativ. Deshalb könnte der Begriff einer "kontemplativen Praxis" die heutige Wirklichkeit beschreiben. Das heißt, Theorie und Praxis, Abstraktion und Konkretion fallen heute zusammen, ohne daß das den Beteiligten bewußt wäre. Praktisch sind sie nur noch als Theoretiker, theoretisch nur als Praktiker. Das heißt, Theorie und Praxis wären selbst noch aufzuheben - für eine Konstitution im Sinne ihrer Überbietung.

Sprache ist nach Marx "das praktische, auch für andere Menschen existierende, also auch für mich selbst erst existierende wirkliche Bewußtsein". Sie "entsteht (...) aus dem Bedürfnis, der Notdurft des Verkehrs mit anderen Menschen" (Marx, Deutsche Ideologie, ebenda, S. 30f.). Sie mache "den Menschen zu einem universell zur Welt sich 'verhaltenden' Wesen" (Schmidt, ebenda, S. 151). Ein Verhältnis zur Welt hat aber erst der patriarchalische Mensch, während der Ur-Mensch ein Verhältnis zu sich hat, die Sprache also ursprünglich "selbstredend" ist, das Gemeinwesen selbst, wie Marx im Rohentwurf des Kapitals schreibt (46). Die Sprache, die "die alltägliche Unmittelbarkeit und ihr Weltbild" überschreitet, ist eine genuin männliche Form der Transzendenz, wie sie den Dialog von Sokrates ebenso kennzeichnet wie die Frage klärt, wieso Marx denn, der selbst vom falschen Bewußtsein geprägt war, dieses überschreiten konnte. Sprache ist nach Marx "idealisierte(r) Ausdruck" der Struktur der Welt, das heißt, sie ist eine Abstraktion von Gefühl oder ideelle Gesellschaftsbeherrschung. Das ist sie noch nicht in der bewußtlosen Weise, wie sie im Matriarchat und der Ur-Gesellschaft existiert, wo sie unmittelbar Ausdruck des Gefühls ist, sondern erst in und mit dem Patriarchat, so wie sie mit der bürgerlichen Gesellschaft und Aufklärung rationalisiert wird und sachliche Sprache, schließlich die Sprache der Bürokratie und selbst Produktivkraft wird. Sprache erweist sich als gesellschaftskonstitutiv, so wie sie der Inhalt des Tauschverkehrs ist, wie er sich schließlich im Geld verdinglicht. Sprache ist deshalb nur "praktisch-geistige Aneignung" der Welt durch dieses hindurch. Das Krahlsche Konzept einer neuen Sprache ist deshalb nicht so falsch (s. Konstitution und Klassenkampf, Frankfurt/Main 1971, S. 386ff., Anmerkung). Sie ist selbst eine (r)evolutionstheoretische und -praktische Kategorie, weil sie die Aufhebung des abstrakt oder entfremdet gewordenen Verhältnisses der Menschen untereinander als zu ihrem verdrängten Bewußtsein ist. Möglicherweise ist sie sogar die entscheidende Kategorie, weil sie die Mitte zwischen (revolutionärem) Denken und (evolutionärem) Handeln bildet.

Nach Schmidt sind die von Engels bemühten "Experiment und Industrie durchaus praktische, keine bloß kontemplativen Akte" (ebenda). Sie sollen sogar noch nach Lukács "'Urform' und 'Modell' aller Praxis, eine 'teleologische' Setzung innerhalb des materiellen Seins als Entstehen einer neuen Gegenständlichkeit" (Lukács nach Schmidt, ebenda, S. 151/52) sein. Beide sind jedoch nur von ihrer (menschlichen) Natur befreites Denken, Sprechen und Handeln (Praxis), das heißt reine Praxis, oder, um mit Adorno zu sprechen, ihr Gegenteil: theoretische Akte, das heißt letztlich: begriffliche Praxis oder die verselbständigte Praxis der Begriffe (als heute herrschender). Ihre Sinnlichkeit, die Erscheinungen hervorbringt, ist eine der Wiederkehr der verdrängten Natur, wie sie heute mit Entropie und Kollaps zurückschlägt. Insofern hat Lukács durchaus recht, daß Experiment und Industrie Urformen und Modell aller Praxis sind, wenn auch etwas anders, als er sich das vorgestellt hat: Sie zeigen im Ende, dem höchsten Punkt der bürgerlichen Gesellschaft, ihren ur-geschichtlichen Anfang.

Die Erkenntnis eines Dings an sich ist dadurch nach Schmidt nicht zu erreichen, aber, können wir hinzufügen, das Für-uns-Werden dieses Dings (s. o. letzter Satz), das nur noch reflektiert, das heißt praktisch verändert werden muß. Auch die Ur-Geschichte (des Matriarchats) ist eine der theoretischen Akte, begriffliche (wenn auch bewußtlose) Praxis, wie Experiment und Industrie bewußtlos solche sind, weder auf das sie konstituierende Bewußtsein noch Gesellschaft reflektierend, also von Natur und Mensch abstrahierend. Dieses wäre aufzuheben, das heißt, die Revolution geht nicht in der Aneignung der Industrie auf. Diese muß vielmehr außerbewußt und ungesellschaftlich, d. h. zur Materie werden.

Nun meint Lukács, daß "das Terrain der Praxis (ohne Veränderung der Grundstruktur) im Laufe ihrer Entwicklung größer, komplizierter, vermittelter geworden ist als in der bloßen Arbeit" (Lukács nach Schmidt, ebenda, S. 152). Der praktische Lebensbereich hat sich allerdings mit der Verausgabung von "Intelligenz" und, was hinzuzufügen ist, von "Sittlichkeit" erheblich erweitert, wie Schmidt Lukács zu Recht zugute hält. Damit hat sich auch der Begriff der Arbeit und damit der der Praxis verändert, von dessen Resultaten aus hier argumentiert wird. Insofern hat sich aber auch das Kantische Ding an sich, das keineswegs der Geschichte ontologisch enthoben gedacht werden darf, verändert. Wenn wir diese Argumentation zusammenfassen, ist es heute das sexuelle, gefühlsmäßige und sinnliche unbewußte Bewußtsein (47), das (gesellschaftliche) (verdrängte) Bewußtsein selbst. Allerdings: Nicht naturbeherrschende, sondern nur naturkonstitutive (und gesellschaftskonstitutive) Praxis ist heute in der Lage, "uns das Kantische Ding an sich zu erschließen" (ebenda). Da die heutige Praxis gerade naturzerstörend ist, ist die Bedrohung des Menschen nie so groß gewesen wie heute. Nur darin liegt ihr eigentlicher Erfolg: Die Richtigkeit oder Falschheit ihrer Praxis, die schon im Prinzip an der Kernspaltung als Zerstörung des Atoms ablesbar ist. Eine umfassende Praxis aber, wie Lukács sie fordert, ist keine gesamtgesellschaftliche Praxis (z.B. als Politik einer Partei), sondern eine gesamtgesellschaftliche individuelle Praxis, die eine neue Welt, eine neue Natur und einen neuen Menschen konstituiert, das heißt eine Praxis, die die herrschende Praxis außer Kraft setzt, sich ihr aktiv verweigert (s. dazu auch W.N., Arbeit? Nein, Danke, Hannover 1986). Das wäre dialektisch-totalisierendes als (trialektisches) politisches Minimalitätsdenken. Ihr Übergang zu einer Gesamtpraxis ist die Negation von deren schlechter Gestalt, das Schneeballprinzip von Multiplikation individueller Akte als gemeinschaftlicher und als Realisierung und Vergegenständlichung von Träumen.

Nun erscheint aber "die reale Welt, mit Marx gesprochen, zwar 'außerhalb des Kopfes' (...), solange sich der Kopf nämlich nur spekulativ verhält', (...) aber zugleich (seit Beginn des modernen Zeitalters) unter einem instrumentalistischen Horizont" (ebenda, S. 153), dem nach Schmidt mit Interpretation allein nicht beizukommen sei. Deshalb bedarf sie der Untersuchung und praktischen Veränderung durch Denken, Sprechen und Handeln.

Dieser bürgerliche Welthorizont, den nach Schmidt auch Lukács teilt, wird nur dann überschritten, wenn "'die Theorie nicht nur (...) einzelne Bedingungen der bisherigen Gesellschaft' kritisiert, sondern 'die bisherige 'Lebensproduktion' selbst' (Marx/Engels, Deutsche Ideologie, ebenda, S. 39)" (ebenda, S. 154). Zur Begründung einer neuen Gesellschaft gehöre nämlich nach Schmidt "der radikale Bruch mit dem historischen Kontinuum", "bedarf es neuer Gesamtpraxis - eines 'durchsichtig-vernünftigen' Entwurfs des fundamentalen Verhältnisses der Menschen zueinander und zur Natur" (ebenda), wie ich ihn in dieser Arbeit vorgelegt zu haben glaube. Deren Beherrschung wäre aber nicht, wie Schmidt meint, ihrerseits zu beherrschen, sondern, ohne gleich wütende Proteste der Wissenschaft auf den Plan zu rufen, weil sie damit keinen Inhalt verbinden kann, zu "befrauschen". Nur so kann die "wirkliche Basis zur Unmöglichmachung alles von den Individuen unabhängig Bestehenden" entstehen, weil in der Frau Gesellschaft und Natur zusammengezogen, quasi synthetisiert "erscheinen". Wenn Schmidt schreibt: "Solche Theorie-Praxis (die des Beherrschens des Beherrschens, der Verf.) wäre auch des Dings an sich mächtig" (ebenda); ist es die Befrauschung als Herrschaft der untrüglich gewordenen Sinne oder des Sinns selbst, die des heutigen Dings an sich, des Unbewußten, mächtig wäre. Nur eine solche Menschheit bekäme nicht nur wie die männliche "sich selbst in ihre eigene Hand (als) unter die Botmäßigkeit ihres eigenen Begriffs" (Fichte nach Schmidt, ebenda), befriedigte sich nicht nur - wie auch noch die heutige Frauenbewegung - selbst, versöhnte nicht nur die Natur, und damit der Mann sich mit der Frau oder diese sich (was dahintersteht), sondern entwickelte ihre Sinne und machte sie zum Bestimmenden von Mensch und Natur, Gesellschaft und Bewußtsein, wie sie in der Frau unmittelbar repräsentiert sind und für uns, zur Menschheit werden müssen. Erst dadurch käme sie auf ihren Begriff.

Praxis für sich oder die Würze

"Die Frage nach Theorie und Praxis" ist nach Adorno (Dialektische Epilegomena: Marginalien zu Theorie und Praxis in: Stichworte, Kritische Modelle II, Frankfurt/Main 1969) abhängig "von der nach Subjekt und Objekt" (S. 169). Aber Subjekt und Objekt sind in ihrem Identischwerden in den Begriff übergegangen. Dieser beherrscht jene, indem er die Sinne unter sich subsumiert, die als Drittes zur praktisch gewordenen, das Sein bestimmenden Theorie und der theoretisch, das Bewußtsein bestimmenden Praxis, hinzugetreten sind. Das konkrete Verhältnis von Begriff und Sinn, abstrakt ausgedrückt im Verhältnis von Abstraktion und Sinnlichkeit, bestimmt heute die gesellschaftliche Struktur des Menschen, sein (gesellschaftlich unbewußtes) Bewußtsein und seine (gesellschaftlich bewußte) Tätigkeit. - "Die reine praktische Vernunft ist (...) so objektlos wie die Welt (...) (die) zum qualitätslosen Material der Bearbeitung wird, die ihrerseits nirgendwo anders als auf dem Markt sich legitimiert" (ebenda, S. 169), das heißt, sie abstrahiert von Natur und erscheint als Begriff, der ihren Realismus ausmacht. "Während Praxis verspricht, die Menschen aus ihrem Verschlossensein in sich hinauszuführen, ist sie eh und je verschlossen; darum sind die Praktischen unansprechbar" (ebenda). Sie schließt sie in ihre Begriffe ein und reduziert sie auf tierische Wesen, bloße Natur oder Materie (oder Arbeitsmaterial, Arbeitsmittel); die Praktischen sind deshalb in Abstraktionen befangen, während sie zugleich ebenso unaussprechliche Gewalt auf Mensch und Natur ausüben. Ist naturbeherrschende Praxis nach Adorno möglicherweise Scheinpraxis, dann ist das insofern richtig, als sie die Projektion von Vorstellungen auf die Natur (auch die menschliche) ist, so wie bei Kant die Gesetze den Zustand der Natur vorschreiben. Solche Praxis ist in ihrer "Indifferenz gegens Objekt" auch indifferent gegen sich in dieser Selbstgenügsamkeit, die ihre an solcher Natur gewonnenen Erkenntnisse für (ewig) gültig hält. Die "reinen" Gesetze der Mathematik und Naturwissenschaft sind gebunden an die jeweilige (gesellschaftliche) Praxis des Menschen. Ihre (solcher Praxis) Erkenntnisse sind deshalb verwertbar, weil sie den Stand der jeweils schon erreichten Naturbeherrschung, der Entwicklung der Produktivkräfte wie der Produktionsverhältnisse und der Produktivität des Menschen so wie der bearbeiteten Natur entsprechen. Der (amerikanische) Pragmatismus, dem Adorno mit anderen vorwirft, auf die praktische Verwertung der Erkenntnis aus zu sein und damit die bestehenden Verhältnisse zu verteidigen, ist ihnen gegenüber auch transzendent, indem er einen neuen Werteffekt und damit neue Bedürfnisse hervorbringt. Was er verewigt, ist die bestehende Praxis des (gesellschaftlichen) Menschen und damit die Verhältnisse insofern, als der Mensch immer noch in einem (entfremdeten) Verhältnis zur Natur und anderen Menschen steht. Erst an diesem Aspekt ist Theorie, der es ums Ganze geht, nicht vergeblich. Der Nutzen wäre ein menschliches Bedürfnis und entrinnt der Systemimmanenz, was Adorno fordert. Alle andere Theorie ist grau, "Funktion des entqualifizierten Lebens" (ebenda, S. 169/70). Theorie ist Ideologie, wenn sie nicht ihre Grundlagen reflektiert und verändert, also selbst praktisch-kritische Tätigkeit ist. Die Politiker (oder Macher) aber abstrahieren von verändernder Praxis, die die Praxis selbst verändert - sie verändern höchstens ihre Anordnung, belassen es aber bei ihrer Ordnung, ihrem Imperativ. Auf entqualifiziertes Leben reagiert der Mann mit sexistischer Aktivität, die Frau mit masochistischer Passivität.

Beide sind darin "auf sich selbst zurückgeworfene, durch einen Abgrund von einem anderen getrennte(s) Subjekt" (ebenda, S. 170), "unfähig zur Tat, weil zum Gedanken". Der Reflex (der Bruch) mit ihren Vorstellungen, durch Sozialisation und Medien vermittelt, macht sie zu Gelähmten, in sich selbst Eingeschlossenen, die deshalb auch nicht reden können, sondern nur aus-brechen (wie der Halbstarke, der Kleinbürger als SS-Mann, der Rocker usw.). Ein solches Individuum *muß* den anderen (die Frau, die Natur - aber auch den Mann) sich angleichen; es kann nur mit seinesgleichen handeln (wie in Gangs, Trupps, der Frau als Mann usw.). Es hat Angst, in der Selbstentäußerung zu diesem anderen, die es als sich "unangemessen" verspürt, seine zwanghafte Identität zu verlieren. Das beweist, wie vage die Idee des Individuums bisher war.

Der Begriff der Entfremdung erfaßt diese Situation - oder den Begriff - des Individuums nicht. Es ist das Resultat der als Arbeit aufgefaßten Praxis, ebenso abstrakt wie diese. Dagegen gibt es kein, wie Adorno meint, vorindividuelles Zeitalter: Im Gegenteil ist die weibliche Gemeinschaft (nicht die tierische "einsame Gemeinde") eine von bewußtlosen Individuen, die Subjekt und Objekt noch nicht kennen. Das Patriarchat ist nicht nur Selbstreflektion, sondern Abstraktion, in der Bewußtsein und Individuum dasselbe sind. Erst unter dieser Identität gibt es Nähe und Ferne, weil die Sinne vom Sein getrennt sind, was das Matriarchat nicht kennt. Narrheit und Eigentum sind kontemplär: Don Quixote ebenso wie der Versuch "der Kompensation fürs entgleitende Andere, nach psychologischer Sprache Restitutionsphänomen", wie der Mann als Besitzer der Frau diese er-setzt. Rationalität und Irrationalität sind nur zwei Seiten einer Medaille: Er-Fahrung (Weg) und Erfahrungsverlust (Abweg), das Immergleiche und das "Abenteuer". In beiden ist Erfahrung "versperrt oder überhaupt nicht mehr (...), praxisbeschädigt und deshalb ersehnt, verzerrt, verzweifelt überbewertet" (ebenda). Er-Kenntnis wird dadurch pathisch oder Projektion. Einzig Praxis als Arbeit hielte beide Seiten sympathisierend zusammen - deshalb die subjektiv empfundene Notwendigkeit von Arbeit. In dieser aber ist Erkenntnis Mimesis bzw. imitatio, das heißt positivistisch, Anerkennung des Bestehenden. "Die abstrakte Subjektivität, in der der Rationalisierungsprozeß terminiert, kann strengen Sinnes sowenig irgend etwas tun, wie vom transzendentalen Subjekt vorzustellen ist, was gerade ihm abstrahiert wird, Spontaneität" (ebenda), oder es kann (bewußtlos) arbeiten. Die Cartesianische "Doktrin von der zweifelsfreien Gewißheit des Subjekts" (ebenda) ist eine der sinnlichen Gewißheit des Selbstbewußtseins, wie es Hegel reflektiert. Sie setzt ein freies Subjekt (den Arbeiter und Unternehmer) und ein frei verfügbares Objekt (die Produktivkräfte) bzw. das Verhältnis von Arbeit und Kapital voraus, in dem "nur Ungleiches Ungleiches soll erkennen können", das heißt, ein in Menschheit (res extensa) und Arbeiter (res cogitans) gespaltenes Subjekt soll eine in Produktivkräfte (res extensa) und Produktionsverhältnis (res cogitans) gespaltene Gesellschaft (als Objekt), oder ein in Bourgeois und Citoyen gespaltenes Subjekt soll die in an und für sich geteilte Natur erkennen können. Die dieser Situation oder Natur entsprechende Praxis soll nach Adorno "etwas Scheinhaftes" sein, das durch "Worte wie Betriebsamkeit und Geschäftigkeit (...) recht prägnant" (ebenda) getroffen werde. Das Verhältnis des Menschen zur Gesellschaft wird anscheinend unter der Wiederkehr des verdrängten Sexualtriebs, als Begierde, und der Stoffwechsel des Menschen mit der Natur unter dem Aspekt des Tauschgeschäfts betrachtet; die Praxis als Profit- und

Geldmacherei oder als Vermehrung der kapitalistischen Warenwelt. Praxis ist unternehmerische oder verdinglichte Praxis. An sie schließen sich im 20. Jahrhundert die kleinbürgerlich-praktischen Massenbewegungen an, die in der falschen Aufhebung der Dinge (des ebenso zum Ding gewordenen Menschen) zur blutigen Realität wurde. Ihnen ist der Wahn, Arbeit zu sein, immanent. Diese wird als Tat verstanden, wie sie in der Politik der Herrschenden erscheint. Solche Praxis ist abstraktes Vorstellen, Meinen und Tun, die Imitation eben solcher bewußtloser Arbeit. Das heißt, sie ist "begriffslose Praxis" des Denkens, Sprechens und Handelns, "zur subjektiven, praktisch verwertbaren Vernunft" beschränkt, das heißt aber auch, daß nur das als Praxis gilt, was sinnlich erfahrbar ist, an dem sie sich als Kriterium mißt. So ist sie als allgemeine, gesellschaftliche Praxis. Wenn "der bürgerliche Geist Autonomie und pragmatistische Theoriefeindschaft" (ebenda, S. 171) vereint, dann ist darin Autonomie der Reflex solchen abstrakten Vorstellens usw. und Theorie etwas übersinnlich Metaphysisches, beide Ausdruck des Charakters der Ware als sinnlich-übersinnlicher Kategorie. Die Arbeit wird "von der subjektiven Vernunft tendenziell nur noch nachkonstruiert" (ebenda). Zwar sollen ihre Erscheinungsformen verändert werden, aber die (mythologischen) Grundlagen, die heute zur ersten Natur geworden sind, "bleiben, was sie (sind)". "Denken, was daran rührt: zumal Theorie, die mehr will als Nachkonstruktion", wird "kopiert", durch Aggression, dem Komplement von Passivität, ausgegrenzt und unterdrückt mit der Folge, daß der Mensch nicht einmal mehr wagt, selbst zu denken.

Ein Bewußtsein von Theorie und Praxis, "das beide Werte trennt, daß Theorie ohnmächtig würde und Praxis willkürlich; noch Theorie durch den (...) Primat der praktischen Vernunft bricht" (ebenda), also darunter reflektiert, wäre nach meiner Ansicht das Denken, Sprechen und Handeln als der Theorie eigenes praktisches Moment (Medium), das sich selbst genügt, ohne selbstbefriedigend zu sein wie das Prinzip von Philosophie (der Selbsterhaltung). "Denken ist ein Tun, Theorie eine Gestalt von Praxis", erhält so einen "Sinn" (s.o.). Denken ist zwar "immanent bestimmt und stringent", aber nur, weil es sich selbst denkt, und das ist eine Funktion der unbewußten sexuellen Bedürfnisse. Deshalb ist es als "eine unabdingbare reale Verhaltensweise inmitten der Realität" (ebenda) Ausdruck und Darstellung seines Realitätsprinzips, das sowohl dem Lust- als auch dem Leistungsprinzip widerspricht. Im Unbewußten ist Denken als Subjekt auch Objekt; "soweit ist es vorweg auch praktisch" (ebenda). Denken ist die Negation des identischen Subjekt-Objekts, das es selbst ist. Die Identität von Subjekt und Objekt aber ist eine bloße Erscheinung, die an die Stelle ihres Scheins absoluter Getrenntheit (in ihr Gegenteil Umschlagens) tritt. Sein Wesen ist die Identität von Subjekt und Objekt mit sich, von der irrationale Praxis abstrahiert. Deshalb kann sie das Wesen nicht aufheben, sondern, wie in den Aktionen der Linken, der Grünen und Frauen, nur bestätigen und verfestigen. Deshalb halten sich die Leute an den Schein der Getrenntheit von Subjekt und Objekt, deren Überwindung sie den herrschenden Politikern, Wissenschaftlern und Medienagenten überlassen, das heißt, sie delegieren das (negative) Denken an diese, damit sie ihre Ruhe, Ordnung und Sicherheit haben. Indem sie die Objekte ihrer Arbeit nicht mehr kommensurabel machen, sondern konsumieren, wird ihr Leben zum blinden Schicksal; eine Kommunikation zwischen ihnen findet nicht mehr statt, weil sie nicht mehr mit sich kommunizieren, ihr unbewußtes Denken verdrängen.

"Die Divergenz von Theorie und Praxis" ist nach Adorno in der Renaissance "erstmals reflektiert worden" (ebenda), das heißt, sie wurden in dem Maße, wie sie aus dem mitteralterlichen ordo in die bürgerlich-kapitalistische Ordnung hinaustreten, auf den Begriff gebracht; ihr bewußtloser Sachgehalt: "Nicht wissen, was man tun soll" (ebenda), wurde rationalisiert. Ihre Befreiung ist zugleich ihre Unfreiheit. Die Kasuistik wich der Selbstdarstellung und Selbstreflektion des sich als Selbstbewußtsein konstituierenden Bürgers. Theorie und Praxis setzen sich als autonom, so wie es die Emanzipation der Vernunft in der Kantischen Ethik kritisch reflektiert. Jene ist aber der "Unfähigkeit der Praxis", ihrer "Hemmung" verschwistert. Wie sollte aus Begriffen heraus gehandelt werden? "Der formale Charakter der reinen praktischen Vernunft konstituierte deren Versagen vor der Praxis; veranlaßte freilich auch zur Selbstbesinnung" (ebenda, S. 172). (Deshalb sind heute, wo Theorie und Praxis als Begriffe sich verselbständigt haben, Theorie und Praxis gegen diese Theorie und Praxis zu entwickeln.) Die "blind nach außen zielenden Aktion(en)" sollten unterbrochen, durch Unnaivität der "Übergang zum Humanen geschaffen werden" (ebenda).

Die "Divergenz von Theorie und Praxis" geht nach Adorno "bis auf die älteste Trennung körperlicher und geistiger Arbeit zurück (...)", "Praxis ist entstanden aus der Arbeit" (ebenda), die Arbeit aber auch als ihre Rationalisierung aus der vorgeschichtlich-matriarchalischen Praxis, die umgekehrt auf geistiger, sprich: mythologischer Arbeit beruhte. In der Antike ist Theorie die Rationalisierung des Götterglaubens, Praxis die Vergeistigung der Arbeit (des Patriarchats). In der Absicht, nicht nur das Leben zu reproduzieren, sondern auch dessen Bedingungen zu produzieren, wird sie zum Mittel, letztlich zum Herrschaftsmittel, die Arbeit schon im Ansatz zur Leistung, die das Lustprinzip verdrängt. Darin spricht sich die Sehnsucht nach Freiheit aus, der gegenüber die Praxis als Arbeit schmutzig ist. "Praxis war der Reflex von Lebensnot; das entstellt sie noch, wo sie die Lebensnot abschaffen will" (ebenda). Diese wird selbst zum Begriff wie das Leben: vita contemplativa. Praxis dagegen wird nach Adorno verabscheut: zur tierischen. "Die Physiognomie von Praxis ist tierischer Ernst" (ebenda, S. 173). Schiller wollte ihn in Spiel auflösen. "Die meisten Aktionisten sind humorlos auf eine Weise, die nicht weniger beängstigt als der Mitlacher-Humor anderer" (ebenda). Sie bleibt Mittel, das wie in den Aktionen der autonomen Gruppen zum Zweck wird, aber keinen außer ihr hat (Randale). Nach Adorno ist die Dialektik hoffnungslos, "daß aus dem Bann, den Praxis um den Menschen legt, allein durch Praxis hinauszugelangen ist, daß sie da allein einstweilen zwangshaft als Praxis am Bann verstärkt mitwirkt, dumpf, borniert, geistfern" (ebenda). Gefragt wäre geistnahe Praxis, die nicht in jenem aufginge. Damit würde auch der heutigen Theoriefeindschaft begegnet werden können. Praxis würde zur selbstbefriedigenden "Handarbeit", in der der Geist von Praxis, den Adorno als Theorie, dem Statthalter von Freiheit, beschwört, selbst noch reflektiert wird, um ihre Bedingungen zu verändern.

Theorie ist das Bewußtsein der Bedingungen der gesamtgesellschaftlichen Praxis, die heute nur einzelne zum Ausstieg bewegt, wie den von Adorno zitierten Studenten, dem man das Zimmer zerschlug, "weil er lieber arbeitete, als an Aktionen sich zu beteiligen" (ebenda). Damit wurde er allerdings zum "Verräter" am Sozialismus, aber: ein notwendiger, weil dieser selbst noch ein aufzuhebender gesellschaftlicher Zustand ist. Das von den "Tätern" "diffamierte Denken strengt offenbar die Praktischen ungebührlich an: Es bereitet zu viel Arbeit, ist zu praktisch" (ebenda, S. 174). Es ist als theoretisches oder abstraktes Denken aber auch Ausdruck abstrakter (bewußtloser) Arbeit in gesellschaftlichem Sinne, was die Praktischen widersinnigerweise glorifizieren. Indem sie die Maloche hochhalten und die ihre Produkte Genießenden verdammen, sind sie, um ein Wort von Habermas zu gebrauchen, "Linksfaschisten". "Arbeit macht frei" stand über den Toren von Auschwitz. Dagegen wäre ein "praktisches Denken" zu entwickeln, das die Arbeit aufhebt, wo sie "zuviel ist", womit das Leben erst einen, seinen eigenen, Sinn erhält. Es wäre auch die Aufhebung des praktischen Aktivismus, der nichts verändert, weil er die Praxis der Herrschenden nur imitiert. Jene sind nur praktisch, weil sie keine Praxis haben. Praxis ist selbst noch im Denken, das nach Adorno Widerstand setzt, eine Eigentumskategorie, die von jenem im Vollzug transzendiert wird. Das wollte die Linke nicht wahrhaben, die deshalb lieber die Existenzbedingungen des einzelnen zerstörte, als neue an ihre Stelle zu setzen. Das heißt, sie schwimmt mit dem Strom, wo sie vorgibt, gegen ihn zu sein. Dieses ihr Lustprinzip ist längst mit dem Leistungsprinzip identisch geworden: Wo Mann/Frau sich gehenläßt, werden die herrschenden Begriffe nur bestätigt. Was das alte Über-Ich mißbilligt, gebietet "das kollektive Ersatz-Über-Ich", das eines der Begriffe ist, wenn das die Praktischen (Aktionisten) auch nicht wahrhaben wollen (die Linken die "Arbeit", die Grünen die "Natur", die Frauen "die Frau"). Das "Wenn du nicht willig bist, brauch ich Gewalt" ist dem nicht fremd, der nicht mitmacht, sich nicht als "besserer Mensch" auszeichnet. "Auch bei Kant war emphatische Praxis guter Wille" (ebenda), der aber Einverständnis mit der schlechten Gesellschaft selbst noch in der Kritik an ihr (was "autonome Vernunft" kennzeichnet) erheischte. Was daran nicht Praxis ist, ist Politik, die über dem anarchischen Handeln steht. Deshalb starrt die Linke auf diese und beteiligt sich an ihr. In der Fügung zur Partei und parlamentarischer Arbeit wird die Politik selbst zum herrschenden Begriff, der sich die sozialen Bewegungen zu subsumieren sucht. Sowohl Linke, Grüne als auch Frauen verselbständigen sich in solcher A-Praxis, die weder theoriefähig ist noch praktisch relevant; sie befriedigt sich nur selbst, indem sie ihre Ethik oder ihr entsprechende Begriffe produziert. Sie wenden sich nicht mehr - wie noch Kant - an das Individuum "als an das Substrat richtigen - bei Kant: radikal vernünftigen - Handelns" (ebenda), sondern an den sich selbst aufhebenden und unterordnenden gesellschaftlichen Menschen. Radikal vernünftiges Handeln wäre ein solches, das über die Vernunft hinaus wäre, wovon die gewaltfreien Blockaden usw. an der Basis zeugen. Diese jedoch haben den Mangel, isoliert zu sein. Diese isolierten oder "individuierte(n) einzelne(n)" handeln nach ihrer Gesinnung; als Bourgeois oder Bürger. Dagegen ist die Verantwortungsethik der Politischen im Sinne von Hegels Erweiterung und Aufklärung des "Begriffs des Moralischen ins Politische" (ebenda) solange idealistisch, als sich nur die Oberfläche verändert und das isolierte Dasein des einzelnen nicht aufhebt. Die grüne Politik ist die letzte mögliche, noch bürgerliche. Ihr mangelt es am sie selbst noch aufhebenden gesellschaftlichen Subjekt, das heißt am den sie tragenden Menschen, die ihrem Begriff entsprechen. Die "Realität, die dem Individuum die Bedingungen seines Handelns vorschreibt und einschränkt" (ebenda), kann Politik zwar transzendieren, aber nur unter den ihr eigenen Bedingungen, das heißt, politische Praxis ist reformistische Praxis. (R)evolutionäre Praxis wäre die des Individuums: radikal vernünftiges Handeln im Sinne Kants. Nur dieses geht auf den Sinn. Aber was Kant an ihm als der bürgerlichen Öffentlichkeit rationalisiert, ist Ideologie: Das Handeln blieb selbstbewußtes Handeln, das aufgeklärte Zeitalter eines der Aufklärung, das heißt der Verstandesherrschaft. Politik ist seine idealisierte Form. So teilen sich heute die Grünen abermals in Realos (Citoyen) und Fundis (Bourgeois), das heißt in zwei Selbstbewußtseine. Deren vernünftige Einheit wäre die Öko-Diktatur ebenso wie bei den Linken die des Proletariats oder bei den Frauen, soweit sie ihr Heil in politischer Organisation suchen, die der Weiber. Ihr gemeinsames, kaum unter einen Hut zu bringendes Resultat wäre eine andere, keine neue Gesellschaft und ein anderer, kein neuer Mensch. Besonders die politischen Frauen handeln heute gegen den Sinn der (von der Gesamtgesellschaft bewußtlos reproduzierten) Gattung. Sie ist ein Politikum, an dem Praxis zu reflektieren wäre, weil, wie Adorno sagt, "keine unpolitische Reflexion über Praxis (...) triftig" (ebenda) sei. "Heute wird (...) die Antithese von Theorie und Praxis zur Denunziation der Theorie mißbraucht" (ebenda).

Politische Praxis ist zugleich ein Herrschaftsinstrument, das nach Adorno Individuation widerruft, und mit dem Verächtlichmachen des Handelns des einzelnen auch das Kollektive lähmt. Spontaneität ist nicht mehr möglich. Politik als oppositionelle kann die "tatsächliche Übermacht der objektiven Verhältnisse" (ebenda, S. 175) nur bestätigen, aber diese nicht wesentlich verändern, selbst wenn sie eine Mehrheit (in ihrem Dingcharakter unveränderbare) der Bevölkerung hinter sich hätte. Politik aber ist nicht ins Moralisch-Individuelle zurückzunehmen, sondern wie dieses in Ethik zu überführen, das heißt, sie muß zum moralischen Handeln von Gruppen werden, die sich über dieses kommunikativ, durch Denken, Sprechen und Handeln, verständigen, wie es in den Bürgerinitiativen der Fall ist. Das gilt für die Arbeit ebenso wie für die Erziehung, die Schule, das Leben usw. Solche Praxis aber bedarf der theoretischen Reflexion, revolutionärer Wissenschaft. Ihre Analyse gilt den Bedingungen solcher Praxis, in der Theorie "zur verändernden, praktischen Produktivkraft" (ebenda) wird. Sie vermittelt die Möglichkeiten von ansonsten unmittelbarem, situationsgebundenem Handeln, indem sie selbständig handelt. In solchem selbständigen Denken liegt nach Adorno allemal ein "wie sehr auch dem Denken verborgene(r) praktischer Impuls" (ebenda). "Der allein denkt, welcher das je Gegebene nicht passiv hinnehmen will" (ebenda).

"Sowenig indessen die Getrenntheit von Subjekt und Objekt durch den Machtanspruch des Gedankens unmittelbar revozierbar ist, sowenig gibt es unmittelbare Einheit von Theorie und Praxis: Sie imitiert nur die falsche Identität von Subjekt und Objekt und perpetuierte das identitätssetzende Herrschaftsprinzip, gegen das anzugehen in wahrer Praxis liegt" (ebenda, S. 175/76). Durch den - durchaus auch praktischen wie wissenschaftlichen - Gedanken sind Subjekt und Objekt zwar nicht an sich selbst, also im Medium des Selbstbewußtseins, sondern als Begriff (im Medium von Vernunft) identisch geworden, so wie Theorie und Praxis nicht unmittelbar einheitlich, aber im Sinn vermittelt sind. Vom Widerspruch vom Begriff und Sinn hat heutige Praxis auszugehen: Sie hat als revolutionäre Wissenschaft usw. zu reflektieren, ohne sich der Begriffe zu bedienen und in Theorie zurückzufallen, das heißt, revolutionäre Wissenschaft ist theoretische Reflexion und Sinnstiftung und -verwirklichung gegen die Herrschaft der Begriffe als praktisches Denken, Sprechen und Handeln oder wahrer sinn-voller Praxis.

Nach Adornos Hegel-Rezeption ist "der Vorrang des Objekts (...) von Praxis zu achten (...). Recht verstanden ist Praxis, insofern das Subjekt seinerseits ein vermitteltes ist, das, was das Objekt will: Sie folgt seiner Bedürftigkeit" (ebenda, S. 176). Es gibt aber heute kein Objekt mehr, was nicht durch das es bestimmende Subjekt vermittelt ist. Den Sachen sich anzupassen aber wäre der Sozialismus, der heute aufzuheben ist. Deshalb ist Praxis heute die Negation des Begriffs, zu dem das Subjekt-Objekt wurde. (R)evolutionäre Praxis folgt nicht mehr den Bedürfnissen, Interessen und Erkenntnissen bzw. dem Wissen, sondern dem Sinn, den sie machen. Das heißt, vorrangig sind nicht die Objekte im traditionellen Sinne, sondern die Sinne als Objekte der herrschende Begriffe. Der Sinn dieser Objekte ist nicht durch Theorie als Theorie kritisch bestimmbar, sondern durch Denken, Sprechen und Handeln. Sonst bliebe Praxis, um mit Adorno zu reden, "unterhalb des fortgeschrittensten Standes von Erkenntnis, (und) muß mißlingen" (ebenda). "Falsche Praxis ist keine". Nicht ist es die Theoriefeindschaft, die in Verzweiflung und im Geist der Zeit, der "Ungeduld, welche die Welt verändern will, ohne sie zu interpretieren, während es doch an Ort und Stelle geheißen hatte, die Philosophen hätten bislang 'bloß' interpretiert" (ebenda), Schwäche der Praxis allemal, die zur Kritik steht, sondern die Praxis-Feindschaft des Arbeitens, Geldausgebens, sich moralisch Verhaltens und (idealistischen) Liebens. Allein eine Theorie, die diese zum Gegenstand der Reflexion hätte, wäre akzeptabel, dagegen berechtigterweise Skepsis der entgegenzubringen, die nur um sich selbst kreist, und damit ebenso praxisfeindlich ist wie die heutige Praxis. Das heißt, die Theorie beugt sich der Praxis und "löst (ihren, der Verf.) Wahrheitsgehalt auf und verurteilt Praxis zum Wahnhaften", was Adorno noch verhindern will, aber längst statthat. Wenn heute Theorie die Arbeit, den Konsum, die Legitimität, den Menschen, wie er ist, verteidigt, ist sie konterrevolutionär, ihre Praxis herrschende Praxis und damit systemerhaltend. Politik, als die sie sich versteht, ist nach Adorno die Befriedung der privaten Paranoia durch die Kollektive der Institutionen, Parteien, kämpfenden Gruppen, Organisationen usw., die der "Linken" nicht minder als die der "Rechten". Die Paranoia aber ist eine der Politik selbst: Die Vernunft als heute herrschende hat die Widersprüche des Selbstbewußtseins nur krampfhaft synthetisiert und fällt in kapitalistische Oberfläche und sozialistischen Unterbau, Begriff und Vorstellung auseinander, Politik als Paranoia ist ihre kalte Vernunft, die quer durch die Parteien usw. geht; als herrschende wie als oppositionelle Paranoia. "Der sanktionierte Wahn dispensiert von der Realitätsprüfung" (ebenda, S. 177). Dieser Antagonismus erscheint als der von "subjektiven Bedürfnissen objektiver Versagung" und bedroht das Ich im "Schein seiner Geborgenheit" tödlich. Vernunft und Wahn(sinn) sind nur zwei Seiten derselben Medaille. Das eine geht heute bruchlos ins andere über. Nicht zuletzt ist deshalb ein Standpunkt außerhalb der Vernunft, und über sie hinaus, einzunehmen (48). Selbst Spontaneität ist nur eine Reaktion auf die verwaltete Welt wie diese auf jene. Deshalb ist heute zu überlegen, was zu tun ist. Die Spontanen sind nur spontan, weil sie nicht spontan sein können: Ausbrecher. Vor der Totalität der Gefängnisse (Kindergarten, Schule, Hochschule, Betrieb, Firma usw.) sind nicht die Augen zu verschließen, sonst schreitet die Entmenschlichung fort. Deshalb steht es an, daß die Menschen zu Menschen werden. Diesen hilft keine Spontaneität, "welche die Bedürftigkeit des Objekts enervierte" (ebenda), sondern der Glaube an den Sinn des Bedürfnisses, Interesses und der Erkenntnis bzw. des Wissens. Er allein könnte die Verhärtung (oder die Verdinglichung) transzendieren.

Die Kritik an der Trennung von Theorie und Praxis ist nach Adorno etwas Fortschrittliches. Aber der "Dispens des Geistes von der materiellen Arbeit (ist nicht nur, der Verf.) Schein, (weil, der Verf.) Geist (...) zur eigenen Existenz materielle Arbeit voraus(setzt)" (ebenda), sondern Geist ist die Arbeit des Geldes (s. dazu auch W.N., Die Antiquiertheit der Moderne, ebenda, S. 17ff.). Durch es allein werden Theorie und Praxis vermittelt und zusammengehaltener Schein ebenso wie - abstrahiert - von ihm getrennter. Das Geld als der Ausdruck des Werts ist die Unterdrückung des Sinns und gleichzeitig seine Gestalt. Die Befreiung ist erst die Freisetzung der unterdrückten Sinne.

Die Genesis des Geistes als dem des Geldes führt über die "blinde Vorherrschaft materieller Praxis hinaus (...)" (ebenda, S. 178), nach Adorno "potenziell hin auf Freiheit". "Daß einige ohne materielle Arbeit leben (...), sagt auch, daß es allen möglich sei", aber nur, soweit sie Geld haben, wie heute tendenziell niemand mehr (materiell) arbeiten und sich alle ihres Geistes freuen, der wie das Geld funktioniert. Ebenso funktioniert die Liebe und die Frau, in der das Geld sein heutiges fundamentum in re findet (49). Darum sind die Liebe und die Frau heute praktisch: Sie können mit Geld umgehen, von dem sie leben. Das wurde durch die Konstitution der Herrschaft der Produktivkräfte im Faschismus (s. W.N., Die Antiquiertheit der Moderne, ebenda, S. 40ff. und S. 106ff.) erreicht.

Wenn "durch Machtanspruch jene Trennung (zu) widerrufen (...) sich identisch (dünkt) und (...) regressiv (ist)" (ebenda, S. 178), dann abstrahiert sie vom Geld und deren notwendiger Abschaffung, wie der allgemeine, alltägliche (50) und der wissenschaftliche Positivismus oder die Technokratie. "Mit der Trennung von Theorie und Praxis erwacht Humanität; fremd ist sie jeder Ungeschiedenheit, die in Wahrheit dem Primat von Praxis sich beugt" (ebenda), wie das Matriarchat. Diese Humanität ist aber eine des Menschen als des Mannes. Beide sind durch ihn produziert, Produkt von Arbeit, der die einen ausgeliefert sind und von der die anderen profitieren bzw. in der er sich gegenüber der Frau als Mann fühlen darf. Nicht da, wo der Primat von Praxis, wenn auch bewußtlos, gilt, wie im Matriarchat, sondern in der Konstitution des Mannes verhält dieser sich, wie heute, als Tier, das, "ähnlich wie regredierende Gehirnverletzte (...), nur Aktionsobjekte (kennt): Wahrnehmung, List, Frauen sind einerlei unterm Zwang, der auf den Subjektlosen schwerer noch lastet als auf den Subjekten" (ebenda). Durch die Arbeit, die heute mit sich identisch wurde, ist er identisches Subjekt-Objekt. Deshalb wäre zwischen Mann und Frau Distanz herzustellen, damit sie Menschen werden. Solche Trennung von Subjekt und Objekt wäre produktiv für eine Identität von jedem mit sich und sinnstiftend.

"Repressive Entsublimierung" (Marcuse (51)) macht den Menschen zum Tier, Entsublimierung zu Mann und Frau, während Sublimation ihn als Subjekt (und praktisches Denken etc. ihn als Menschen) konstituiert. Wenn die aristotelische Denklehre humaner ist "als der platonische Staat, wie ein quasi-bürgerliches Bewußtsein humaner ist als ein restauratives", und für Adorno in diesem Sinne "das Ziel richtiger Praxis (...) ihre eigene Abschaffung wäre" (ebenda), identifiziert er, wie der frühe Marx, Genuß mit Geist, ein Wort, das Marx immerhin noch im Manuskript durchstrich. Abzu-

Die andere Welt

Neuerscheinungen 1988/89 bei Materialis

All die Menschen, die heute in irgendeinem Sinne an der Macht sind, die Mitglieder einer Regierung, gewisse Wissenschaftler und gewisse Wirtschaftsleute, leben heute in einer künstlichen Welt. Die Welt, in der sie leben, ist von derjenigen der Slums in New York oder des Hungers in Afrika so sehr verschieden, daß sie diese andere Welt gar nicht verstehen können. Wenn ein solcher Mensch jedoch aus irgendeinem Grunde von seiner Ebene heruntersteigt in die reale Welt, kann er sich manchmal völlig verwandeln.

Joseph Weizenbaum

Mechthild Rumpf
Spuren des Mütterlichen

Zur Ideologie und Wirklichkeit der Mutterrolle
FF 7, Materialis, ca.220 S. Pb, ca. 29,80 DM, ISBN 3-88535-125-0, Mai 1989

Angesichts seiner sich radikalisierenden Vernunftkritik bekommt das Mütterliche für Horkheimer den Status eines Gegenbildes. Es erhält für ihn eine mystische Aura, aus der heraus er eine Utopie der guten Mutter entwickelt. In dieser ist das Mütterliche das Andere der instrumentell halbierten Vernunft. Zugleich beklagt er das Schwinden der mütterlichen Spuren im männlichen Subjekt. Die Ursachen hierfür sieht er sowohl in der immer abstrakter werdenden Vaterimago als auch in der Vergesellschaftung der Frau, die ihre mütterlichen Funktionen reduziert und rationalisiert. Diese Erklärung bleibt aber ideologisch befangen, da sie die Mutter-Frau nur nach den Ansprüchen bewertet, die eine männliche Subjektivität an sie stellt. Horkheimer will nicht begreifen, daß der der Frauen vorenthaltene Subjekt-Status ihrerseits auf die Mutter-Kind Beziehung durch-schlägt. Er verbleibt damit noch in der klassengesellschaftlich-patriarchalen Perspektive. Erst wenn Horkheimer die Forderungen, die er in der Utopie der guten Mutter nur an die Frauen stellt, an alle Menschen stellte – auch an die Männer –, hätte er diese ideologische Befangenheit verloren.

Demgegenüber versuchen die feministischen Autorinnen (Nancy Chodorow, Jessica Benjamin) aus den USA einen Paradigmenwechsel, indem sie die Intersubjektivität in den Mittelpunkt zu rücken versuchen. Es zeigt sich aber für MR, daß die Erringung des Subjektstatus der Frau für sie im Mittelpunkt steht. Das implizite Ziel ihrer Argumentationsstrategie ist entweder durch das Verhalten der Mutter verhindern zu wollen, daß das männliche Kind die patriarchalisch-gesellschaftlich vorbestimmte Rolle übernimmt, oder die vorgegebenen Strukturen als so umfassend totalitär geprägte zu erklären, daß die Anvisierung von Veränderungen außerhalb des Feminismus als aussichtslos erscheint. Hier versucht MR differenzierend und zurechtrückend mit ihrer Kritik einzugreifen, um zur Erarbeitung einer weiterreichenden feministischen Perspektive beizutragen.

Gerhard Goebel-Schilling, Salvatore A. Sanna, Ulrich Schulz-Buschhaus
Widerstehen

Anmerkungen zu Calvinos erzählerischem Werk
MP 32, Materialis, ca. 100 S., ca. 24,80 DM, ISBN 3-88535-126-9, April 1989

Italo Calvino ist zweifellos einer der wichtigsten italienischen Erzähler der Gegenwart. Das Ereignis der letzten italienischen Buchmesse war die posthume Veröffentlichung eines Essaybandes von ihm, der »Amerikanischen Lektionen«.

Die Autoren des vorliegenden Werks haben hier ihre Erläuterungen aus ihrer seit zehn Jahren konzentriert geführten Diskussionen untereinander versammelt. Diese geben einen differenzierten und weit aufgefächerten Einblick in das Werk Calvinos. Dabei kommt dem Leser zustatten, daß jeder der Autoren einen anderen Aspekt zum Hauptaspekt seiner Erörterungen macht. So ist Schulz-Buschhaus primär an der Herausarbeitung der inhaltlichen Bezüge und an der Gewinnung von Erkenntnis interessiert.

Sanna wiederum stellt für sich die Erhellung des Werks durch die Auffindung der autobiografischen Bezüge in den Mittelpunkt. Und Goebel-Schilling geht es in erster Linie um den Don-Quichotismus von Calvino: er rekonstruiert die literarischen Inventionen und Verstellungen Calvinos und widmet sich den semiologischen Erweiterungen in seiner literarischen Praxis.

So wie bei Calvino sein erster Impuls auf die Erfahrung der Resistenza zurückgeht, so steht bei ihm der Aufbruch der Intellektuellen in den fünfziger Jahren und ihr Scheitern im Mittelpunkt seines Schaffens. Er hält dabei an seiner literarischen Intention der Abenteuerexperimente in der Moderne fest, antwortet aber auf das Scheitern in der Realität mit wesentlichen Transpositionen.

In seiner zweiten Periode, die mit den späten sechziger Jahren beginnt, kommt als neue Aufgabe das Erfassen der anonym wirkenden und medial vermittelten gesellschaftlichen Macht hinzu, deren utopiefeindliche Züge und letztlich die Apokalypse hervorbringende Wirkungen es für ihn darzustellen, zu reflektieren und zu beantworten gilt. Calvino entwirft dazu ein Programm, das die literarische Lektüre als Inbegriff von Erfahrung dem Leser nahebringen soll.

So verbindet sich bei Calvino schließlich die Exemplifizierung des richtigen Gebrauchs von Literatur mit seinem Programm eines vielfach transponierten Engagements als der anderen Aufgabe des Intellektuellen.

Über die Autoren

GERHARD GOEBEL-SCHILLING ist Profesor für Romanistik an der Uni Frankfurt und Mitherausgeber der Zeitschriften »Italienisch« und »Lendemain«.

SALVATORE A. SANNA ist Lektor für Romanistik an der Uni Frankfurt und Herausgeber der Zeitschrift »Italienisch«.

ULRICH SCHULZ-BUSCHHAUS ist Professor für Romanistik an der Uni Graz und Redakteur der in Wien erscheinenden Zeitschrift »Italienische Studien«.

Ingbert Schmidt
Humanisierung oder Denaturierung

Die Aktualität der Engelsschen Naturdialektik vor dem Hintergrund der Krise isoliert-instrumentell betriebener Naturwissenschaft

MI 4, Materialis, ca. 140 S. Pb, ca. 25,80 DM, ISBN 3-88535-124 2, Mai 1989

Die Naturwissenschaften sind heute zur Megawissenschaft geworden und sind dabei, sich in Denaturierungswissenschaften zu verwandeln : sie sind die Hauptagentie eines Angriffs auf die Natur geworden und sie bedrohen das Leben.

Vor diesem Hintergrund, der von Ingbert Schmidt (IS) in der Einleitung eindrücklich dargestellt wird, stellt er die Frage nach der Aktualität der Engelsschen Naturdialektik.

In der Substanz hat Engels diesen Paradigmenwechsel schon damals gefordert, genauso wie er ökologische Fragen erörtert hatte. Über die Wertabstraktion hinaus bezieht Engels auch die naturwissenschaftliche Abstraktion, die aus ihrer Verfahrensweise erwächst und in ihrer Anwendung die Natur umschafft, mit ein. So beschreibt er schon, wie in der Folge umfangreiche Zerstörungen am Substrat der Natur entstehen. Seine Kategorie des Zusammenhangs reflektiert auf dieses Problem. Gegenüber der naturwissenschaftlichen Beschränkung auf Teillogiken versucht er den konkreten Zusammenhang aufzufinden und mögliche Ausgänge des Aufeinandertreffens widersprüchlicher Teillogiken zu bestimmen. Darüberhinaus geht es ihm darum, die Naturwissenschaft im Hinblick auf das Mensch-Natur-Verhältnis zurechtzurücken. Die Naturwissenschaft soll nicht gegen sondern mit der Natur schaffen. Und die menschliche Existenz soll in eine Harmonie mit den erkannten Naturgesetzen gebracht werden.

Auf der anderen Seite arbeitet IS aber auch heraus, welche universalistischen Verallgemeinerungen es bei Engels gibt.

Im Gegensatz zum offiziellen Sowjetmarxismus vor Gorbatschow trachtet Engels vielmehr danach, die Mensch-Natur-Beziehung im Rahmen eines utopischen Naturbegriffs zu entfalten. Er fordert damit die Gestaltungskompetenz der Subjekte heraus, um sowohl das zu projektieren, was noch nicht vorhanden ist, als auch, um diese Projekte mit der Kenntnis dessen umzusetzen, was in der Natur infolge der Eingriffe in diese abläuft. Die Verbindung von Ökologie und Subjekt-Konstitution ist daher bei Engels stärker, als dies die rezente Ökologiebewegung bisher für sich verwirklichte. Allerdings ist die Subjektkonstitution bei Engels auf die Selbstverwirklichung in der Arbeit beschränkt. Hier ginge es also darum, seine Konzeption zu erweitern.

Über den Autor

Ingbert Schmidt ist Physiker und Soziologe und arbeitet heute als wissenschaftlicher Mitarbeiter am Institut für Soziologie der Uni Hannover. Er hat diese Arbeit als Dissertation bei Oskar Negt geschrieben.

Concordia 14

Vernunftkritik in Moderne und Postmoderne
C 14, Materialis, ca. 108 S. Pb, ca. 15,00 DM, März 89, ISBN 3-88535-123-4

Ralf Capurro, ein bekannter Technikphilosoph, der in Stuttgart lehrt und im Forum »Informatik für Frieden und gesellschaftliche Verantwortung« mitarbeitet, schreibt über »KI aus ethischer Sicht«. Die Systeme der künstlichen Intelligenz sind die Speerspitze der Informatik heute. Da aber menschliche Intelligenz nie getrennt von ihrem Bezugssystem (Umwelt, Gruppe, Gesellschaft) existieren kann, werden menschliche Probleme für den Computer stets fremd bleiben. Computer sollten daher nie für Entscheidungen eingesetzt werden, die menschliche Klguheit erfordern. Ihnen bleibt der Wertkontext verschlossen.

Der Artikel von Petra Gehring »Cogito. . .« steht im Rahmen der in der Concordia regelmäßig geführten Auseinandersetzung mit Foucault. PG hat sich die frühe Derrida-Kritik an Foucault vorgenommen und führt sie an einem wesentlichen Punkt ad absurdum : Wahnsinn ist das relativ und nicht das absolut verstandene Andere der Vernunft.

Der Artikel von Günther Maihold versucht den Indigenismus bei Mariategui aus seiner historischen Genese aufzuhellen.

Helmut Flachenecker und Matthias Rath versuchen sich an einer Ethik der Geschichtswissenschaft, wobei sie von dem Historikerstreit als konkretem Anlaß ausgehen.

Mario Keller
Rund um den Freiheitsbaum

Die Bewegung von unten in der Mainzer Republik und die Rolle von Matthias Metternich (1789-99)
MÖ 4, Materialis, 630 S.Pb., 92,00 DM, ISBN 3-88535-118-8

1789, mit der Besetzung linksrheinischer Gebiete durch die französischen Revolutionstruppen entstand die Mainzer Republik. Da dort wie fast überall in Deutschland das Bürgertum aufgrund seiner ökonomischen Schwäche vom Feudalsystems abhängig war, nahm es an dem Revolutionsgeschehen nicht oder nicht aktiv teil. Die Mainzer Republik war von vier Schichten getragen : den Kleinbürgern und den Plebejern in der Stadt, den Bauern auf dem Land und dem jakobinisch-plebejisch orientierten Teil der v.a. kleinbürgerlichen Intelligenz.

Im Mittelpunkt von Kellers Buch steht die Dorfrevolution und ihre Unterstützung durch die jakobinische Intelligenz. Für die Seite der Intelligenz konzentriert sich Keller dabei auf Matthias Metternich, der neben Georg Forster und Andreas Hofmann einer der wichtigsten Intellektuellen der Mainzer Republik war und der in der Landarbeit und der Publizistik tätig war.

Keller zeigt eindrücklich in der konkreten Schilderung, daß die Mainzer Republik der Versuch einer plebejischen Revolution war, der auf der überlokalen Ebene scheiterte. Dort aber machte sich bemerkbar, daß ein ökonomisch entwickeltes, revolutionsbereites Bürgertum fehlte und die französischen Revolutionstruppen sich nicht auf längere Dauer in den linksrheinischen Stellungen hielten.

Erhard Jürke
Vision und Realpolitik

Die britische Independent Labour Party im Lernprozeß (1893–1914)
MÖ 3, Materialis, 540 S.Pb, 79,80 DM, ISBN 3-88535-110-2

Am Ende der großen Depression von 1873 entwickelte sich in Nordengland eine Bewegung der Jungen, die um 1895 herum einen neuen Aufbruch der linken Opposition in England bewirkte und die im Fortgang eine politische Allianz mit den Gewerkschaften zustandebrachte, aus der dann die Labour Party hervorging. Diese Bewegung fand ihren politischen Ausdruck in der Gründung der Independent Labour Party (1893).

Ihr gelang es bis 1914, eine vielfältige Struktur aufzubauen und doch das Land mit einem fest verknüpften Netz für die linke Opposition und die unabhängige Arbeiterpolitik zu überziehen. Die ILP warf dabei Probleme auf, die sich heute der in der Identitätskrise befindlichen sozialen Bewegung in der Bundesrepublik und den Grünen in z.T. überraschend ähnlicher Weise stellen. Das historische Exempel, das uns dieses Buch erschließt, erlaubt uns den Vergleich mit unserer heutigen Erfahrung. Dies ermöglicht uns, eine Distanz für den »Blick von oben« (Foucault) zu gewinnen, sodaß wir die Selbstverstrickung in unsere Probleme besser durchschauen.

Die ILP vereinigte im Grunde drei Fraktionen in sich: die Fundamentalisten, die Ethiker und die Realpolitiker. Deren unterschiedliche Antworten auf die Zeitfragen, ihre ganz andere Schwerpunktsetzung für ihre Arbeit ergaben in der Summe jeweils eine Politik, die letztlich dafür sorgte, daß die ILP eine Allianz zwischen linker Opposition und interessengeleiteter Klassenbewegung zustandebrachte.

Axel Schulte, Monika Müller, Jan Vink u.a.
Ausländer in der Bundesrepublik

Backlist
1986 + 1985

Integration, Marginalisierung, Identität
MP 29, Materialis, 168 S. A 5, 28,00

Die Arbeitgeberverbände und die jetzige Bundesregierung begannen vor ein paar Jahren eine große Kampagne zur Ausländerfrage. Mit großem Aufwand stellten sie u.a. die folgenden Behauptungen auf:

- □ Jetzt in der Wirtschaftskrise sei es geboten, die ausländischen Arbeiter und ihre Familien wieder in ihre Heimatländer abzuschieben. Dies sei ein „normaler Prozeß der Rückkehr."
- □ „Objektiv" sei jetzt „die Grenze erreicht", bei der „die Bevölkerung" die Zahl der Ausländer als „Zumutung" empfinde.

Diese Kampagne, die als mediale Realität in Szene gesetzt wurde, löste auch prompt bei weiten Teilen der Bevölkerung eine Welle von Ausländerfeindlichkeit aus.

Um dem entgegenzutreten, bildeten sich allerorten Ausländerinitiativen. Das Ausländerkomitee Hannover hat damals begonnen, dieses Buch zu erarbeiten, um die obigen Behauptungen u.a. detailliert zu widerlegen. Mittlerweile haben diese Initiativen einigen Erfolg gehabt: die Ausländerfeindlichkeit ist momentan nicht mehr so virulent. Und der riesige Erfolg des Buches „Ganz unten" von Günter Wallraff zeigt, daß eine Art Gegenoffensive zustandegekommen ist.

Auf der anderen Seite haben Arbeitgeber und Regierung ihre strukturellen Nahziele auch erreicht: Der Abschiebeprozeß wurde erfolgreich eingeleitet und die Bestimmungen des Ausländerrechts werden verschärft angewandt.

Mithin haben die in diesem Buch vorgetragenen Gegenargumente weder ihre Aktualität verloren, noch sind sie schon genugsam verbreitet. Das Buch empfiehlt sich daher als ergänzende Sachbuchlektüre zu dem von Wallraff. Dort, wo Wallraff schon den Boden bereitet hat, können die Beiträge dieses Buches gut zu einer umfassenden Information der verschiedenen Aspekte der Ausländerproblematik genutzt werden. Ausländerbeschäftigung, Ausländerpolitik, Fremdenhaß und Fremdenliebe, internationale Solidarität im Betrieb, die Wohnsituation von Ausländern, Rückkehr der Arbeitsemigranten, die türkische Familie in der Bundesrepublik sind die Themen, die in diesem Buch behandelt werden. Auch für die mittlerweile sich anbahnende zweite Runde der Auseinandersetzung zeigt dieses Buch schon eine Perspektive auf. (Lothar Wolfstetter)

Hans Blume
Portugal braucht Zeit zum Kennenlernen

Reisebeschreibungen und Sozialreportagen
PS 2, Metarialis, 280 S., A 5, 65 Abb., 20 Karten, 39,80 DM

Das Buch läßt den Leser teilhaben an einer Reise vom Norden bis hin zum Süden Portugals. Kulturelle und landschaftliche Sehenswürdigkeiten werden nicht nur in ihrer touristischen Bedeutung dargestellt, sondern wir erleben sie in ihrem geschichtlichen Kontext. Mit seiner uneingeschränkten Zuneigung für die Menschen, macht der Autor uns miteinander bekannt und der Leser fühlt sich dort sofort zuhause. Unsere Rerise führt uns von der verarmten Provinz Trás-os-Montes im Nordosten Portugals zu der bereits touristisch erschlossenen Algarve im Süden. Die gesellschaftlichen und ökonomischen Gegensätze dieses Landes werden uns sachkundig dargestellt. Das Buch ist nicht angereichert mit Fakten, die oft nur zu schnell vergessen werden, sondern angefüllt mit Beschreibungen und Erläuterungen und bietet genug Raum für den Leser, sich seinen eigenen Gedanken hinzugeben. So lernt er bei einer Straßenbahnfahrt durch Lissabon diese wunderschöne Stadt kennen und wird neugierig darauf sein, in einem Fado-Lokal am Leben der Portugiesen teilzuhaben.

Dies ist also ein Buch für den Portugalreisenden, der mehr möchte als die Beschreibung eines Bauwerkes, wie er zum Strand kommt oder wo er die portugiesische Küche besonders gut genießen kann. Dies kommt natürlich nicht zu kurz. In jeder Region wird über deren Eigentümlichkeit auch das für den Touristen Interessante berichtet, der nicht so viel Zeit mitbringen kann. Auch wer seinen Urlaub verständlicherweise nur an der schönen Algarve verbringen möchte, erfährt durch dieses Buch doch sehr viel über dieses Land. So erhält der Leser auch ein sehr lebendiges Bild der Revolution der Nelken am 25. April 1974. Hans Blume war zu dieser Zeit (1972-77) in Lissabon und beschreibt als Augenzeuge die Revolution. Diese Erlebnisse und die Gespräche, die er mit Teilnehmern führte, haben ihn veranlaßt, in seinem Buch den Ereignissen einen breiten Raum einzuräumen. Er berichtet auch ausführlich von den Gründungen der Kooperativen im Alentejo, von den Landarbeitern, die sich von den Großgrundgesitzern zu befreien suchten. Auch über die Situation der politischen Parteien und Strömungen nach dem 25. April informiert der Autor.

Dieses Buch ist voll von Eindrücken und Erlebnissen. Es bietet Informationen, wie sie sonst kaum in einem gleichartigen Buch zu finden sind. Keine leichte Lektüre, sondern ein Buch, das auch auffordert zum Nachdenken. (Roswitha Sopper)

MATERIALIS Rendeler Str. 9–11
D-6000 Frankfurt 60

schaffen wäre eine solche Praxis, die Genuß und Geld identifiziert, für eine, in der sich ersterer von letzterem emanzipiert.

Marx' Warnung vor dem drohenden Rückfall in die Barbarei transponiert Adorno auf "die Wahlverwandtschaft von Konservativismus und Revolution" (ebenda, S. 179). Letztere "erschien bereits Marx als ultima ratio, um den von ihm prognostizierten Zusammenbruch abzuwenden" (ebenda). Beide sind historisch überholt, antiquiert, letztlich, weil "der Rückfall (...) stattgefunden (hat)". Die Alternative einer konservierenden Revolution, wie sie heute Linke und Grüne auf ihre Fahnen geschrieben haben, ist keine. Sie wäre nur eine andere Verwaltung des permanenten Zusammenbruchs bzw. der Krise heute, auch wenn die Bewahrung der Natur und gesellschaftlicher Rechte eine Priorität hat. Tatsächlich wird alles immer schlimmer, geht der Rückfall weiter in dem Maße, wie die (immanenten) Revolutionen weitergehen. Deshalb wäre ein revolutionärer Konservativismus, der diesen noch überbietet, an der Zeit - der praktischen Seite des grünen Fundamentalismus und des Feminismus der Frauen. Vor ihm braucht niemand Angst zu haben, und es gibt keine Alternative zu ihm. An ihm läge es, nicht das Schlimmste zu verhüten, sondern das Beste zu zeugen: eine neue Welt innerhalb der alten. Nicht nur im "Stell dir vor, es ist Krieg, und keiner geht hin", sondern im "Stell dir vor, es ist Arbeit, und keiner geht hin" usw., das heißt, in der Selbstbeschäftigung wird die Entspannung an der Basis bewirkt, die das Schlimme nicht mehr ausübt, das die "Waffen" überhaupt erst produziert und ihre Aufstellung über sich ergehen läßt und damit ratifiziert, sondern das Gute, Wahre, Schöne tut - in gesellschaftlich allgemeinen Gruppen (Assoziationen, Kommunen, BI's, Gruppen usw.). Diese zu be-gründen, wäre die "Anstrengung, aus der Barbarei sich herauszuarbeiten" (ebenda), bewußt zu arbeiten, was (revolutionäre) Praxis ist. Die Gesellschaft als Totalitätszusammenhang ist ihr selbst noch Aufzuhebendes ebenso wie der isolierte einzelne; beide sind verblendet. Auf "das Gleich um Gleich der Gewalt" (ebenda), auf dessen Basis sich der Tausch entwickelte, ist zu verzichten, das heißt, nicht nur ist das Ungleiche am Tausch, Arbeit und Kapital, Mann und Frau, Bedürfnis und Produkt, abzuschaffen, sondern auch das Gleiche Andere. Das heißt, auch der Kommunismus ist keine Alternative mehr. Die Welt als eine der Vorstellung ist selbst noch aufzuheben. Das aber ist nicht mehr revolutionär und durch Gewalt, geschweige denn reformistisch, möglich, sondern allein durch eine evolutionäre Praxis.

"Das Falsche des heute geübten Primats von Praxis wird" nach Adorno "deutlich an dem Vorrang von Taktik über alles andere" (ebenda, S. 180). Taktik ist Takt, aber auch die Zeit, die Anpassung an deren Verdinglichung, an die Dinge. So wie sich diese verselbständigt haben, so auch die Mittel. Deshalb dienen sie nur noch reflexionslos den Zwecken, auch den Dingen. Die allerorten geforderte Diskussion berührt die Dinge, um sie loszuwerden, sich von ihnen zu befreien, das heißt, sie sind Selbstzweck. Wer automatisch bei jedem Gegenstand Diskussion will, will sich nur selbst darstellen. Dahinter steht der Aufschrei der Unterdrückten, die die Ergebnisse: die Dinge, wie sie sind, immer schon parat haben. "Die Diskussion dient der Manipulation" (ebenda), denn niemand will mehr Erfahrungen machen, so sie zu machen sind. Die Sinne sind verschlossen: Was der andere wahrnimmt, wird kaum wahrgenommen. Diskussionen sind bei den Linken, Grünen und Frauen der Aufstand und Protest des So-Seins gegen sein Wesen, das nicht mehr reflektiert wird. Deshalb sind sie selbstbefriedigend. Der jeweils andere wird zum Ding - etwas anderes darf er nicht sein, um der eigenen Selbsterhaltung willen. Diskussionen sind heute eine Farce, letztlich autoritär, wie die allgemeine Dummheit nur sein kann, man/frau müsse die Gruppenmeinung annehmen. In Wirklichkeit ist sie unaussprechbar. Deshalb müßten sie erst sprechen lernen wie in der Schul-ung. Nur dort kann an sich selbst und an der kritischen Autorität des Schulenden sich abarbeiten, wer von seiner eigenen Versteinerung sich lösen und der Zwecke aus der Reflexion seines Wesens gewiß werden will. Unter-Richten ist Lernen gegen den Strom, Selbstpraxis der Emanzipation aus dem eigenen Gefängnis. Sie ist nicht taktisch, sondern allerhöchstens didaktisch, die Entzweiung der Mittel der Vernunft, in der der einzelne sich selbst reflektieren kann. Diskussionen gehen nicht zur Sache, sie verweigern dessen Berührung, wirken verselbständigt, abgehoben, arrogant. Sie sind als Instrumente exibitionistisch, Bloßstellung des je eigenen Ego, das sie pflegen. Sie fetischisieren die Mittel, "weil seiner (ihrer, der Verf.) Art Praxis die Reflexion auf die Zwecke unerträglich ist" (ebenda, S. 181).

Die objektiven gesellschaftlichen Bedingungen bilden einen geschlossenen Kreis, in dem Praxis, sich um sich selbst drehend, zur Pseudo-Aktivität wird, um so mehr sie sich gegen Theorie und Erkenntnis abdichtet, "je mehr sie den Kontakt mit dem Objekt und den Sinn für Proportionen verliert" (ebenda). Die Objekte aber sind so immateriell wie die Theorie nichts verändert; die Türen so verschlossen wie Erkenntnisse begriffsfetischistisch sind wie in den gängigen Sozialwissenschaften. Angesichts dieser Unmöglichkeit von verändernder Praxis wird diese scheinrevolutionär oder bloß symbolische Aktion, Berufung auf Symbole und Personen usw. Wo die revolutionären Bewegungen in der unterentwickelten Welt zum Muster für die fortgeschrittenen Industrieländer wurden, thematisierten sie die Herr- und Knecht-Verhältnisse, das Unterentwickelte unter der kapitalistischen Oberfläche, aber über ihrer sozialen Basis, der gesellschaftlichen Produktivkräfte, die fraglos hingenommen wurden wie das Eigentum. Angeblich ging das die Pseudorevolutionäre ebenso wenig an wie die systemerhaltenden Vorstellungen der Gesamtgesellschaft, auch wenn sie jene unter sich vergesellschafteten, womit sie das Prinzip des Eigentums nur bestätigten, das sie den Herrschenden vorhielten. Sie bekämpften diese im Namen eines Volkes, das an jenem partizipiert, indem sie es allererst produziert. Die Leute sind selbst die Verursacher der ganzen Scheiße, auch ihrer eigenen Unterdrückung. Indem sie pseudo-revolutionär, und das macht ihren Begriff aus, nur stellvertretend handeln (wie die Linken, Grünen und Frauen), statt die Menschen und die Natur zu verändern, womit sich allererst Gesellschaft und Bewußtsein ändern, reproduzieren sich diese um so ungehemmter, erhalten die Rechten Stimmen, die Neo-Nazis Zulauf, werden wieder Ehen geschlossen, bekommen die Frauen Kinder usw. Vom Populismus, wie er in der Dritten Welt berechtigt sein mag, ist Abstand zu nehmen. Nur die Praxis ist noch zu verändern, die ihre eigenen objektiven gesellschaftlichen Bedingungen durch diese selbst zu transzendieren. Das heißt, sie muß sie selbst begründen. Den "frei und autonom Handelnden", den Pseudo-Aktivität ebenso wie die Herrschenden voraussetzt, gibt es nicht (mehr). Deshalb nützt auch kein Beispiel und keine (gewaltsame) Aufklärung von zwanghaften Aggressionen wie bei den Autonomen. Freiheit und Autonomie besteht heute in der Verantwortung für Gesellschaft und Bewußtsein, in der Beherrschung ihrer Produktivkräfte und Verhältnisse, denen die Mehrheit ohnmächtig ausgeliefert ist. Praxis wäre die Konstitution jener für diese, nicht ihre Institutionalisierung, wie sie Vereine, Läden, Parteien usw. heute massenhaft produzieren. Sicherheit ist der Tod von Praxis, ihr Produkt wie die Pseudo-Aktivität, die sich mit erschlichener Autorität paart. The medium is the message (McLuhan). Verbindlich soll alles sein, damit niemand das verliert, was ohnehin schon verloren ist: das Selbst. Deshalb ist Liebe nicht gefragt. Sie erliegt der "Substitution der Zwecke durch Mittel" (ebenda, S. 182), die die menschlichen Eigenschaften ersetzt. Diese Mittel schließlich werden verinnerlicht, die Subjektivität instrumentalisiert. Die Mitglieder der Linken, Grünen und Frauenvereine sollen für den gemeinsamen Zweck funktionieren. Mit der Gesellschaft bilden sich auch die, die ihr kritisch gegenüberstehen, subjektiv zurück. Wer nicht mitmacht, ist der Klassen-, Umwelt- oder Frauenfeind.

Die objektiven Bedingungen der Gesellschaft sind durch Abstraktion vom Subjektiven, Psychologischen vermittelt wie ihre Theorie. Um dieser Unterdrückung des Triebs willen verweigert Mann/Frau sich, theoretisch zu denken. Doch nicht seine unmittelbare Erfüllung, sondern seine praktische Vergegenständlichung steht heute auf der Tagesordnung. (Sein) Denken hat heute den Primat (A. Schmidt). Um so mehr, als die Gesellschaft und das Subjekt gegenüber solcher (innerer) Natur invariant sind und die politische Ökonomie schon nicht mehr das Ganze erklärt. Die Gesellschaft und ihre objektiven Zwänge beruhen auf der Verinnerlichung von Begriffen, die als Vorstellungen erscheinen. Deshalb lassen "die Menschen einen Zustand unverändert destruktiver Irrationalität passiv sich gefallen" (ebenda, S. 183) oder reihen sich in Bewegungen ein, "deren Widerspruch zu ihren Interessen keineswegs schwer zu durchschauen wäre". Das gilt auch für die von Aktion zu Aktion sich bewegenden Linken, Grünen und Frauen. Sie sind so irrational wie das, gegen das sie protestieren; deshalb für die Herrschenden ungefährlich, die durch den Makel des Irrationalen, den sie an sich haben, von dem eigenen ablenken können. Beide leben in einer Scheinrealität, die sie sich selbst errichten, indem sie, das Denken sistierend, ihrer Triebdynamik folgen. Statt ihre seelischen Bedürfnisse, Interessen und Erkenntnisse bzw. ihr Wissen denkend, sprechend und handelnd zu vergegenständlichen, und damit als Menschen aufrechten Gangs zu leben, befriedigen sie sie um ihrer selbst willen, als wenn Arbeit gesamtgesellschaftlich schon aufgehoben wäre und damit Herrschaft nicht mehr existierte. Deshalb reagieren sie auf jene allergisch und aggressiv, enttäuscht über ihre eigene Scheinwelt. Diese aber wird "von den objektiven Sperren erzwungen" (ebenda). Da diese als subjektive in Gestalt von z.B. Polizisten erscheinen, kämpfen sie gegen diese, als ob sie damit ihre Verdinglichung (durch Steine) abwerfen könnten. Die Emanzipation vom Herr- und Knechtverhältnis aber bedarf nach Hegel der Arbeit. Es ist jenes eine verspätete Ödipus-Situation, die kommunikativ nicht lösbar war. Deshalb der Charakter der Lieb- und Beziehungslosigkeit, die Kälte der Linken, Grünen und Frauen. Der Konflikt wäre in Denken, Sprechen und Handeln zurückzuholen. Sonst west "in den Antiautoritären Autorität fort". Die Gewalttätigen sind nach Adorno noch die autoritätsgebundensten Charaktere "in der Abwehr von Introspektion" und Selbstreflexion wie Kritik, wie an der Sprache der RAF leicht erkennbar ist. "Die eigene Relevanz überschätzen sie narzißtisch", das heißt, sie entäußern sich nicht, sondern bleiben stumm, vermummt. Indem sie sich selbst verdinglichen, was sie den Herrschenden anlasten, tabuisieren sie Erfahrung. Ihre Legitimation beziehen sie von jenen, ohne nach der eigenen zu fragen. Beide reagieren mit conditioned reflexes, wie Pawlowsche Hunde oder wie Tiere, darin der Gesamtgesellschaft adäquat. Ihr wissenschaftliches Pendant wie die "Marxistische Gruppe" reagiert ebenso polemisch und ideologisch wie die Herrschenden.

Max Webers Lehre von der Wertfreiheit und der Rationalität ist nur als Theorie der Intelligenz als herrschender gesellschaftlicher Produktivkraft denkbar (s. dazu W.N., Die Antiquiertheit der Moderne, ebenda). Rationalität ist fortschreitende Formalisierung und damit Verdinglichung (der Arbeit im Geld). Wertfreiheit ist Freiheit von (materieller) Arbeit. Im Geld verschwindet der Wert und "läßt keine Spur zurück" (Marx). Die Zwecke der Rationalität aber sollen außerhalb ihrer liegen. Selbsterhaltung soll sich außerhalb des Ichs begründen lassen. "Als Instrument der Selbsterhaltung, das der Realitätsprüfung, ist ratio überhaupt entstanden" (ebenda, S. 185). Als Über-Ich hat sie sich im Kleinbürgertum bzw. im Faschismus erfüllt: als ihre eigene Abschaffung. In ihnen wurde das Irrationale als die Überwindung der ratio durch Vernunft wahnhaft. In der heutigen sind beide nicht mehr voneinander zu trennen: Sie sind im Begriff zusammengezogen, um so ungehemmter sich gegen das Wertgesetz, die "gehemmte Bedürfnisbefriedigung" (52), durchsetzen zu können. Im Begriff ist der Wert aufgehoben; der Begriff ist wertfrei, die Identität von Subjekt (ratio) und Objekt (irratio). Sie ist Selbstzweck und herrscht doch oder gerade dadurch. Da sie keinen Zweck außer sich haben, sind auch Theorie und Praxis sistiert: Sie transzendieren nichts mehr. Deshalb ist über den Immanenzzusammenhang nur immanent hinauszugelangen: durch sinnvolle Begriffe. Diese haben keinen Zweck außer sich, sondern in sich; sie sind nicht mehr kritisch, sondern positiv im Sinne von Marx' Forderung nach positiver Wissenschaft. Als der einzigen Wissenschaft, die den Rahmen der Philosophie denkend überschreitet, also außerhalb der Vernunft liegt. Webers, der Klasse der Intelligenz gewidmete Zwecke dagegen sind irrational als solche der Vernunft selbst. Sie sollte dem Prinzip nach ewig sein. Selbsterhaltende Vernunft ist nur durch solche überwindbar - als solche der Praxis, die das Selbst vergegenständlicht.

Der "Aktionismus ist regressiv" (ebenda, S. 186), weil er schlecht positiv, also positivistisch ist. Deshalb ist der ohnmächtige Reflex der Herrschenden Positivität. Sie ist so abstrakt wie die Theorie, die sie kritisiert. Deshalb ist die Unmittelbarkeit jener, die "zu abstrakt" scheinen, konkretistisch, ebenso abstrakt. Theorie ist ebenso repressiv wie deren Scheinpraxis, die zur Solidarität zwingt. Dagegen ist das Denken befreiend, das nicht zur Theorie oder Praxis sich zwingt. Kommunikation ist, und da hat Habermas recht, auch wenn er sie idealistisch faßt, die Alternative zu Spontaneität und Organisation. Tendenziell ersetzt sie Theorie und Praxis, Begriff und Aktion als ihr zu vergegenständlichendes Wesen. Freiheit der Lehre wäre ihre Befreiung von jenen, die Reflexion auf ihre Grundlagen. Dies wäre als Erkenntniskritik ihr entgegenzuhalten.

Adorno verwirft das suggestive Argument des Aktionismus, "man müsse für die Protestbewegung optieren, gerade weil man ihre objektive Hoffnungslosigkeit erkenne" (ebenda, S. 187) als Einbildung derer, die meinen, "als Produkt dieser Gesellschaft, von der bürgerlichen Kälte frei" zu sein und Illusionen über die Welt und sich hegen. Es ist nicht mehr die Identifikation mit "fremdem" Leiden, die die Gesellschaft verändert, da sie nur den Gewissenszwang verstärkt. Voraussetzungslose Selbst- und Fremdreflexion allein setzt praktisches Denken, Sprechen und Handeln frei, auch gegen die Angst vor ihnen und ihrem Ergebnis. Nicht Verzweiflung und Hitze, sondern Nüchternheit oder Distanz zur Gesellschaft läßt die Dinge erkennen, wie sie sind, wie sie gewesen sind und was sie sein können. Daran hat sich auch der Begriff der Gesellschaft und des Bewußtseins, des Menschen und der Natur zu orientieren, denn das Radikalste war ebenso wie das Reformistische nur ein "Papiertiger". Damit ist nicht dem Warmen und Lauen das Wort geredet, sondern dem angenehmen Klima. Nicht zu viel und nicht zu wenig Gefühl sind gefragt, sondern sein Aussprechen. Nicht protestieren oder ertragen, sondern selbst handeln. Nicht dagegen oder dafür sein, sondern da sein. Sich identifizieren ist ebenso falsch wie sich abgrenzen: sondern seine Grenzen erweitern zu dem, was in anderem Zusammenhang Gramsci einmal Hegemonie genannt hat, aber nicht über die Gesellschaft, sondern die Individuen, die Eroberung von Zeit und Raum für diese, für ihre Sinne, ihre Selbsterhaltung und ihr Glück ohne Angst. Die Veränderung der Welt ist kein menschliches Interesse, sondern die je bewußte Arbeit für und die produktive Konsumtion ihre(r) Produkte. Zur Praxis hat niemand Talent.

Dem Praktizismus ist der Geist "ideologieverdächtig", weil er (nach Marx' Wort) vom Interesse bestimmt sei. Das Interesse kann aber auch richtig sein. "Praxis ist unmöglich", wie Adorno meint, ist aber ebenso interessenbedingt: als Veränderung von Gesellschaft von gesellschaftlichen Menschen ist sie wirklich unmöglich. Richtig wäre das Interesse an einer neuen Gesellschaft innerhalb der alten, den die Notwendigkeit des ungeschmälerten Genusses diktiert. In seinem Geist wäre auch dieser praktisch. Darauf müßten Kollektive zielen, statt Praxis zu diskutieren und (als Mittel) anzuwenden. Die Kollektivität war immer falsch gedacht: als Vermittlungsinstanz oder Praxisersatz. Sie entsteht aber nur aus der Praxis, nicht aus der Theorie. Sie ist die Vergegenständlichung der Sinne selbst - ihr Sinn.

Wer dagegen auf jeden kritischen Gedanken nach dem "Was tun?" fragt, ist nur unzufrieden, unfähig, zufrieden zu sein, was selbst Praxis bzw. ihre Selbstreflexion bedingt. Damit heben sich aber auch Theorie und Praxis als selbständige Sphären auf und müssen sich nicht mehr legitimieren. Man/frau muß mit ihnen auch nicht mehr einverstanden sein, muß nicht mehr alles unterschreiben, was das Kollektiv will. Damit verliert es auch seine Über-Ich-Funktion und die Kraft der Masse, in der sich die Schwachen stark fühlen. Es gibt keine kollektive Vernunft, so wenig, wie es Gott gibt. Deshalb die Disziplin in den kommunistischen Gruppen und die todernst gespielte Komödie in allen linken Parteien und Gruppen der demokratischen Abstimmungen usw., die die Antiquiertheit des Begriffs der Demokratie um der Verhinderung der Anarchie willen sich nicht zugestehen wollen. Die Möglichkeiten des Neuen sind offen wie nie zuvor, und es scheint so, als ob die Linken, Grünen und Frauen den Wald vor lauter Bäumen nicht mehr sehen, weil ihre eigene Theorie und Praxis verdinglicht ist, ihr Sinn von den eigenen Begriffen verdeckt wird.

Adorno sieht Theorie und Praxis in einem Verhältnis von Diskontinuität, des Wechsels oder der dialektischen Vermittlung: "Praxis (verläuft) nicht unabhängig von Theorie, diese nicht unabhängig von jener" (ebenda, S. 189). Praxis sei kein Kriterium von Theorie, und Theorie keine Anweisung auf sie. Wo sie aber zwei mit sich identische Selbstbewußtseine sind, lösen sie sich dialektisch in den Sinn auf, so wie Subjekt und Objekt in den Begriff übergehen. Das heißt, sie sind nur noch trialektisch denkbar (53). Sie werden zu Formen der Konstituion von diesen, Bedingungen seiner Möglichkeit und damit Bedingungen der Möglichkeit eines neuen Menschen und einer neuen Natur, Gesellschaft und Bewußtsein. Dialektik wird zum Reden mit sich selbst, als das sie begann. Die Einheit von Theorie und Praxis ist deshalb ein Dogma, weil sie die Sinne zum Zweck der Vernunft okkupiert, statt sie freizulassen. Soviel ist wahr an der Notwendigkeit von Öffentlichkeit. Theorie müßte sich selbst aufgeben, wollte sie den Bann des Ganzen, das durch Vernunft ist, widerstehen. Deshalb bedarf sie heute der Praxis, die dieses Ganze tendenziell überschreitet, um wieder in Theorie zurückzuschlagen, weil sie nicht sinnvoll gedacht war. Ihre Pole sind heute miteinander bzw. ineinander vermittelt. Sie sind selbst das Ganze, das zur Kritik steht. Der Hoffnung, daß sie sich verwirklichen mögen, ist Skepsis entgegenzubringen. Sie wären Arbeit. Die Revolution ist aus keiner zu machen, aber die Evolution aus ihrer Negation, die ihre eigene ist: das negative Denken, Sprechen und Handeln. Solche Praxis ist die des ästhetischen Scheins. Die Emanzipation kann nur die des diesem eigenen sein. Ideologiekritik, die heute die der Begriffe bzw. Vorstellungen ist, ist "eine gewisse Bewegung hin zur Mündigkeit", zum Sprechen des Mundes. Diese "allerdings ist praktisch" (ebenda, S. 191). Ihre "Praxis ist Kraftquelle von Theorie".

Praxis für uns oder das Essen

Nach Wellmer (A. Wellmer, Zur Dialektik von Moderne und Postmoderne. Vernunftkritik nach Adorno, Frankfurt/Main 1985) kündigen sich in den Zweideutigkeiten, die Adorno in der kulturellen Moderne ausgemessen habe, "Möglichkeiten einer Entfesselung ästhetischer und kommunikativer Potentiale ebenso an (...) wie die Möglichkeit eines Absterbens der Kultur" (S. 9). Ich meine letzteres, deshalb, weil diese Möglichkeiten nicht praktisch werden, sondern im Medium der Kunst verbleiben. Weil sich, und das soll in diesem Abschnitt untersucht und dargestellt werden, aus dem Zusammenhang von "Negativität, Schein, Wahrheit und Utopie, als den Adorno die Manifestationen der Kunst begriff" (S. 10), sich eine (systemverändernde) Praxis oder genauer: der "Inhalt" von mit sich identischem bewußten Denken, Sprechen und Handeln entwickeln läßt. Es ist der ästhetische Schein, aus dem Praxis hervorgeht, soweit sie, und das definiert Praxis, bewußte Arbeit ist. Es ist dies das "Substantielle" und "Ganze" von Adornos Ästhetik und Kritik, das nicht kunst-immanent thematisierbar ist oder nur als Kunst unterm herrschenden Primat des Privateigentums verbleibt, wie er für die Vergesellschaftung der Kunst im Zeitalter ihrer technischen Reproduzierbarkeit kennzeichnend ist. Es ist heute die Vergesellschaftung des Privateigentums auf dessen Boden. Um die Adornoschen ästhetischen "Kategorien gleichsam von innen her in Bewegung zu bringen" (ebenda), seien sie nach Wellmer aus "ihrer dialektischen Starre" zu lösen. Unter dem von mir schon eingeführten Begriff der Trialektik (54) erweist sich diese Auflösung dialektisch letztlich als die der Konstitution von Praxis. Konsequent wäre eine "Ästhetik der Negativität", die sich praktisch negierte. Dabei sind das "Künstliche" an Adornos aporetischen Konstruktionen und der "geheime Traditionalismus" seiner ästhetischen Urteile dem von mir favorisierten Begriff einer "negativen Revolution" durchaus entgegenkommend.

Die Dialektik von Subjektivierung und Verdinglichung, wie sie Adorno und Horkheimer in der Dialektik der Aufklärung entfalten, ist - durchaus im Sinne Hegels - eine der Vergegenständlichung. Dagegen wird die Dialektik des ästhetischen Scheins von mir als die von Entgegenständlichung verstanden, wie sie in der abstrakten und surrealistischen Kunst usw. kulminiert. Hinzuzufügen wäre Marxisch die Dialektik der Arbeit, in der diese, sich auf ihren Begriff "abstrakter Arbeit" bringend, immateriell wird. In der Umdeutung der "erkenntnistheoretische(n) Trias von Subjekt, Objekt und Begriff in ein Unterdrückungs- und Überwältigungsverhältnis" (Wellmer, ebenda) in der Dialektik der Aufklärung wird in diesen dialektisch "die unterdrückende Instanz - das Subjekt - zugleich zum überwältigten Opfer" (ebenda, S. 11): "Die Unterdrückung der inneren Natur mit ihren anarchischen Glücksimpulsen ist der Preis für die Ausbildung eines einheitlichen Selbst, welche von der Selbst-Erhaltung und um der Beherrschung der äußeren Natur willen notwendig war" (ebenda). Es steht heute unter der Herrschaft des Begriffs, was eine Folge der Rationalisierung (Max Weber) der Vergegenständlichung (s.o.), der zur Vorstellung gewordenen Arbeit (s.o.) und der an die Stelle des Gegenstandes getretenen Interpretation (der Gebrauchswerte, der Philosophie bzw. der Wissenschaft und der Kunst) ist. Begriffe sind "ideelle Werkzeuge" "zum Zwecke der Zurechtmachung und Beherrschung der Wirklichkeit" (ebenda). Das Ich ist selbst nur noch Begriff =

Tauschwert (s. dazu auch W.N., Nichts lehrt Denken, ebenda). Der Begriff als herrschender aber ist keiner instrumenteller Vernunft, zu der "der begrifflich objektivierende, nach dem Gesetz des Nicht-Widerspruchs operierende und systembildende Geist (nach Wellmers Interpretation der Dialektik der Aufklärung, d. Verf.) schon in seinen Ursprüngen (wird)" (ebenda), denn das Leben ist heute nicht mehr "in den Geist und seinen Gegenstand" gespalten, sondern der Schein von deren Identität. Die Begriffe sind keine Mittel mehr, sondern Gegenstände; die Dinge Vorstellungen (oder vorgestellte Dinge) (so scheint der Schauspieler die handelnde Person im Film selbst). Die Begriffe sind heute selbst-suffizient sie selbst wie der Begriff Gottes als "Ich bin, der ich bin". Oder die Menschen machen sich Vorstellungen von ihnen. Die Begriffe als Erscheinungen der instrumentellen Vernunft sind heute zu deren Wesen geworden. Die zweite, tote Natur, in der jene nach Wellmer am Ende nur noch ausbuchstabiert werden kann, ist zur ersten geworden: Der Mensch ist heute als Ding ein Kulturwesen, das sich in einer kulturellen Umgebung bewegt und kulturell präformiert reagiert - er ist ein Tier, das Kultur hat.

Als Resultate des Prozesses der Zivilisation, die "zugleich ein Prozeß der Aufklärung ist" (ebenda), können "Versöhnung", "Glück" und "Emanzipation" zwar gedacht, aber nicht verwirklicht werden; sie bleiben Vorstellungen. Als Anstrengungen der Phantasie (Medium der kritischen Theorie) sind sie zwar Reformen wie Revolutionen enthoben, aber als Momente der Vernunft gegen das "Irrationale" oder das "Chaos" die Grundlagen des Systems erhaltend, das heißt konservativ. Dagegen wäre deren praktische Kritik zu setzen, das "negativ revolutionäre" Denken etc., das über die Vernunft tendenziell hinausgegangen ist (55). Leistungen der Phantasie sind heute solche des Denkens von Verwaltungen, industrieller Werbung ebenso wie ehem. Gorbatschows Politik. Ihre "Aufhebung der Selbstentzweiung der Natur" durch eine "Selbstkonstitution der Menschengattung in einer Geschichte der Arbeit, des Opfers und der Entsagung" (ebenda) erfolge durch die Selbstüberbietung und Vollendung des naturbeherrschenden Geistes, dem Medium des Prozesses der Aufklärung selbst. Dieses "Eingedenken der Natur im Subjekt" sei "nur im Medium des Begriffs möglich" - "Aufklärung der Aufklärung über sich selbst". "Voraussetzung wäre freilich, daß der Begriff sich gegen die verdinglichende Tendenz des begrifflichen Denkens kehre" (ebenda). Nach Adorno bedeutet das für die Philosophie "die Anstrengung, über den Begriff durch den Begriff hinauszugelangen" (Adorno nach Wellmer, ebenda). Solche Metaphilosophie ist aber nur durch philosophieüberschreitende praktisch-kritische "Begriffe", die die (herrschenden) Begriffe aufheben, möglich. Diese Begriffe sind aber dann keine Begriffe mehr, sondern Zugriffe (56). Erst diese sind mit sich identische Begriffe, während erstere in Form und Inhalt entzweite sind. Es ist zur Begründung von jenem nicht notwendig, bei östlichen Weisheitslehren Anleihen zu machen. Das letztlich "matriarchalische" Begreifen ist dem (heutigen) Menschen immanent und bedarf nur der Vergegenständlichung und der Aufhebung des Glaubens an die Begriffe. Als Beispiel soll das Verhältnis von Mann und Frau gelten: Die Aufhebung der Selbstentzweiung der Natur ist im Wesen die von Mann und Frau als Geschlechtswesen. Ihre Ver"söhn"ung wäre das Kind, das Arbeit auf der Seite des Mannes, Opfer auf dem der Frau und Entsagung beider gegenüber Gebot und Aufzucht des Kindes bedeutet. Nur im Kind wäre Glück erfahrbar, Emanzipation die der Herrschaft über die Natur nach deren eigenen

Gesetzen. Dieser sich selbst überbietende und vollendende naturbeherrschende Geist ist die zur Erscheinung des Kapitals (dessen Mystifikation die Vernunft ist) im Geist der Familie. Darin drückt sich etwas von dem Konservatismus von Adorno und Horkheimer aus. In ihr kommt es zum Eingedenken der Natur im Subjekt, das heißt zur Verinnerlichung der Natur statt zu ihrem Selbst-Denken etc. In ihm käme es zur Aufhebung der Selbstentzweiung als diskontinuierliche Vereinigung im Geschlechtsakt, dem Glück im gemeinsamen Orgasmus und zur Emanzipation als Trennung, bewußter Arbeitsteilung und Distanz zu einer mit sich identischen Natur als Subjekt. Die Bedingungen von Vereinen und Trennen, Analyse und Synthese, sind ästhetische, das heißt letzlich vorausschauende Anteile, welche nur durch Zugriffe sich vergegenständlichen. Nur in diesem Zugreifen der Realität kann sich Sinnlichkeit unter der Herrschaft der (abstrakten) Begriffe noch entfalten. Erst durch sie wird Realität wahr, schön und gut und das Bewußtsein wirkliches Bewußtsein.

Die Selbstüberbietung des Begriffs hat nach Adorno ein mimetisches Moment. "Ratio - Realität und Mimesis müssen zusammentreten, um die Rationalität aus ihrer Irrationalität zu erlösen. Mimesis ist der Name für die sinnlich-rezeptiven, expressiven und kommunikativ sich anschmiegenden Verhaltensweisen des Lebendigen" (Wellmer, ebenda, S. 12). Wenn aber Mimesis nicht nur die Nachahmung von dessen Schein, zu dem sie heute wurde, sein soll, was soll dann mimetisiert werden? Rationalität ist ja deshalb irrational, weil sie die Projektion usw. von verdrängtem Bewußtsein ist. Mimesis wäre die Möglichkeit, dieses Unbewußte zu vergegenständlichen - zu nicht mehr irrationalen, sondern rationalen Begriffen. Das Unbewußte ist selbst vernünftig: als Denken, Sprechen und Handeln. Bisher ist nur "Kunst (...) vergeistigte, das heißt durch Rationalität verwandelte und objektivierte Mimesis dieser" (ebenda). Sie ist vernünftiges Denken, Sprechen und Handeln, das in "seinem Resultat verschwindet und keine Spur zurückläßt" (Marx). Das Kunstwerk selbst ist ein vernünftiges Ding. Ebenso das philosophische System: "Kunst und Philosophie bezeichnen somit die beiden Sphären des Geistes, in denen dieser durch die Verschränkung des Rationalen mit einem mimetischen Moment die Kruste der Verdinglichung durchbricht (...). Geist als 'versöhnender' ist das Kunst und Philosophie gemeinsame Medium" (ebenda). Was hier versöhnt wird, ist das entzweite Selbstbewußtsein. Die Auflösung von dessen Verdinglichung in Arbeit, Geld und Moral produziert aber deren Verdinglichung als (vernünftige) Begriffe, das heißt, die Vernunft (das Über-Ich) projiziert das unbewußt gewordene Selbstbewußtsein der Moderne auf das Denken, Sprechen und Handeln (das eigene wie das fremde). Nicht mehr Kapital, Staat und Produktivkräfte, sondern die Begriffe kontrollieren den Menschen heute. Adorno aber will die Vernunft auf deren Boden verwirklichen, in einer Art Vergesellschaftung der Vernunft in den "Beziehungen zwischen den Menschen und zwischen Mensch und Natur" als "gewaltlose Synthesis des Zerstreuten", wie auch "im Schönen der Kunst und im philosophischen Gedanken", einer "gewaltlosen Einheit des Vielen in einem versöhnten Zusammenhang alles Lebendigen" (ebenda). Vorgebildet sei diese "als die gewaltlose Überbrückung der Kluft zwischen Anschauung und Begriff, zwischen Besonderem und Allgemeinem, zwischen Teil und Ganzem" (ebenda, S. 12/13). Dieses sei die Bedingung der Möglichkeit von Erkenntnis als die von Erlösung. Erlösung ist so viel wie Lösen, Loslassen, sich Verlieren in der Masse der als vernünftige vergesellschafteten Menschen (wie in den Gemeinschaften des Ur-

Christentums). Sie konstituiert nach Adorno Erkenntnis überhaupt. Um versöhnt zu werden, müssen die an sich verdinglichten Momente Anschauung und Begriff, Besonderes und Allgemeines, Teil und Ganzes, aber erst getrennt werden, muß ihre Identität aufgelöst werden, woher die kritische Theorie ihren Namen hat. Skepsis ist anzumelden, ob bzw. warum gewaltlos statt durch Gewalt zusammengeführt werden soll deshalb, ob es nicht sinnvoller wäre, der Anschauung, dem Besonderen und dem Teil im Marxschen Sinne den Primat zu erteilen. Anschauung ist mehr als der Begriff, das Besondere das Qualitativere als das Allgemeine, das Teil größer als das Ganze - allerdings nur außerhalb der Vernunft. Darum ist aber auch keine Erkenntnisse mehr möglich, sondern nur noch sinnvolles Sehen, Hören, Riechen, Schmecken, Lieben usw. Versöhnung bei Adorno ist eine Art Kompromiß, Versöhnung, Abfinden mit dem Gegebenen unter veränderten Bedingungen. Sie macht das Leben (und Arbeiten) erträglich, aber nicht neu. Synthesis wird von Adorno unter dem Begriff der Gesellschaft gefaßt, die heute an sich selbst aufzuheben ist in (kleine) Gemeinschaften des Lebens und Arbeitens. Gesellschaftliche Kunst ist nicht mehr schön, der philosophische Gedanke, der totalitätsbezogen ist, unwahr wie das Ganze. Die Selbstüberbietung ist der Reflex des Surplus-Geldes (57).

Wenn sich Kunst und Philosophie "von ihrem utopischen Begriff her antithetisch zur Welt des instrumentellen Geistes" verhalten, so in "konstitutive(r) Negativität" praktisch, als Utopie der Konstitution einer neuen, gegen die alte gerichtete Welt. Zueinander aber haben sie selbst noch das Verhältnis von Anschauung und Begriff, weshalb sie "in einer unversöhnten Welt (...) nur aporetisch gedacht werden (können)" (ebenda) und keine einheitliche Erkenntnis hervorbringen. Wenn aber das über sie in ihrem Immanenzzusammenhang immanent Hinausgehende Denken, Sprechen und Handeln ist, dann ist dieses Philosophie überhaupt oder der Form nach, während es Kunst konkret oder dem Inhalt nach ist. Als solche Praxis generieren sie allerdings keine Erkenntnis (oder männliche Formen des Wissens), sondern bewußtes Sein oder ein Bewußtsein, das mit sich identisch ist.

Wellmer denkt die o.g. Aporie zwischen Kunst und Philosophie als die von nicht-diskursiver und diskursiver Erkenntnis, die beide das Ganze der Erkenntnis wollen. Ihr Zusammenfügen wäre gebunden an die Aufhebung der Spaltung selbst, die Versöhnung der Wirklichkeit. Sie verschwindet auch durch die heute notwendige Konstitution von Wirklichkeit als bewußtem Sein. - Wenn "im Kunstwerk (...) die Wahrheit sinnlich zur Erscheinung" kommt, ist sie deshalb nach Wellmer "der ästhetischen Erfahrung auch wieder verhüllt; da das Kunstwerk die Wahrheit nicht aussprechen kann, die es zur Erscheinung bringt, weiß die ästhetische Erfahrung nicht, was sie erfährt" (ebenda, S. 13); als konkrete und gegenwärtige ist sie zugleich ungreifbar. Die ästhetische Erfahrung ist bewußtlos wie die "abstrakte Arbeit" (bewußtloses Denken, Sprechen und Handeln oder Vorstellen, Meinen und Tun (58)). Die "Herstellung ihres Wahrheitsgehalts" bedürfe der Interpretation, genauer: der philosophischen Interpretation (Deuten der Vernunft). Sie sei das ästhetische Bedürfnis nach Aufklärung ihrer selbst: "Genuine ästhetische Erfahrung muß Philosophie werden oder sie ist überhaupt nicht" (Adorno nach Wellmer, ebenda, S. 14). - Nun kennen wir den berühmten Satz von Marx, daß die Philosophen die Welt immer nur interpretiert haben und daß es darauf ankäme, sie zu verändern. Für die Kunst hieße das, jeder müsse Künstler werden und Künstler wird er, wenn er als Mensch praktisch wird: wie ein Künstler eine neue Welt konstituiert. In dem Marxschen Diktum steckt aber auch, daß die Welt nicht interpretiert, sondern (praktisch) gedacht werden solle. Denken, Sprechen und Handeln ist allerdings selbst eine Kunst. Der Wahrheitsgehalt von Kunst wäre demnach nur denkend (sprechend und handelnd) herzustellen, also als Mimesis der ästhetischen Erfahrung, die sich nicht selbst vergegenständlichen kann. Durch die o.g. Vergegenständlichung kommt sie zum Bewußtsein, zu den Sinnen und in Bewegung, wird theoretisch, sinnvoll und praktisch. Dabei ist unterstellt, daß die Wahrheit des Kunstwerks nicht nur sinnlich (also handlungsbezogen) ist, sondern auch sexuell (denkbezogen) und gefühlt (sprachbezogen). - Ästhetische Erfahrung, die das Wesen will, muß deshalb, gegen Adorno, nicht Philosophie, sondern Praxis werden. Philosophie ist (nur) Denken, Sprechen und Handeln über Denken, Sprechen und Handeln, also dessen Mimesis. Sie ist letztlich, als Bedenken, Besprechen und Behandeln, Vermutung oder Glaube, selbst noch Theologie. - Die Utopie der Philosophie sei es, "das Begriffslose mit Begriffen aufzutun, ohne es ihnen gleichzumachen" (Adorno nach Wellmer, ebenda). Das Begriffslose aber ist sich schon selbst Begriff, der durch Denken, Sprechen und Handeln bewußt oder Füruns wird. Das Ansich ist nämlich ein Fürsich und als solches ein Gegen-uns. Deshalb ist das begriffliche Denken, das Adorno kritisiert und vermeiden will, Gewalt, wenn es das Begriffslose im Begriff auflöst. Es ist Erdenken, Ent-Sprechen (Gleichmachen) und Abhandeln (Verendlichen). Begriffe sind wie Winke mit dem Zaunpfahl, Aufforderungen zum Denken, Sprechen und Handeln, nicht dieses selbst, sondern - ihr Geld (die allgemeine Ware). - Da "der Unmittelbarkeit der ästhetischen Anschauung ein Moment der Blindheit, (...) der Vermittlung des philosophischen Gedankens ein Moment der Leerheit" (ebenda) anhaften, könnten sie sie in ihrer Wahrheit nicht aussprechen: "Die meinende Sprache möchte das Absolute vermittelt sagen, und es entgleitet in ihr in jeder einzelnen Intention, läßt eine jede als endlich hinter sich zurück. Musik trifft es unmittelbar, aber im gleichen Augenblick verdunkelt es sich, so wie überstarkes Licht das Auge blendet, welches das ganze Sichtbare nicht mehr zu sehen vermag" (Adorno nach Wellmer, ebenda). Die Sprachen der Kunst und der Philosophie erscheinen nach Wellmer "als die auseinandergebrochenen Hälften der 'wahren Sprache', einer Sprache, 'in der der Gehalt selber offenbar' würde" (ebenda). "Die Idee dieser Sprache ist 'die Gestalt des göttlichen Namens'", weshalb nach Wellmer Adornos Perspektive die einer negativen Theologie ist. Nun sind Meinen und Sprechen verschieden: Das eine ist Projektion des Gefühls auf die Sinne, letzteres seine Rejektion. Gefühle sind allerdings blind, sie sehen nicht die Realität. Der philosophische Gedanke abstrahiert von ihnen, weshalb er als leer, verknöchert, abstrakt usw. erscheint. Ohne Gefühl keine Sprache, sondern nur Meinen, das nach Hegel wie das Pissen ist. "Wahre Sprache" dagegen ist ausgedrücktes Gefühl oder sie ist selbst das Gefühl. Nur darin ist sie, unterschieden vom Meinen, Sprechen - Kritik der Theorie oder negative Theologie.

Wenn das Antithetische zur häßlichen Wirklichkeit das Kunstschöne ist, so zum falschen Zustand das Wahre der Philosophie und zum Schlechten das Gute der Arbeit: das Gut. Doch diese sind Utopie. Sie wären jedoch, gegen Wellmer, keine "Ordnungen des Lebendigen im Ganzen" (ebenda, S. 15), sondern in dem Teil (der größer ist als das Ganze), der über Kunst, Philosophie und Arbeit in der Praxis hinaus ist. Das Naturschöne jedoch, das nach Adorno Kunst nachahmt (das Wahre am Menschen, das Philosophie und das Gute am Denken, Sprechen und Handeln, das die Arbeit nachahmt), wäre das Inhaltliche am praktischen Denken, Sprechen und Handeln und damit nicht nur eine "Versöhnung" des Menschen mit der Natur (dem anderen Menschen und der Aktion von Mensch und Natur), das ihr Verhältnis bestehen läßt, sondern, weil dieses Verhältnis auf deren eigenem Boden heute noch real aufgehoben ist (der Mensch ist heute als Tier ein Naturwesen, die Menschen untereinander Dinge und die Arbeit abstrakte Operationalität oder bloßes Tun), sondern eine Identität jeden Teils mit sich und damit für uns. Solche Natur, Mensch und "Arbeit", sind aber noch-nicht-seiend. Das Verhältnis von Geist und Gegenstand wäre nicht versöhnt, sondern, wenn ihre auf ihre Identität tendierende Vergesellschaftung, ihre gegenseitige Durchdringung heute aufgehoben wäre, ihre jeweilige - partikulare - Autonomie. Sie wären in ihrer Allgemeinheit besondere, aber nicht unbegrenzte Ziele, da ihr gegenseitiges Begreifen ein Maß an notwendiger Gewalt einschließt - der natürlichen Aggressivität des Menschen entsprechen, der es deshalb im Verhältnis von Mann und Frau zur unmittelbaren Aneignung bringt, für die einst das Proletariat stand. Sein Denken, Sprechen und Handeln würde zum "Bild einer beredten, aus ihrer Stummheit befreiten, einer erlösten Natur, ebenso wie zum Bild einer versöhnten Menschheit" (ebenda), der einer neuen Menschheit, losgelöster Natur und einem in sich spannenden Zusammenleben der Menschen sowie einer immer wieder sich aufhebenden Arbeit. Erst in solcher Praxis wären sie der instrumentellen Vernunft wirklich entgegengesetzt.

Wahrheit, Schein und Versöhnung sind nach Wellmers Adornointerpretation negativ und utopisch zugleich, das heißt, sie sind antinomisch, was "die Dialektik des ästhetischen Scheins" ausmache. Die Abspaltung des Kunstschönen (und der Wahrheit der Philosophie sowie des Guten der Arbeit) von der Lebenspraxis ist einmal Entmächtigung des Schönen (Wahren, Guten) zum bloßen Schein und zum anderen die Herauslösung des Schönen (Wahren, Guten) "aus magischen Zweckzusammenhängen und daher seine Freisetzung zu einem Organon von Erkenntnis". Das heißt, "Wahrheit und Unwahrheit des Schönen sind ineinander verschränkt" (ebenda) wie die des Wahren und des Guten. Das macht die Dialektik des ästhetischen Scheins aus. Das Schöne, Wahre und Gute scheint bloß schön, wahr und gut zu sein und sind doch als solche die Grundlage für ein mögliches Bewußtsein der Natur, die Gesellschaftlichkeit des Menschen und einer bewußten Arbeit (Denken, Sprechen und Handeln). Wo es bei Adorno zur alles beendenden und befriedenden Versöhnung kommt, fängt die Praxis, das heißt das Sichbewegen, gerade erst an. - Wenn nach Wellmer die Kunst "die Wirklichkeit im Lichte der Erlösung" (ebenda) zur Erscheinung bringt, und zwar als "besondere Wahrheit" (und ebenso die Philosophie und die Arbeit), dann wäre die Praxis ihre Verallgemeinerung und die Konstitution von Wirklichkeit ihr Sein. Wirklichkeit wäre dann nicht nur Schein, sondern, durch ihr Wesen hindurch sie selbst - das Schöne, Wahre, Gute. Wir hätten es, wie Wellmer richtig auseinandersetzt, mit zwei Wahrheiten zu tun, die ich als Wahrheit ansich (die ästhetische) und Wahrheit fürsich (ihre Erscheinung in Kunst, Philosophie und Arbeit) bezeichnen und durch eine dritte Wahrheit für-uns (der durch Praxis konstituierten) ergänzen möchte. Erst durch letztere wird die Antinomie, die "ins Innere der ästhetischen Synthesis hineingetragen wird" (ebenda, S. 16), aufgehoben, die durch Kunst, Philosophie und Arbeit in ihren Erscheinungen "als unversöhnte, antagonistische, zerrissene zur Erscheinung" kommt. Versöhnung bliebe sonst selbst noch ein Schein, der nur theologisch oder, wie heute, durch den Begriff aufgehoben wird. Das Paradox, "das Unversöhnte zu bezeugen und gleichwohl tendenziell zu versöhnen" (Adorno nach Wellmer, ebenda), ist nur durch Begriffe, also mittels sublimer Gewalt möglich. Dadurch wird heute die "Trennung von Bild und Zeichen, von nicht-begrifflicher und begrifflicher Synthesis", die in Kunst (wie in Philosophie und Arbeit) "von allem Anfang an angelegt" (ebenda, S. 17) ist, zugunsten letzterer gelöst. Die moderne Rebellion gegen den ästhetischen Schein bleibt deshalb ohnmächtig, weil Kunst, Philosophie und Arbeit sich gegenüber den herrschenden Begriffen bewußtlos verhalten und so abstrakt werden wie diese. Weil sie nicht praktisch werden, werden sie, ohne es zu wollen, affirmativ: herrschende Kunst, Philosophie und Arbeit (Wert).

Diese Emanzipation von Kunst (Philosophie und Arbeit) gelingt aber nach Wellmers Adorno-Interpretation nur durch "das Anwachsen 'subjektiver', das heißt instrumenteller Rationalität, fortschreitender Verdinglichung, die in Selbstdestruktion mündet" (ebenda). In der Post-Moderne gibt es schließlich keine authentische Kunst, Philosophie und Arbeit mehr. Verdinglichung dringt nach Adorno "gleichsam von allen Seiten in die Poren der modernen Kunst ein: von Seiten der Gesellschaft, deren technische Rationalität auf die konstruktiven Verfahren der Kunst abfährt (...); von Seiten der geschwächten Subjekte, die den Freiheitspotentialen der Kunst sich nicht gewachsen zeigen; und schließlich aus dem ästhetischen Material selbst, dessen Entwicklung die Individualisierung der Sprache in Sprachzerfall umschlagen läßt" (ebenda, S. 17). Gesellschaft steht hier für die Begriffe, Subjekt für Ding, das ästhetische Material für die immaterialisierte Arbeit und ihre Produkte. Die ganze Malaise des "ästhetischen Zerfalls", der "innerästhetischen Nötigung zur Destruktion des ästhetischen Sinns", ihre Kehre "gegen das Prinzip der ästhetischen Synthesis", also ihre Aporie, ihre Agonie, die der des Menschen adäquat ist (wie auch der Linken heute) gibt es nur, weil sie sich nicht praktisch aufheben konnte. Adorno dagegen schlägt nach Wellmer vor, "die Negation der Synthesis als ästhetischen Sinn zu artikulieren, ästhetische Synthesis noch deren Negation hindurch zu bewirken" (ebenda, S. 18). Der Sinn der Ästhetik aber liegt nach meiner Ansicht in ihrer praktischen Vergegenständlichung im Denken, Sprechen und Handeln. Dieses selbst wäre eine Kunst, die einen Sinn hervorbringt, den sie als bloß ästhetischen negierte. Die "Negation des Sinns als seine Artikulation" bedeutet nicht mehr und nicht weniger als das Theoretischwerden der Sinne, das Bewußtsein der ästhetischen Urteile (des Schreibens und Probierens) selbst.

Authentischer Kunst (in der Post-Moderne) steht kein Begriff mehr zur Verfügung. Wo heute Kunst Kunst bleibt (Philosophie Philosophie und Arbeit Arbeit), ist sie unwahr, bleibt sie Schein. Nach Adorno müßte Kunst "um der Hoffnung auf Versöhnung willen" (ebenda) die Dunkelheit und Schuld der Welt auf sich nehmen, das heißt, wie im Protestsong Ausdruck der Unterdrückung usw. werden. Das wäre Adornos "Rettung des Scheins". Dagegen wäre der "Schein des Schönen" in praktische Konstitution von Schönem usw. zu transformieren. Erstere hat die Pop- und Rockmusik in ihren Anfängen bis m.E. heute praktiziert; letztere steht uns aus und kündigte sich in z.B. Woodstock oder dem Life-Aids-Konzert an. Das aber ist im strengen Sinne (noch) religiöse Praxis, Herrschaft der Medien, das Mittel als Zweck.

Tatsächlich nimmt Adornos Philosophie nach einer Forderung von Benjamins Thesen zur Geschichtsphilosophie (59) die Theologie in ihre Dienste. Nach Wellmer bleibt in Adornos Denken "eine Bruchlinie zwischen messianisch-utopischen und materialistischen Motiven", in seinen materialistischen Theorieelementen "zwischen historischem Materialismus und utopischem Sensualismus" (ebenda, S. 19). "Das Licht der Erlösung, das nach Adorno durchs Medium der Kunst auf die Wirklichkeit fallen soll, ist nicht nur nicht von dieser Welt; es kommt, Schopenhauerisch gesehen, aus einer Welt jenseits von Raum, Zeit, Kausalität und Individuation" (ebenda), das heißt, es ist gebunden an die praktisch mögliche Konstitution von Sinn durch eine materialistische Technik, die nicht mehr kausal funktioniert und das Individuum transzendiert, ohne gegenüber der Gesellschaft affirmativ zu sein. Sein Festhalten "an einem sensualistischen Begriff des Glücks als eines Inbegriffs sinnlicher Erfüllung" (ebenda) sei der "der Sehnsucht nach dem verlorenen Paradies". Der halbe Gott aber ist der Mann, Adornos Erlösungspostulat ein männliches. Das Glück selbst wäre noch zu vergesellschaften und müßte im Immateriellen aufgehen: Männer wie Frauen an Kunst, Philosophie und Arbeit teilhaben. Dieses ist aber nur in einer praktischen Bewegung möglich, die sinnvolle Zwecke mit materiellen Mitteln verbindet und in zufälligen Gruppen sich verwirklicht. Die "alle Wahrheit in sich begreifende philosophische Idee" Adornos erweist sich deshalb als theoretische statt praktische Weisheit, durch die sie allererst realisiert werden kann. Deshalb bleibt der "versöhnte Zusammenhang der Menschen, Dinge und Naturwesen" (ebenda) Schein, der selbst noch aufzulösen ist in einen Schein, der sich als Schein weiß, und das ist das Wesen - die Praxis, die ihn konstituierte und die (evolutionär) zu verändern ist. Das heißt, das heutige Leben und Arbeiten des Menschen muß sich selbst aufheben. Das aber ist eine Sache des Menschen, der Wurzel des Menschen, selbst.

Durch das Postulat der Versöhnung wird deren Abstand zur Wirklichkeit bei Adorno so unermeßlich, "daß seine Überbrückung kein sinnvolles Ziel menschlicher Praxis mehr sein kann" (ebenda); er wird zum "Abgrund zwischen der Praxis und dem Glück" (Adorno nach Wellmer, ebenda). Jetzt wird auch klar, wieso Adorno keine Praxis angeben konnte, wenn diese immer nur als die gegenwärtige menschliche Praxis, also bewußtloses Denken, Sprechen und Handeln, gesehen und nicht selbst noch verändert wird. Diese Veränderung in bewußte Praxis aber ist - und das hatte Adorno wohl unbewußt im Sinn - nicht mehr revolutionär möglich. Deshalb ihre Aufgabe zugunsten der Versöhnung. Revolutionär hieße ja, daß, in bezug auf das Verhältnis von Mann und Frau, die Ehen und Familien aufgelöst würden zugunsten eines Einzeldasein der Individualität in gesellschaftlicher Form (Gemeinschaften). Eine evolutionäre Veränderung wäre die Weiterentwicklung jener in Gruppenzusammenhänge von kritischer individueller wie gesellschaftlicher Form. Beides ist aus Marx herauslesbar und in ihm unentschieden. Versöhnung dagegen wäre der Erhalt jener unter neuen Bedingungen (mithin der freien, offenen Ehe usw.), also bürgerlicher Formen unter der Natur Rechnung tragenden Bedingungen, so wie nach Adorno die Aufklärung sich nur radikalisieren müßte, aber theoretische blieb. Wird die Versöhnung - und damit auch das Eigentumsrecht am Kind - aufgegeben, ist der Mensch

Für eine andere Linke

Neuerscheinungen 1988/89 bei Materialis

Die Probleme, die wir mit den anderen haben,
sind immer unsere Probleme, niemals
die Probleme der anderen.
Bruno Bettelheim

Rainer Langhans, Matthias Horx, Klaus Meschkat, Michael Vester u.a.
Greifen nach Sternen und Steinen

Zum Lernprozeß und zur Selbstreflexion der neuen Sozialen Bewegungen (1968 - 1988)
Hrsg. v. Gerhard Stamer, Anne Dudeck, Rainer Marbach
EE 12, Materialis, ca. 168 S. Pb, ca. 29,80 DM, Januar 1989

Das Jahr 1968 ist zum Symbol geworden für den Aufbruch einer weltweiten, linken Opposition. Generationen von Jungen haben sich diesem seitdem – mit verschiedenen konkreten Zielsetzungen und unterschiedlichen kulturellen Stilen – angeschlossen. Denoch hat sich kein grundlegender Wandel in den Verhältnissen vollzogen. Demgegenüber ist zwar der Wandel in den Beziehungen und in den Subjektverfassungen unbestreitbar, er reicht offenbar aber noch nicht aus, um eine weitergehende Wandlung zu induzieren.

Angesichts des in unseren Tagen verbreiteten Katastrophismus kommt es darauf an, neue Problematisierungen und Praktiken zu entwickeln, die die Träume von einem Reich der Freiheit neu aktualisieren. Es geht darum, mit überraschenden Neuorientierungen und Aktionen, die linke Opposition zu beleben.

Dieses Buch sucht den Zusammenhang, die Entwicklung und den Lernprozeß der neuen sozialen Bewegungen und des politischen Widerstands in der Bundesrepublik von 1968 bis heute darzustellen.

Es will damit Beiträge für die Erarbeitung eines Selbstbewußtseins der neuen sozialen Bewegungen erbringen. Unter den Leitfragen: Wo kommen wir her? Wo stehen wir? Wohin wollen wir? werden folgende Themen diskutiert:

- Individuelle und gesellschaftliche Emanzipation
- Politische Opposition zwischen innen- und außenpolitischer Orientierung
- Systemveränderung und Reformpolitik
- Neue soziale Bewegungen und Arbeiterbewegung
- Frauenbewegung – Vom Weiberrat zur Frauenbeauftragten
- Erwachsenenbildung zwischen politischer Bildung und Qualifizierungsoffensive – Selbstorganisation contra Haushaltskürzungen.

Die Autoren sind u.a.: Karl Werner Brand, Anne Dudeck, Michael Holy, Matthias Horx, Jan Kuhnert, Rainer Langhans, Klaus Meschkat, Joscha Schmierer, Karl-Ludwig Schibel, Christian Semler, Heide Soltau, Gerhard Stamer, Gerburg Treusch-Dieter, Michael Vester.

Manon Andreas-Grisebach, Dieter Duhm, Oskar Sahlberg, Heinrich Huebschmann u.a.
EinsSein und InneWerden

Paradiesesthematik in apokalyptischer Zeit
Hrsg. u. eingel. von Eva-Maria Knapp
EE 11, Materialis, ca. 180 S. Pb, ca. 29,80 DM, Januar 1989

Der Untertitel »Paradiesesthematik in apokalyptischer Zeit« bezeichnet den Ausgangspunkt dieser Anthologie. Und der Obertitel den überraschend einhelligen Schluß, zu dem die Autorinnen und Autoren beim Schreiben gelangt sind: Einsein und InneWerden.

Es geht den Autoren um die Reflexion ihrer Selbsterfahrung und ihrer Beziehungen. Dies soll das eigene InneWerden dessen, was einen selbst eigentlich treibt, ermöglichen, aber auch das EinsSein mit seiner Umwelt und den Mitmenschen, die oft schmerzlich vermißt wird, herstellen helfen.

Die Beiträge geben ein breites Spektrum von Erfahrungen wieder. Dies reicht von den eigenen Erfahrungen mit Literatur, Mystik, Meditation, Joggen, Geburt, Psychotherapie, Psychiatrie bis zu den Erfahrungen mit Gruppen des Psychobooms (Bhagwan, Bauhütte) und von Initiativen (Aktion gegen Tierversuche) sowie zur eigenständigen literarischen Darstellung und Transponierung dieser Erfahrungen in dramatischen Szenen, Gedichtzyklen und Briefen.

Der letzte Beitrag des Bandes – er stammt von dem Psychotherapeuten Heinrich Huebschmann – scheint mir zugleich der eindrücklichste: Er berichtet davon, wie er von 1946 - 1986 eine Bahnbeamtenfamilie in einer Familientherapie begleitet hat. So wie die Eisenbahn in dieser Geschichte das Paradigma für die weit verbreitete bürokratische Betriebsform ist, die für die darin Arbeitenden den Verlust von Freiheit bedeutet, so zeigt Huebschmann, wie in diesem Fall, der für Tausende anderer Fälle steht, der Familienvorstand und Bahnbeamte seinen Freiheitsverlust an seiner Familie ausagiert und diese dadurch auch in psychosomatische Störungen treibt. Durch das therapeutisch induzierte Sprechen, das Huebschmann ausgiebig selbst zu Wort kommen läßt, wird ein erstes Freimachen von diesen Zwängen entworfen. In der Familiendelegation gelingt es der Tochter, die dieses Frei-Sprechen von Anfang an einübt, sich von diesen Zwängen vollends freizumachen und einen eigenen autonomen Lebensentwurf zu realisieren.

Gustavo Gutíerrez, Enrique Dussel, Mario Bunge u.a. Positionen Lateinamerikas

hrsg. v. Raúl Fornet – Betancourt, Alfredo Gomez – Muller, m.e. Vorwort v. Walter Biemel u.m.e. Einleitung von Raúl Fornet Betancourt
LS 1, Materialis, ca. 148 S., ca. 29,80 DM, Februar 1989

Dieser Band will eine aktuelle philosophische Vermessung des lateinamerikanischen Kontinents leisten. Er bedient sich dabei des Dialogs. Die Gesprächspartner der beiden Herausgeber, die Redakteure der Zeitschrift Concordia sind, bringen zusammengenommen die ganze Vielfalt von Strömungen zum Ausdruck, die heute Philosophie in Lateinamerika betreiben.

1) Die Befreiungstheologie und -philosophie: Gustavo Gutíerrez, der Begründer der Befreiungstheologie (BT), faßt noch einmal in der Erwiderung auf die Infragestellung der BT durch den Vatikan die Motive und die hauptsächlichen Begründungen zusammenrund gibt damit einen stringenten Einblick in diese. Enrique Dussel, der für den linken, außerinstitutionellen Flügel der BT steht, versucht das Projekt vorzustellen, die BT durch eine Philosophie der Befreiung besser zu fundamentieren.

2) Der Marxismus in Lateinamerika: Alejandro Serrano Caldera, ein marxistischer Philosoph und zugleich der Botschafter Nicaraguas in Frankreich und bei der UNESCO, geht davon aus, daß zwar die marxistische Philosophie sich in Lateinamerika noch wenig verbreitet hat, aber der Marxismus in der Sozialwissenschaft (Mariategui, Dependenztheorie), der Pädagogik (Paolo Freire) und in der sozialen Wirklichkeit (Kuba, Nicaragua) verwurzelt ist. Zugleich sieht er aber auch, daß sich in Lateinamerika neue, spezifische Aufgaben für die marxistische Philosophie stellen: den Dialog mit den Teilen des Christentums, das durch die kirchlichen Basisgemeinden und die Befreiungstheologie geprägt ist, aufzunehmen; die andere Kulturtradition der indigenen Stämme für eine kulturelle Synthese fruchtbar zu machen und überhaupt eine kulturelle Identität Lateinamerikas auszubilden; die philosophische Reflexion der praktischen Probleme, die im Befreiungsprozeß Lateinamerikas entstehen, zu betreiben.

3) Das Projekt einer spezifisch lateinamerikanischen Philosophie und die Kritik am Eurozentrismus: Hier stellen wir eine ganze Reihe von verschiedenen Ansätzen vor (J.C. Scannone, Luis Villoro, A. Wagner de Reyna, L. Zea). Die Gemeinsamkeit dieser Strömung liegt sowohl im Ausgangspunkt als auch im Ziel begründet: es geht darum, eine kulturelle Identität Lateinamerikas auszubilden, die sowohl die indianische als auch die iberische Tradition produktiv verarbeitet und eine Antwort auf die Einflußnahmen der europäischen Moderne findet. Das historisch-ethische Projekt soll einen Schlußstrich ziehen unter die interne Ausbeutungs- und internationale Abhängigkeitsstruktur. Viele der neueren Autoren dieser Strömung gehen dabei davon aus, daß die französische Philosophie der Alterität die grundlegenden Kategorien und semantischen Werkzeuge bereitstellt, um diese Aufgabe in Angriff zu nehmen und dasgesteckte Ziel zu erreichen. Ihre Anwendung der Alterität ist aber auch für unsere Verhältnisse interessant, weil offenbar Lateinamerika ein besonders dichter Anwendungsfall für die Alterität darstellt. Dies zeigt ja auch Todorovs Buch »Die Eroberung Amerikas« (es 1213).

4) Die christliche Philosophie: Sie ist hier durch das Gespräch mit Agustin Basave, der 1986 Präsident des christlichen Weltkongresses war, vertreten. Sie ist stark an der Phänomenologie und an der christlichen Philosophie Frankreichs der 30er und 50er Jahre orientiert (Gabriel Marcel, Maurice Blondel). Sie hat auch eine ethische Ausrichtung und arbeitet an einer Kritik der Moderne. Sie lehnt aber eine Beteiligung an der Ausbildung einer kulturellen Identität Lateinamerikas ab.

5) Philosophie als Kritik der Technik: Mario Bunge, der selber Physiker ist und einen philosophischen Lehrstuhl in Kanada innehat und dessen letztes Hauptwerk 1987 bei Suhrkamp erschienen ist, widmet sich einer Kritik der Technik. Seiner Ansicht nach wurden die negativen Wirkungen der Industrie, des Handels und des Krieges allesamt von einer Technik hervorgebracht, die ihrerseits sich wiederum auf die Wissenschaft gründet. Er schlägt eine ethopolitische Kontrolle der Technik vor und sieht, daß es dazu einer Transformation der Gesellschaft bedarf. Er geht auchrausführlich auf das Verhältnis von multinationalen Konzernen, internen Oligarchien, Technik und Wissenschaft in Lateinamerika ein.

Anders denken

Eine philosophische Übung
Qualmanach 3
Q 3, Materialis & Ed. Nicole, ca. 100 S. geh., 3,00 DM, März 1989

Für den Qualmanach 3 organisierten wir wichtige Beiträge der Autoren der beiden Verlage zu dem philosophischen Schwerpunktthema »Anders Denken«. Wir berücksichtigten dabei in erster Linie die Stellungnahmen unserer prominenteren philosophischen Autoren, um mit diesem Heft eine größere Breitenwirkung für das »Anders Denken« zu erzielen. Im Qualmanach 3 schreiben folgende Autoren: Michel Foucault, Roger Garaudy, Leo Kofler, Peter Brückner, Hans-Jürgen Krahl, Stefan Immerfall, Lothar Wolfstetter.

Gerhard Stamer
Die Kunst des Unmöglichen oder die Politik der Befreiung

Über Eduard Bernsteins halbherzigen Versuch, Marx mit Kant zu korrigieren
MT 9, Materialis, 370 S. Pb, ca. 48,00 DM, Januar 1989

Diese Arbeit entspringt dem Interesse an der Bewältigung eigener politischer Erfahrung. Der Autor, der 68er Generation zugehörig, untersucht an einem historischen Zusammenhang systematische Probleme, die sich auch in der gegenwärtigen Praxis stellen.

Die Strukturen der vorherrschenden Politikformen werden einer erkenntnistheoretischen Analyse unterzogen.

Die Thematisierung von Bernsteins Revisionismus zu diesem Zweck liegt deshalb nahe, weil seine Bedeutung vor allem darin beruht, die Erkenntniskritik Kants auf die an der Theorie von Marx und Engels orientierte Politik der deutschen Sozialdemokratie vor dem 1. Weltkrieg bezogen zu haben. Der Autor führt den Nachweis, daß der Reformismus, wie ihn Bernstein begründete, eine Erscheinungsform der Lernunfähigkeit emanzipatorischen Bewußtseins war. Bernstein konnte die selbst gestellte Aufgabe nicht lösen, weil er eine voraussetzungslose Kantrezeption betrieben hatte. Für den Autor liegen im Rückgang auf Kants »Kritik der praktischen Vernunft« die Ansätze, um über die Denkblockaden von Reformismus und Dogmatismus und von Fundamentalismus und Realpolitik hinauszukommen.

Walter Neumann
Nichts lehrt Denken

Das Ende der kritischen Theorie der Vernunft
MI 3, Materialis, ca. 144 S Pb, ca. 24,80 DM, Januar 1989

Das die Philosophie Aufhebende und Überschreitende ist ihr Denken, Sprechen und Handeln selbst. Diese ihrer selbst bewußte Praxis hat die Entfremdung des Menschen zur Grundlage. Wissenschaft aber, die nicht dieses Nichts zur Voraussetzung, sondern immer mit Etwas zu tun hat, bleibt in ihrem Handeln Tun, d.h. sie ist bewußtlos und Reflex abstrakter Arbeit. Solches Denken bringt es wie Hegel nur zur Identität von Subjekt und Objekt, während die Befreiung vom Zwangszusammenhang der bürgerlichen Gesellschaft in der Identität jener mit sich liegt.

Auch die Kritische Theorie (und die Studentenbewegung) suchte die Versöhnung in einem vernünftigen Ich, das heute zum Tauschwert geworden ist. Sie wollte das Lustprinzip gegen das Realitätsprinzip ausspielen (Marcuse), die heute durch einen gesellschaftlich gewordenen Ödipuskonflikt identisch geworden sind.

Ein neues Realitätsprinzip konstituiert sich deshalb nur von einem Standpunkt außerhalb der Vernunft: durch praktisches Denken, Sprechen, Handeln.

Concordia 13

mit dem Themenschwerpunkt »Kritik der Postmoderne«
C 13, Materialis, 124 S. Pb, 14,00 DM, September 88

Im deutschen Teil der Concordia 13, der wieder die Hälfte des Umfangs des Heftes einnimmt, finden sich diesmal:

- ein Interview mit Manfred Frank, dem Tübinger Philosophieprof. M.F. erzählt von seinem eigenen philosophischen Werdegang seit seinem Studienbeginn 1964. Er berichtet von seinem Vermittlungsversuch zwischen der französischen Philosophie (Sartre, Foucault, Lyotard) und der deutschen Philosophie (Habermas, Apel, Gadamer). Daß wir nicht mehr in der Moderne leben, steht für ihn mit Nietzsche fest. Lyotards Unternehmen ist für ihn zwar nicht ohne Grund, aber seine Vernunftkritik ist MF zu undifferenziert. Sein Vermittlungsvorschlag war, daß Lyotard seine Differend-Theorie auf der Konsensustheorie von Habermas aufbauen sollte. Angesichts der heftigen Reaktionen der französischen Philosophen auf dieses Ansinnen auf dem Foucault Kongreß im Januar 1988 in Paris kommt er nun zu dem Schluß: die Habermassche Kritik an der französischen Gegenwartsphilosophie ist berechtigt.

■ Auch der katholische Theologieprof. Johann-Baptist Metz aus Münster beschäftigt sich in seinem Aufsatz mit den aktuellen Fragen. Während er die Berechtigung der Befreiungstheologie vorbehaltlos anerkennt, hat er die Sorge, daß die Modernisierungsprozesse weltweit vielleicht schon die Oberhandrgewonnen haben. Die frz. Gegenwartsphilosophie (v.a. Foucault) hat für ihn ihre Berechtigung, insoweit sie eine Kritik an diesen Zuständen leistet. Gleichwohl befürchtet er, daß diese Kritik das Kind mit dem Bade ausschüttet (Tod Gottes, der Tod des Menschen). Die aktuelle Aufgabe sieht er in der gegenseitigen schöpferischen Assimilation der noch vorhandenen verschiedenen Kulturwelten.

■ Harald Holz geht in seinem Beitrag von der gegenwärtigen Diskussion über Heidegger während des Faschismus aus und versucht die Beziehung zwischen seiner reinen Philosophie und seiner praktisch-politischen Einstellung neu, und wie ich meine einsichtig, zu definieren.

■ Klaus Hedwig erklärt die Funktionen von Ecos Roman »Der Name der Rose« aus dessen Poetologie und Semiologie. Seine Darstellung und seine Schlüsse legen nahe, daß gegenüber dieser postmodernen Collage vieles zu bedenken sei.

Sonderangebote

Peter Brückner
Freiheit, Gleichheit, Sicherheit

Von den Widersprüchen des Wohlstands
MP 21, Materialis, 164 S. Pb, statt 22,80 DM jetzt 7,95 DM
Sonderangebot bis 30.5.1989

Die politische Psychologie Peter Brückners hat schon vor Foucault den Zusammenhang von Psyche und Herrschaft thematisiert. Das vorliegende Buch, das sich dem Selbstverständnis der Französischen Revolution entlang bewegt, um die Beziehung zu den Erscheinungsformen des gegenwärtigen Status quo zu analysieren, kann so als Vorarbeit zu Foucaults letzten Werken gelten.

Walter Neumann
Arbeit? Nein danke

Eine Kritik an Gewerkschaften, Grünen, Frauenbewegung und Linken zum Thema Arbeit
Edition Nicole / Materialis VA, 153 S. Pb, statt 19,00 DM jetzt 8,95 DM (Sonderangebot)

Wenn die Linke in ihrer Theorie die Arbeit nicht mehr fetischisiert, sind die Massen eher bereit, ihrer Praxis sich anzuschließen. »Arbeit? Nein danke« gilt für alle.

Horst-Volker Krumrey
Entwicklungsstrukturen von Verhaltensstandarden

Eine soziologische Prozeßanalyse auf der Grundlage deutscher Anstands- und Manierenbücher von 1870 bis 1970 mit einem Vorwort von Norbert Elias
MI 2, Materialis, 720 S Pb, statt 59,80 DM jetzt 29,80 DM (Sonderangebot)

Das Buch stellt die grundlegende empirische Aufarbeitung des Materials für eine prospektive Fortführung des Hauptwerks von Norbert Elias »Über den Prozeß der Zivilisation« ins 19. und 20. Jh. dar.

Ellen Diederich
«... und eines Tages merkte ich, ich war nicht mehr ich selber, ich war ja mein Mann«

Verlag 2000/Materialis VA, 140 S. Tb, statt 9,00 DM jetzt 2,95 DM (Sonderangebot)

Dies ist die Autobiografie einer Frau aus der ersten Generation der Frauenbewegung. Sie beschreibt ihre Erfahrungen vom 15. Lebensjahr bis ins Jahr 1980: Vom Ostermarsch und Lehre bis zur Arbeit bei der »Courage« in Berlin.

Bestellungen über den Buchhandel
Materialis Verlag, Rendeler Str. 9-11,
D-6000 Frankfurt 60

also für den anderen Menschen da, dann konstituierte Praxis erst ein sinnvolles Leben und Arbeiten. Versöhnung, die nach Wellmer mit keinem Begriff zu denken ist, ist selbst bewußtlos, das heißt ein Naturbegriff; eine Natur, die nicht zu ihrem Bewußtsein gekommen ist. Das heißt, für Adorno ist die Natur - und damit im Medium der Philosophie die Frau - kein Subjekt. Das macht seinen Pessimismus und seine Affinität zu Schopenhauer aus. So deutet Adorno wie dieser ästhetische Erfahrung als ekstatische, weniger als real-utopische. Es entspricht dies dem bürgerlichen Erlebnishorizont, wohingehend Adornos Begriff des Denkens als ekstatisch im Sinne Batailles (60) interpretiert werden kann und einen materialistischen Hintergrund hat, also Denken des Menschen als Menschen ist. Dieser wäre nicht von dieser Welt, aber einer neuen innerhalb der alten. Er wäre nicht negativ metaphysisch, sondern praktisch.

Wenn der Abstand von Wirklichkeit und Utopie unermeßlich ist, weil erstere bei Adorno negativ fixiert wird, ist darin eine vergangene Form der Wirklichkeit angesprochen, denn diese Negativität soll nach Wellmers Adorno-Interpretation "transzendental, vor aller Erfahrung" (ebenda, S. 20) sein. Es ist dies in der Erfahrung von Adorno nur unter dem Aspekt des Faschismus denkbar, nicht jedoch der positiv erfahrenen - und dann erst recht aufzuhebenden - Wirklichkeit der Post-Moderne. Adorno hat also einen antiquierten Wirklichkeitsbegriff, und die Realisierung der Utopie ist unrealistisch, nur "im Geiste" oder als übersinnliche, nicht in dieser Welt möglich. Auf eine solche Erfahrung beriefen sich mit Einschränkungen auch die Studentenbewegung und ihre verdinglichten Nachfolger, wie die RAF. Adorno selbst ist ein Gestriger, wenn auch unter dem Aspekt der Aufhebung der Vergangenheit, aber damit auch fortschrittskonstitutiv, wie es das Fortsetzungspostulat der Aufklärung andeutet. Für Adorno ist "der mörderische Charakter des Weltlaufs schon besiegelt, bevor seine Erfahrung zur Verzweiflung führen kann" (ebenda), das heißt, mit dem Faschismus ist die Geschichte beendet in dem Sinne, daß sie für eine immanente Aufklärung reif ist, weil die alte auch endete, ebenso wie die Aufhebung der alten Welt verpaßt wurde (s. Adorno, Negative Dialektik, ebenda). Die Revolution in ihrem doppelten Sinn ist für Adorno passé, ihre Chance vertan. Dadurch kann der Mensch nur aus seinen Erfahrungen lernen und die Folgen menschlich gestalten. Adorno ist also letztlich ein radikaler Humanist, kein Revolutionär, aber auch kein praktisch-kritischer Realist. Seine Verzweiflung an jenen wird im Geiste ausgetragen, nicht in der "materiellen" Realität. Das ist dann auch vorentscheidend für die "Wahrheitsfrage in Adornos Interpretationen moderner Kunst" (ebenda).

Nach Wellmer haben in Adornos Philosophie "genuin materialistische Theorieelemente ein eigensinniges und kräftiges Eigenleben", in denen "Einbezug auf gesellschaftliche Praxis fort(lebt)" (ebenda). Von da aus könnte nach Wellmer die theologische Perspektive am Ende noch einmal umgedeutet werden und die Theologie wirklich in Dienst genommen werden. Die von hier aus mögliche "Form der Kritik, die das System von Adornos philosophischen Kategorien als Prozeß in Bewegung brächte und damit zugleich seine Ästhetik materialistisch zu entziffern erlaubte" (ebenda), hat jedoch in dem Begriff der gesellschaftlichen Praxis eine neo-idealistische Voraussetzung, wie sie sich an der von Wellmer herangezogenen Theorie des kommunikativen Handelns von Habermas zeigt. Nur unter dem Aspekt dieser Voraussetzung unterscheidet sich der Begriff der Kommunikation, des Denkens, Sprechens und Handelns, von Habermas und dem Autor:

Wellmer bezeichnet Habermas' Argument als "ebenso einfach wie überzeugend" (ebenda). Richtiger wäre es zu sagen, es wäre simpel und abstrahiert von der Zeugung einer neuen Welt innerhalb der alten (wie der des Kindes im Verhältnis von Mann und Frau): "Zur Sphäre eines an Sprache gebundenen Geistes gehört die Intersubjektivität der Verständigung ebenso wie die Objektivierung der Wirklichkeit in Zusammenhängen instrumentellen Handelns; gehörte die symmetrisch-kommunikative Beziehung zwischen Subjekt und Subjekt ebenso wie die asymmetrisch-distanzierende zwischen Subjekt und Objekt" (ebenda). Das ist zwar richtig, aber damit fangen die Schwierigkeiten erst an, denn der Geist ist heute nicht an Sprache gebunden (die Leute sprechen nicht), sondern an das verdrängte Bewuβtsein, spezieller: den Traum; Intersubjektivität ist heute die zwischen Dingen, die sich als Dinge bestätigt sehen, was sie als Bestätigung von sich als Menschen ausgeben; instrumentelles Handeln ist keine Arbeit mehr, sondern (bloβes) Tun, das eine immaterielle Wirklichkeit objektiviert, mithin die der herrschenden Begriffe; die Beziehungen von Subjekt und Subjekt sind heute allerhöchstens asymmetrisch kommunikativ, weil niemand sich auf den anderen Menschen einläβt; dagegen ist die zwischen Subjekt und Objekt symmetrisch-affirmativ, weshalb die Leute am liebsten über ihre Krankheiten reden. Was Habermas hier also unterstellt, ist ein Neo-Idealismus, der nur dadurch vermieden wird, indem an die Stelle des Bewuβtseins Philosophie, die das kommunikative Handeln erklären soll und, wie Habermas richtig meint, für dieses keinen Raum läβt, durch das Paradigma des unbewuβten oder verdrängten Bewuβtseins ersetzt wird, aus dem sich Denken, Sprechen und Handeln als praktische allererst entwickeln können. In beiden Weisen, Habermas' und meiner, wird das begriffliche Denken vermieden, das zudem bei Adorno das kommunikative wurde. Aber das Mimetische bei Adorno ist gegen Wellmer und Habermas wichtig für das hier vorgetragene Konzept: Alltagssprache wie Kunst und philosophisches Mimetisieren sind begriffliches Denken, ein Denken über das Unbewuβte. Deshalb ist Habermas' Denken ein sachliches oder geschäftiges Denken.

Adornos Philosophie habe jedoch "die Funktion des Begriffs aus der Polarität von Subjekt und Objekt" (ebenda, S. 21) verstanden, statt "hinter den objektivierenden Sprachfiktionen (...) die kommunikativen Leistungen als Bedingung ihrer Möglichkeit" zu erkennen. Diese kommunikativen Leistungen sind aber solche der Arbeit: Vorstellen, Meinen, Tun; Sprache als ihre Mimesis eine Funktion der Arbeit, des Geldes und der Moral. Das heiβt, Denken, Sprechen und Handeln sind ein Mittel oder instrumentelles Handeln. Da in diesen das Mittel der Zweck ist, sind sie an sich sinnlos. Aus der Polarität von Subjekt und Objekt kann allerdings nur der Begriff hervorgehen, der, gegen Adornos Intention, zum herrschenden wird; Phantasie ist (s.o.) heute eine praktische Leistung der herrschenden Politiker, Wissenschaftler und Medienagenten. Wenn aber die Begriffe herrschen und als Vorstellungen die kommunikativen Leistungen ausmachen, dann sind diese gerade zu kritisieren. Das heiβt, Habermas hätte seine Theorie des kommunikativen Handelns nur unter dem Aspekt seiner Aufhebung schreiben können. Deshalb ist es im Prinzip richtig, "das Zusammentreten von Mimesis und Rationalität (...) als Negation der geschichtlichen Wirklichkeit" (ebenda) zu denken. Diese ist aber nur von einem Paradigma verdrängten Bewußtseins möglich.

Die utopische Perspektive von Habermas ist die einer "utopischen Projektion, deren Elemente die diskursive Vernunft aus den Bedingungen ihrer eigenen Sprachlichkeit gewinnt" (ebenda), die der Idee jener an sich selbst. Das soll nach Wellmer eine "materialistische Utopie" und damit innerweltlich sein. Es wäre dies die Herrschaft der Vorstellungen über ihre Bedingungen, das heißt ihre Verdoppelung in wissenschaftliche und alltägliche Vorstellungen, das Zur-Ware-Werden der Wissenschaft, ein Marxscher Kommunismus in der Vorstellung der unter der Herrschaft der Begriffe stehenden Menschen. Dagegen stünde heute noch die Aufhebung von diesen an, das heißt auch: der Aufhebung des Materialismus, denn erst diese würde den realen Idealismus beenden.

Wenn sich bei "Anerkennung eines kommunikativen Moments im begrifflichen Denken" "der von Adorno und Horkheimer konstruierte dialektische Zusammenhang von Subjektivierung und Verdinglichung als dialektischer auflöst" (ebenda, S. 22), wie es Habermas in der Theorie des kommunikativen Handelns zeige, dann um den Preis ihrer Identität in begriffliche Objektivität und die Objektivität des Begriffs. Unter ihm wird der Materialismus zum mechanischen und seine Restitution zum dialektischen Idealismus, wie ihn unter anderem O. Negt versucht (61). Die Korrelativität von Subjektivität und Verdinglichung im Begriff ist mit Habermas' Differenzierung von kommunikativer Rationalisierung und Systemrationalisierung naturwissenschaftlich-technischen Fortschritts, die sich in der Moderne korrelativ verhalten, nur bestätigt: Instrumentell-funktionalistische Rationalität der Naturwissenschaften bedeutet die Mimesis des kommunikativen Handelns, des Vorstellens, Meinens und Tuns durch Vorstellen, Meinen und Tun. Solche systemische Rationalität überwindet nicht nur die kommunikative Rationalität der Moderne - sie ist auch die von Habermas ratio selbst. Das geschichtsimmanente Potential an Freiheit wird dadurch allerdings nichtig, die Geschichte erhält einen Freiheitsgrad nur darin, daß sie sich selbst in der Vorstellung aufhebt. Sie wird zum bloßen Gegenstand der wissenschaftlichen Intelligenz, zu deren Rettung Habermas angetreten ist. Die Geschichte wird wie die Freiheit auf deren Boden vergesellschaftet. Das ist das Modernitätspostulat von Habermas, an dem er gegen die Theoretiker der Post-Moderne festhält. - Kraft des Subjekts ist heute allerdings Sinn unmöglich. Die Sinnlosigkeit der Post-Moderne ist nur durch eine Praxis zu überwinden, die durch Praxis, also bewußte Arbeit (Denken, Sprechen und Handeln), Sinn allererst konstituiert.

Die Kategorien Wahrheit, Schein und Versöhnung sind nach meiner Ansicht heute deshalb aus dem dialektischen Zusammenhang von Subjektivierung und Verdinglichung herausgelöst, weil das Subjekt zum Ding und das Ding als Begriff zum Subjekt geworden sind. Damit verändert sich auch der Sinn jener Kategorien: Das Verhältnis von Kunst und Wirklichkeit wird ein praktisches, die Perspektive einer erlösten Natur ein mögliches Bewußtsein der Natur. Der Schein erscheint als praxiskonstitutiv, die Wahrheit als das Resultat, der utopische Gehalt des Kunstwerks als Inhalt des Denkens, Sprechens und Handelns.

Wenn H.J. Jauß (Ästhetische Erfahrung und literarische Hermeneutik, Frankfurt/Main 1982) "gegen Adorno die kommunikativen Funktionen der Kunst eingeklagt (hat)", dann ist das nach Wellmer nur möglich, wenn "an die Stelle des Verweisungszusammenhangs Wirklichkeit-Kunst-Utopie gewissermaßen der Verweisungszusammenhang Wirklichkeit-Kunst-Rezeptionssubjekt (tritt), der nicht mehr als linearer, sondern nur als zirkulärer Verweisungszusammenhang gedacht werden kann: Der Kunst wird eine Funktion in der Lebenspraxis zugewiesen; sie wird als etwas gedacht, das auf die Wirklichkeit zurückwirkt" (Wellmer, ebenda, S. 24). Da dieses Rezeptionssubjekt aber passiv oder Objekt ist, würde es die Wirklichkeit nur verschönern, es sich in ihr gemütlich machen. Inwieweit das eine systemsprengende Potenz wäre, müßte sich da zeigen, wo die Ansprüche dieses Subjekts mit den realen Anforderungen von Philosophie, Kunst und Arbeit in Widerspruch gerät. Tatsächlich müßte es, wie es Jauß fordert, in einen Dialog mit diesen treten, wie es die Absicht von Habermas' herrschaftsfreier Kommunikation ist. Sogar Adorno würde es akzeptiert haben, daß die Realität anders interpretiert wird. Letztlich würde damit aber die Manipulation, die das Subjekt zu einem Objekt gemacht hat, in die Wirklichkeit selbst eingehen. Für die Kunst hieße das, daß sie die utopische Funktion verlieren und zur bloßen (schönen) Handarbeit werden würde, an der sich jeder Mensch beteiligen könnte. Sie würde zur Massenkunst oder sie würde vergesellschaftet. Die Revolution wäre vorbei, ohne daß sie stattgefunden hätte (s. Schiebel/B. Leineweber, Die Revolution ist vorbei, wir haben gesiegt (62)). Das Subjekt würde vom rezipierenden zum projektierenden. Es würde zum Macher. Machen aber ist keine Praxis, sondern pragmatisch. Machen ist das Medium von Reformen versus revolutionären und evolutionären Veränderungen. In ihr macht der Mensch mit Bewußtsein Geschichte, aber mit falschem Bewußtsein. Das mögliche richtige Bewußtsein dagegen wird wegrationalisiert und dinglich. Wir hätten es also mit einer Welt zu tun, die in der Vorstellung der Liebe, dem verdinglichten Bewußtsein, aufginge, wie es der Schlager suggeriert. Das heißt, der Mensch würde sich nur etwas vormachen oder sich selbst belügen, die Gesellschaft würde zu einer idealen Gesellschaft (idealistisch oder ein Ich-Ideal). Kunst würde dadurch zu einer Vergegenständlichung von Ideen (ebenso die Philosophie und die Arbeit = know how). - P. Bürger (Zur Kritik der idealistischen Ästhetik, Frankfurt/Main 1983) geht es nach Wellmer um "das Verhältnis von Kunst und Lebenspraxis". Wenn "sich Adornos 'Rettung des Scheins' gegen Tendenzen einer falschen Aufhebung der Kunst (richtet), die für ihn wie ein Schatten die Entwicklung der avancierten Kunst im 20. Jahrhundert begleiteten", dann, um der "Idee ihrer wahrhaften Aufhebung - als Verwirklichung ihres Glücksversprechens -" (Wellmer, ebenda) willen. Bürger will den ästhetischen Schein der Kunst, in dem nach Adorno ein "Versöhnungsparadigma" angelegt sei, durch einen "Bruch" ersetzen. "Der Wahrheitsanspruch der Kunst" (ebenda, S. 25) müsse aber weiterhin gegeben sein. Wenn aber die Idee der Kunst selbst wahr sein soll, dann müßte sie philosophisch begründet sein. Kunst selbst müßte rationell sein oder sie müßte rationalisiert werden, was eine Tendenz der Avantgarde ist, die Adorno stets kritisiert hat. Nur um diesen Preis einer vernünftigen Kunst gäbe es einen wirklichen Zusammenhang ihrer mit der Lebenspraxis. Auch hier würde Kunst dinglich, Gegenstand rationaler Reflexion und für die Lebenspraxis nützlich. Es entspräche dies dem heutigen Gesellschaftszustand, in dem die Begriffe selbst herrschen. Kunst selbst würde produziert, nicht rezipiert, eine Ware neben anderen. - Im Gegensatz zu Jauß und Bürger will K.H. Bohrer (Plötzlichkeit. Zum Augenblick des ästhetischen Scheins, Frankfurt/Main 1981) "in Anknüpfung an Nietzsche (...) die Kategorie des ästhetischen Scheins (retten), indem er sie (nach Wellmer, d. Verf.) aus ihrem Verweisungszusammenhang mit dem Wahrheitsbegriff ganz herauslöst" (ebenda). Dadurch wandere die Utopie "in den Augenblick der ästhetischen Erfahrung ein. Deren utopisches Element verliert seinen Bezug auf reale Zukunft": "Das Glücksversprechen der Kunst löst sich im ekstatischen Moment der ästhetischen Erfahrung ein" (ebenda). Lebbar wäre nur im Hier und Jetzt, der zum absolutum erhobenen Gegenwart. Glück wäre nur im Augenblick erfahrbar, das heißt, es hat weder eine Geschichte (Wahrheit) noch eine utopische Dimension. Bohrer reflektiert darin bewußtlos, daß die Arbeit sich selbst aufhebt. Seine Theorie hat darin etwas Anarchistisches, das in Adornos ästhetischer Reflexion angelegt ist. Eine neue Gesellschaft und ein neues Bewußtsein sind darin aber nicht mehr als objektive Möglichkeiten gedacht, die allererst durch bewußte Arbeit (Praxis) herstellbar wären. Der Mensch soll sich an dem begeistern (extasis), was ist, nicht in der Konstitution dessen, was noch nicht ist, und erst durch praktisches Denken, Sprechen und Handeln werden könnte. Bohrers Ästhetik ist deshalb resignativ, was auch schon ein Moment bei Adorno ist. So ist es zwar richtig, daß die Revolution nicht mehr denkbar ist, aber die Evolution steht uns noch bevor.

Wellmer dagegen will "Adornos dialektisch erstarrte Kategorien von innen her in Bewegung (bringen)", indem er den "lineare(n), eindimensionale(n) Verweisungszusammenhang der Kategorien Wahrheit, Schein und Versöhnung in eine komplexere, gleichsam mehrdimensionale Konstellation von Kategorien (verwandeln)" (ebenda, S. 26) will. Dafür wäre es notwendig, die Kategorien Wahrheit, Schein und Versöhnung oder Philosophie, Kunst und Arbeit trialektisch zu fassen, das heißt nicht nur unter dem Aspekt ihrer Aufhebbarkeit (ihrer und des Gegenstandes) zu betrachten, sondern tatsächlich denkend, sprechend und handelnd aufzuheben.

Wellmer will den bei Adorno vorhandenen Zusammenhang zwischen Schein und Utopie entmythologisieren, was sich nach ihm in dem Sinne machen ließe, "sofern man nur die These vom dialektischen Zusammenhang zwischen Subjektivierung und Verdinglichung und damit die polemisch-utopische Überfrachtung des Begriffs der ästhetischen Synthesis aufgibt" (ebenda, S. 26/27). Nun ist der Zusammenhang von Schein und Utopie als mythologischer selbst schon (erste) Aufklärung. Wellmer will diese, wenn ich das richtig verstehe, im Sinne einer zweiten, rationalen Aufklärung überbieten. Das heißt, er hält am Konzept der Aufklärung bzw. der Moderne fest, worin er sich mit Habermas einig weiß. Das kann er aber tatsächlich nur, wenn er den Zusammenhang von Subjektivierung und Verdinglichung ausblendet, der sich mit letzterer unweigerlich einstellt. Er müßte Subjektivität ohne Subjekt und Verdinglichung ohne Objekt denken. Das heißt, er müßte den Schein zu sich kommen lassen, was das Wesen wäre - und die Utopie, was ihre Verwirklichung hier und jetzt wäre. Wellmer müßte also wesenslogisch in der Theorie und konstitutionslogisch in der Praxis denken. Das Wesen des (ästhetischen) Scheins aber wäre das Denken, Sprechen und Handeln als das Wesen von Philosophie, Kunst und Arbeit selbst, die allererst eine neue Gesellschaft innerhalb der alten konstituieren könnten (Gemeinschaften wie Assoziationen, Kommunen, Räte (BI's)). Solches Denken usw.

wie solche Gemeinschaften sind aber nur als ästhetische Urteile (Schreiben und Probieren) von gesamtgesellschaftlicher Dignität denkbar. Der Verweisungszusammenhang "zwischen ästhetischer und sozialer Synthesis" würde also tatsächlich nicht hinfällig, wenn der Zusammenhang von Schein und Utopie entmythologisiert wird. Der Schein ist dadurch nicht mehr utopisch und die Utopie kein bloßer Schein mehr, weil sie zu sich gekommen, also mit-sich-identisch geworden sind. Das setzt aber so etwas wie eine praktische oder Selbstaufklärung voraus, durch die Subjektivität und Gegenständlichkeit allererst hergestellt werden, ohne zu Subjekt und Objekt zu werden. Das heißt, es setzt ein Denken usw. des Objekts ebenso voraus wie ein unbewußtes Bewußtsein der Sexualität (Gefühle und Sinnlichkeit), durch das dieses Objekt denkt usw., also eine kommunikative Beziehung von bewußtlosem und unbewußtem Bewußtsein, durch die ästhetische Urteile (Schreiben und Probieren) erst praktisch möglich werden. Das heißt, was gebraucht und geschaffen werden muß, wären ein neuer Mensch und eine neue Natur.

Nach Wellmer hatte Adorno "die 'Negation objektiv verpflichtenden Sinns' als Inbegriff der emanzipatorischen Potentiale der modernen Kunst verstanden" (ebenda, S. 27). Traditionelle "Normen, Konventionen, Sinn-Synthesen und Lebensformen, in denen die Aufklärung ein unreflektiertes, unlegitimiertes und gewaltsames entdeckte", sollten von ihr in Frage gestellt werden. Bei Adorno wird "ein Typus der Einheit und des Sinnganzen fragwürdig, für den in der Epoche der großen bürgerlichen Kunst die Einheit des geschlossenen Werks ebenso stand wie die Einheit des individuellen Ich". "Die ästhetische Aufklärung entdeckt in der Einheit des traditionellen Werks wie in der Einheit des bürgerlichen Subjekts ein Gewaltsames, Unreflektiertes und Scheinhaftes; einen Typus der Einheit nämlich, der nur um den Preis einer Unterdrückung und Ausgrenzung von Disparatem, Nicht-Integrierbarem, Verschwiegenem und Verdrängtem möglich ist" (ebenda). So reklamiere Adorno "für die moderne Kunst ein Prinzip der Individuierung und der 'ansteigenden Durchbildung des je einzelnen'". "Mit der Hereinnahme des Nicht-Integrierten, Subjektlosen und Sinnlosen in der modernen Kunst (werde) ein um so höherer Grad zu flexibler und individueller Organisationsleistung notwendig" (ebenda). Nach Wellmer sind deshalb bei Adorno "die offenen Formen der modernen Kunst in Relation gesetzt zu einer Form der Subjektivität, die nicht mehr der rigiden Einheit des bürgerlichen Subjekts entspricht, sondern die die flexiblere Organisationsform einer 'kommunikativ verflüssigten' Ich-Identität aufweist" (ebenda, S. 28). Diesen Gedanken habe Adorno aber nicht weiter gedacht, weil er ihn für die Gesellschaft nicht gelten lassen wollte. Weil nach G. Schwab (63) die Aufklärung auch zur "Erweiterung von Subjektgrenzen" geführt habe, was Wellmer in Zusammenhang bringt "mit 'Subjektentgrenzungen' auch auf seiten der Rezeptionssubjekte", was Wellmer mit Schwabs Untersuchungen an V. Woolf, J. Joyce, S. Beckett und Th. Pyncheon belegt wissen will, wäre beim Leser "durch die reflexive Öffnung der literarischen Darstellungsformen ein spielerisches Hin und Her von Entdifferenzierung" und Differenzierung in Gang gesetzt, "das gleichsam einer realen Erweiterung von Subjektgrenzen zuarbeitet" (ebenda). Wellmer folgert daraus: "Dies ist das emanzipatorische Potential der Moderne: ein neuer Typus von 'Synthesis' wird absehbar - ästhetisch, psychologisch-moralisch und gesellschaftlich - bei dem das Diffuse, Nicht-Integrierte, das Sinnlose und Abgespaltene eingeholt würde in einen Raum gewaltloser Kommunikation - in den entgrenzten Formen der Kunst ebenso wie in den offenen Strukturen eines nicht mehr starren Individuations- und Vergesellschaftungstypus" (ebenda). Nach Wellmer aber kann ein solches Konzept "nur als Medium einer kommunikativen Vermittlung zwischen Subjekten, als Produziertes und Rezipiertes (Kunstwerk, d.V.) (...) zur Veränderung von Subjekt- und Vergesellschaftungsformen dienen" (ebenda). Das hieße aber im Idealfall, daß der Künster (bzw. der Philosoph und der Arbeitende) Produzent und Konsument zugleich ist, sich also selbst befriedigt. Wenn Individualisierung, wie sie Adorno proklamiert und Wellmer überbietet, ein Ziel haben sollte, ist es die Autarkie des Individuums selbst, die nicht nur auf der sexuellen Ebene, sondern auch gesellschaftlich und künstlerisch Selbstbefriedigung wäre. Solche Selbstbefriedigung aber ist tatsächlich eine Voraussetzung nicht nur für ein neues Verhältnis zwischen den Geschlechtern, sondern von Ich und Natur bzw. von Ich und Individuum selbst. Aber es ist nicht seine (Auf-)Lösung. Der Philosoph, der Künstler und der Arbeitende, der das, was er produziert, auch nur selbst anschaut, ist ein notwendiger Gegensatz zur alten und Durchgangspunkt zu einer neuen Gesellschaft, aber noch nicht diese selbst. Tatsächlich führt solche "Selbstbefriedigung" zu einer Erweiterung von Subjektgrenzen, wie sie Schwab nach Wellmer meint. Aber sie konstituiert nicht das neue Subjekt. Solche Selbstbefriedigung aber ist heute die Praxis des Geschlechtsverkehrs von Mann und Frau wie auch von alternativen Bewegungen, was sowohl die Arbeit (z.B. Landkommunen) als auch die Philosophie (s. z.B. Mary Daly) anbetrifft. Ihr entspricht auch Wellmers aus Adornos ästhetischer Theorie herausgelesene Alternative. In ihr kommuniziert das Subjekt nur mit sich selbst, auch wenn es mit anderen redet. Oder es überlegt, redet und imitiert das Handeln. Es ist nicht mehr Gott, sondern Jesus, das heißt latent homosexuell oder passiv. Da dieses Sein keine Kunst ist, bringt es (als Kompensation) die größten Künstler hervor. Homosexualität ist aber nur eine Scheinalternative zur herrschenden Gesellschaft oder der Schein von Vernunft.

Adorno habe nach Wellmer "in den großen Kunstwerken vor allem einen getreuen Spiegel zunehmenden Sinn- und Subjektzerfalls in der Wirklichkeit gesehen" (ebenda, S. 29), ähnlich wie Lukács. Wellmer kritisiert daran, daß Adorno nur dieses Moment gesehen habe, was er als den "Ausdruck einer philosophischen Vorentscheidung" sieht. Dagegen enthalte "die 'Bahn fortschreitender Negativität' der Kunst (...) (eine) anwachsende Kapazität zur ästhetischen Verarbeitung", das heißt, Wellmer unterscheidet "zwischen einer - in der Horizontalen der geschichtlichen Zeit zu denkenden - Zunahme des Sinn- und Subjektzerfalls in der Wirklichkeit einerseits und einer - auf die Vertikale der psychischen Organisation zu beziehenden - ästhetischen Aneignung subjekt- und sinnfremder Schichten der Erfahrung andererseits" (ebenda). Für Wellmer stellt diese zweite Dimension eine Erweiterung oder Alternative zu einer als einseitig bewerteten Interpretation der Kunst bei Adorno dar. Nun ist n. m. Ans. diese vertikale Subjekterweiterung in der psychischen Organisation aber selbst ein Produkt oder Zeichen des Subjekt- und Sinnzerfalls, wie ihn Adornos konstatiert. Dieser Verfall aber könnte auch als produktiver bewertet werden, weil das Subjekt sich des ihm anderen und das Bewußtsein sich seines unbewußten Bewußtseins gewiß werden. Adornos Vorentscheidung ist die für eine idealistische Heterosexualität und Einheit des bürgerlichen Individuums, das heißt, Adorno kann sich eine solche als materialistische anscheinend nicht denken. Die gewaltlos harmonisierende Kommunikation, die Wellmer vorschlägt, erschleicht sich aber nur einen objektiven Sinn und setzt eine scheinbare Subjektivität des Individuums, so wie Homosexualität nur erschlichene Vernunft ist und Selbstbefriedigung ein illusionäres Subjekt zur Voraussetzung hat. Adornos Ästhetik hält dagegen an der Möglichkeit von wirklichem Sinn und Subjektivität fest. Da diese als idealistische aber nicht mehr denkbar sind, wäre eine materialistische Ästhetik an der Zeit, die Sinn und Subjekt allererst - neu - konstituiert. Das ist aber nur praktisch möglich, und das heißt, daß Kunst (Philosophie und Arbeit) selbst praktisch werden müssen.

Wenn man/frau "der Kunst eine Funktion im Zusammenhang mit Formen nichtästhetischer Kommunikation bzw. einer realen Veränderung von Selbst- und Weltverhältnissen zuerkennt", wie Wellmer, und sich dadurch, "was Adorno 'ästhetische Synthesis' nannte, am Ende doch wieder sich verknüpfen läßt mit einer real gemeinten Utopie gewaltfreier Kommunikation", dann wäre dies eine Kommunikation, die von der jeweiligen Persönlichkeit abstrahiert bzw., anders gesagt, nur noch die sogenannte Persönlichkeit oder den Namen meint, das heißt eine Kommunikation, die zum Schein ein Subjekt voraussetzt, von der sie im wesentlichen aber gerade abstrahiert. Kommunikation würde dadurch tatsächlich zu bloß "symbolischer oder kommunikativer Handlung" (Jauß, ebenda), wie es heute tatsächlich der Fall ist: Die Leute reden heute nur noch zum Schein miteinander oder nur voneinander. Sie haben anscheinend Angst vor einer möglichen Subjektivität ihres unbewußten Bewußtseins, das mehr und mehr entgrenzt wurde. Das gilt insbesondere für Frauen in bezug auf Männer. Es ist dies aber gerade der Schein von Kommunikation, wie ihn Philosophie, Kunst und Arbeit heute an sich haben, der sich in Praxis umsetzen müßte.

Wellmer will "das Kunstwerk nicht mehr substantiell, sondern funktional auf 'Versöhnung' bezogen" (ebenda, S. 30) sehen, das heißt, er begreift es instrumentell. Damit ist nicht gesagt, daß Kunst zur Ware geworden ist - denn das war sie schon immer -, sondern daß sie zum Tand wird. Solcher Tand, zu dem die Kunst inzwischen geworden ist, bedarf allerdings nicht mehr "einer philosophischen Aufklärung, die ihr sagt, was es mit dem Schein des Schönen auf sich hat", denn solche Kunst ist nicht schön, sondern unschön. Solche Kunstwerke "wirken" deshalb mehr, als sie etwas sind, weil sie dem angeblich häßlichen Schein des unbewußten Bewußtseins, das sich in der Subjektentgrenzung zeigt, adäquat sind. Sie verweisen darauf. Sie "erfüllen ihre aufklärerische, ihre kognitive Funktion gerade nicht auf der Ebene eines philosophischen Wissens, sondern auf der Ebene von Selbst- und Weltverhältnissen, wo sie in einen komplexen Zusammenhang von Einstellungen, Gefühlen, Interpretationen und Wertungen eingreifen" (ebenda). Die Philosophie weiß nur, daß sie nichts weiß. Deshalb wirkt heute die Kunst auf das Verhältnis des Menschen zu sich selbst. Was aber daran erfahren wird, ist nur das, was bereits bekannt ist. Das hatte der Surrealismus gesehen und zu durchbrechen versucht. In seinem "Eingreifen erfüllt sich, was der Erkenntnischarakter der Kunst genannt werden kann", eine Erkenntnis, die "sich nicht in Worte fassen" läßt, weil "die Aufklärung des Bewußtseins, die in 'Worterkenntnis' gemeint ist, hier kognitive, affektive und moralisch-praktische Aspekte gleichermaßen einbegreift" (ebenda). Sie verändert allerhöchstens das Verhältnis des Subjekts zu sich oder zu seinem unbewußten Bewußtsein, nicht dieses selbst. Materialistische oder praktische Kunst wäre eine solche, die das Selbst-Denken, -Sprechen und -Handeln von diesen ermöglichen würde. Das heißt, es ginge um eine Selbsterkenntnis als Erkenntnis des Selbst, und nicht um eine Erkenntnis über das Selbst - um eine praktische statt bloß theoretische Aufklärung (64). Wenn Erkenntnis ein Resultat meint, "das einem Können nähersteht als einem Wissen, einer Fähigkeit zu sprechen, zu urteilen, zu empfinden oder wahrzunehmen näher(steht) als dem Resultat einer kognitiven Anstrengung", wie Wellmer (ebenda) schreibt, dann ist eine solche Erkenntnis eine regressive oder ein Zerfallsprodukt. Dieser ihr Zerfall ist aber nicht aufzuhalten oder die absolute Erkenntnis zu bewahren, wie es Adornos Anliegen zu sein scheint, sondern kognitiv produzierte Theorie in einen Primat kognitiver Praxis (65) zu überführen. Es geht also weder um ein Wissen, wie bei Adorno, noch um ein Können, wie bei Wellmer, sondern um Handeln. Das ließe sich aber nur unter materialistischen Gesichtspunkten dann realisieren, wenn aus dem Kunstwerk ein praktisches Werk würde.

Um Adornos Begriff der Kunstwahrheit zu dechiffrieren, geht Wellmer mit Koppe (66) "davon aus, daß von Kunstwahrheit nur geredet werden kann, wenn wir schon wissen, wie davon unabhängig von Wahrheit geredet werden kann". Dies bedeutet die Differenzierung in drei alltägliche Wahrheitsbegriffe: "Die Unterscheidung zwischen 'apophantischer Wahrheit, (endeetischer) Wahrheit (Wahrhaftigkeit) und moralisch-praktischer Wahrheit". Die Kunstwahrheit berühre als "ästhetische Geltung - das heißt ästhetische Stimmigkeit - sich" (ebenda, S. 30/31) mit diesen drei Wahrheitsbegriffen derart, "daß die 'Kunstwahrheit' - wenn überhaupt sich nur als ein Interferenzphänomen der verschiedenen Wahrheitsdimensionen wird retten lassen" (ebenda, S. 31). Nun sind alltägliche Wahrheitsbegriffe, wie sie im Anschluß an "Habermas' sprachpragmatische Differenzierung" (ebenda) von Koppe bzw. Wellmer entwickelt werden, lediglich Vorstellungen von Wahrheit. Nach Marx ist Wahrheit immer geschichtliche Wahrheit, das heißt an die Ideen, Worte und Taten der großen Männer der Geschichte und die dadurch gegebene transzendental-naturwüchsige Entwicklung des Kapitals, des Staates und der Produktivkräfte gebunden. Den dieser Geschichte und ihrer Wahrheit untergeordneten Menschen kann solche Wahrheit aber nur in den Formen sinnlicher Gewißheit (Hegel) gegeben sein - ebenso der Kunst, denn was ist das anderes als die von Wellmer genannte ästhetische Stimmigkeit? Sinnliche Gewißheit aber ist eine Wahrheit durch das Denken, Sprechen und Handeln durch das Objekt selbst, also eine Abhängigkeit des Bewußtseins vom Sinn, die ansonsten nicht erfahren wird, aber in der Kunst unmittelbar gegeben ist. In der Kunst - und das macht ihre Wahrheit aus - erfahre ich also jene Bestimmung, ohne selbst denken, sprechen und handeln zu müssen. Kunst verhält also zur Passivität, ihre Aufklärung bleibt theoretisch. Ebenso verhält die Geschichte den Menschen zur Passivität, ihre Aufklärung steht im Interesse der herrschenden Politik, Wissenschaft und Medien, das heißt, sie ist instrumentell. Daran ist der "alltägliche Wahrheitsbegriff" (ebenda) gewonnen, der ein technischer Begriff ist. Dagegen aber wäre ein absoluter Wahrheitsbegriff, wie ihn die Adornosche ästhetische Theorie vertritt, nicht mehr aufrechtzuerhalten, denn dieser setzt sowohl ein autonomes Subjekt und ein gegenständliches Objekt voraus, wie es heute nicht mehr so gegeben ist. Da auch die Begriffe zu Waren geworden sind, entspricht "wahr" der Ware oder die Wahrheit ist das, was der Warenform adäquat ist. Das heißt, Wahrheit selbst ist zu einer (projizierten) Vorstellung geworden. Wahrheit kann es deshalb nur noch als praktisch gedachte geben, was ein mit sich identisches Individuum ebenso voraussetzt wie eine an sich selbst zum Subjekt gewordene Gegenständlichkeit, das heiβt, sie setzt ein neues Verhältnis von Mensch und Natur voraus. Das heiβt, nur da, wo die Natur als Subjekt erfahren werden kann, gibt es auch der Bedingung der Möglichkeit nach so etwas wie eine Kunstwahrheit. Darum werden in Kunsthochschulen so gern Akte gezeichnet.

Wellmer meint, mit seiner "sprachpragmatischen Umformulierung" "der Kunstwahrheit als Interferenzphänomen verschiedener Wahrheitsdimensionen", der auch schon bei Adorno "in Gedanken einer Verschränkung des mimetisch-expressiven mit dem rationalen Moment im Kunstwerk ebenso wie in seiner Konstruktion des Zusammenhangs zwischen Wahrheit, Schein und Versöhnung" (ebenda) zum Ausdruck kommen würde, nämlich dem von ihm getroffenen Unterschied "zwischen einem 'funktionalen' und einem 'substantiellen' Bezug des Kunstwerks auf 'Versöhnung'", "den praktischen Charakter der ästhetischen Erkenntnis betont" (ebenda) zu haben. Das heiβt auch, Wellmer versteht unter Praxis eine (technische) Anwendung von Erkenntnis, wie sie im Pragmatismus ebenso vorformuliert ist wie z.B. im Marxismus einer idealistischen Interpretation der Marxschen Theorie (Kautsky, Lenin usw.). Insoweit die kritische Theorie der Frankfurter Schule eine Kritik letzterer ist, betrachtet sie ihre Gegenstände und sich selbst unter dem Aspekt der Aufhebbarkeit und nicht der bloβen Anwendung von Theorie auf Praxis. Solange Praxis nur ein Ausfluβ von Theorie ist, bleibt sie instrumentell. Dagegen hätte sie sich als Kritik der ihr vorgängigen Praxis zu verstehen, wodurch sie sich allererst konstituierte. Erst als solche mit sich identische Praxis wäre sie Handeln und damit ein Handeln nach Erkenntnissen. Das gilt auch für die Kunst und die an ihr gewonnene ästhetische Erkenntnis. Zwischen Erkenntnis und Handeln gibt es kein Mittel bzw. keine Vermittlung - ihr Übergang muβ unmittelbar sein, weil sonst entweder Theorie oder Praxis an Gehalt verlieren würden und nicht mehr wären, was sie sind bzw. sein wollen. Auf diesen Gehalt wäre zu hören ("Nur Positivisten können nicht zuhören", O. Negt). Ihm hat das Subjekt sich unterzuordnen, statt "über" ihm zu stehen. Nun soll nach Wellmer "der Versuch einer Entschlüsselung des im Kunstwerk verrätselten Wahrheitsgehalts (...) für Adorno nichts als der Versuch (sein), die sonst verlorene Wahrheit der Kunst durchs Aussprechen zu retten. Was hier jedoch durch begriffliche Artikulation gerettet wird, ist der polemisch-utopische Begriff der Kunst als solcher, ist der Versöhnungsbezug der Kunst als etwas Wiβbares: Es ist eine Wahrheit über die Kunst und nicht der Wahrheitsgehalt des je einzelnen Kunstwerks" (ebenda, S. 31/32). Adorno könne nämlich "die Aneignung der Kunstwahrheit nur denken im Sinne einer Transformation der ästhetischen Erfahrung in philosophische Einsicht", das heiβt, er denke "ästhetische Erkenntnis als philosophische Einsicht, die Wahrheit der Kunst als philosophische Wahrheit" (ebenda), weshalb Wellmer Adornos Ästhetik eine "apophantische Wahrheitsästhetik" nennt. Mir scheint, daβ Adornos Begriff einer Wahrheit der Kunst gleichwohl eine geheime positivistische imitatio wie eine materialistische Abbildlehre enthält, also hinter den eigenen Anspruch einer dialektischen Theorie der Wahrheit zurückfällt. Und zwar deshalb, weil diese selbst noch für eine positive Theorie und Praxis zu überschreiten wäre, wenn die utopische Dimension von Philosophie, Kunst und Arbeit nicht bloβe Illusion sein soll. Da aber Adorno wie die kritische Theorie der Frankfurter Schule insgesamt keine Praxis angeben konnte, die zu einer neuen Gesellschaft führen könnte, bleibt ihnen nur der "Rückzug ins philosophische Seminar"

(H. J. Krahl). Was ihr fehlte, war das revolutionäre Subjekt. Ihr revolutionäres Subjekt aber ist die Frau (s. W.N., Das Primat kognitiver Praxis, Frankfurt/Main 1990).

In Wellmers sprachpragmatischer Deutung der Kunstwahrheit als Interferenzphänomen der verschiedenen Wahrheitsdimensionen tritt "zwischen die beiden - bei Adorno dialektisch zusammenfallenden - Pole des Wahrheitsbezugs der Kunst (dem Wahrheitsgehalt der Kunstwerke und ihrem Bezug auf Versöhnung, d.Verf.) das rezipierende Subjekt als Instanz der Vermittlung" (ebenda, S. 32). Bei der Kunstwahrheit soll es sich dabei eher "um ein Wahrheitspotential der Kunstwerke (...) handeln (...) als um Wahrheit im wirklichen Sinne: Der Wahrheitsgehalt der Kunstwerke wäre dann der Inbegriff ihrer potentiellen wahrheitsrelevanten Wirkungen oder ihr wahrheitserschließendes Potential". Das heißt, in Wellmers Konzeption ist das Subjekt weder der Kunstwahrheit bzw. Theorie und Praxis unterworfen noch steht es über ihnen, sondern es wird zu ihrem Mittel oder Medium. Damit wird jede Kunstwahrheit und jede Theorie bzw. Praxis beliebig: anything goes. Es gäbe so viele Wahrheiten, Interpretationen und Handlungen, wie es unterschiedliche Menschen gibt. Solcher Pluralismus aber wäre Schein, denn die Vorstellungen von Kunstproduktion und -rezeption sind durch die Präformation der Sinne des in der bürgerlichen Gesellschaft lebenden und arbeitenden Subjekts vergesellschaftet und zeigen eine einheitliche Struktur, die im Gegensatz zum (ästhetischen) Genuß eher (manipulativer) Konsum genannt werden muß. Das heißt, die Kunstwahrheit (wie Theorie und Praxis) würde nur noch konsumiert. Wahrheitsrelevante Wirkungen und ein wahrheitserschließendes Potential hätte nur eine Kunst, die diesem Konsumverhalten gerecht würde, oder es funktioniert nur unter diesem Gesichtspunkt. Das gilt für einen Andy Warhol ebenso wie für das industrielle Design usw., was Wellmers Konzept hier bewußtlos reflektiert. Ich gehe dabei davon aus, daß ein Subjekt nur noch als Konsument, nicht aber mehr als Produzent und mit Einschränkungen auch nicht mehr als Begriff denkbar ist. Oder es gibt nur noch den Begriff des Subjekts, ohne daß ihm eine gegenständliche Wahrheit entspräche. Ist aber das Subjekt nur noch bloßer Begriff, wird der Wahrheitsgehalt (und die Versöhnung) von Kunst fiktiv oder immateriell (s. Lyotard). Kunst würde für nichts produziert und auch nicht mehr rezipiert, sondern bloß noch gesamtgesellschaftlich hingenommen und unter repressiven Gesichtspunkten toleriert (s. den Begriff der repressiven Toleranz bei H. Marcuse (67)). Wenn aber das Subjekt eine Vermittlungsinstanz einnehmen soll, bleibt nach Wellmer eines unbefriedigend, "solange nicht das an den ästhetischen Produktionen benannt werden kann, was sie zu Trägern von Wahrheitspotentialen macht. Es müßte, mit anderen Worten, noch der Zusammenhang zwischen ästhetischer Geltung (Stimmigkeit) und Kunstwahrheit erklärt werden". "Da von Kant bis Adorno noch kein Philosoph den verwickelten Zusammenhang von Schönheit und Wahrheit hat aufklären können", ständen nach Wellmer die Aussichten für eine Lösung dieses Problems nicht sehr günstig. Daß etwas schön und etwas anderes häßlich, oder für den einen dasselbe schön, für einen anderen aber häßlich ist, kann je wahr sein. Daß nur das Schöne wahr sein soll, kommt also nicht der Wahrheit zu, sondern dem Schönen, die Anpassung des Begriffs an seinen Gegenstand, wie es die Tradition der abendländischen Philosophie ist, was aber Ideologie ist (H. J. Krahl). Der Schönheit kommt Wahrheit nur dann zu, wenn sie die bestimmende Form eines von ihr auch okkupierten Inhalts ist - so wie der Tauschwert den Gebrauchswert besetzt und das Produkt zur Ware dupliziert. Die Warenform erweist sich heute als die Form der Wahrheit, soweit sie theoretisch ist. Eine andere Wahrheit aber ist bis Marx nicht denkbar gewesen. Erst der historische und dialektische Materialismus kennt auch eine praktische Wahrheit oder eine Wahrheit, die sich allererst durch Praxis konstituiert. Schön ist demnach etwas dadurch, was es (dazu) macht. Hier paßt sich die Sache ihrem Begriff an und wird dadurch erst wahr. Damit Kunst schön (und wahr) ist, müßte sie selbst praktisch-kritisch tätig werden, das heißt, sie müßte selbst sprechende (schreibende, malende, musizierende, bauende usw.) Kunst werden.

Nach Wellmer gäbe es "etwas an der Kunst, das uns dazu verführt, die Kunstwerke selbst - oder doch viele Kunstwerke - als Träger von Wahrheitsansprüchen aufzufassen; und diese Wahrheitsansprüche von Kunstwerken hängen zusammen mit ihrem ästhetischen Geltungsanspruch" (ebenda, S. 32/33). Wo aber heute, die Konsumgesellschaft vorausgesetzt, selbst schon die Reklame und die ästhetische Aura der Ware verführt, wird eine gegenständliche Wahrheit äußerst problematisch. Vielmehr ist davon auszugehen, daß die Gebrauchswerte selbst zu Tauschwerten und der Tauschwert selbst zum Gebrauchswert geworden ist, das heißt, daß eine Verkehrung an der Basis der bürgerlichen Gesellschaft stattgefunden hat, mit der diese in ein nach-bürgerliches Stadium eingetreten ist, weshalb in der Folge dieser Umkehrung Kunst einen Wahrheitsanspruch eher zugesprochen bekommt, als daß sie ihn selbst (noch) enthält. Das heißt aber, es geht also nicht mehr um einen ästhetischen Geltungsanspruch von Kunstwerken, sondern um die Genesis, also die Entstehung von ästhetischen Ansprüchen. Wahrheit kommt Kunstwerken also nicht mehr qua ihrer Geltung zu, sondern durch die Art und Weise ihrer Entstehung. Je schöner diese ist, desto mehr kommt Kunstwerken eine Wahrheit zu. Kunstwerke z.B., die nur aus Gründen des kommerziellen Erfolgs produziert werden, also nicht oder weniger.

Nach Wellmer ist es die Idee, "daß Kunst in ausgezeichneter Weise Wirklichkeit 'aufdeckt', 'sichtbar macht' oder 'zeigt'" (ebenda, S. 33). Wirkliches könne nur gezeigt, nicht gesagt werden. "Was sich zeigt, (kann) im Fall der Kunst nur im Zeigenden (das heißt im Kunstwerk) sich (so) zeigen (das heißt sinnlich präsent werden) (...), nicht aber als unmittelbar sich zeigende Wirklichkeit. Was im Kunstwerk sich zeigt, muß daher als Sich-Zeigendes erkannt werden aufgrund einer Vertrautheit mit ihm, die nicht den Charakter des Anschaulich-Offenbaren hatte (...). Wir können das 'Wesen', das zur 'Erscheinung' kommt, in der Erscheinung nur erkennen, wenn wir es als nicht-erscheinendes schon kennen" (ebenda). Tatsächlich kennen wir das Wesen, weil dieses immer das schon Gewesene ist, das bloß unbewußt oder verdrängt wurde (zumindest ein Wesen, das wir selbst produziert oder vermittelt, also selbst gedacht, ausgesprochen oder nach dem wir gehandelt oder das wir genossen haben). Insofern scheint Wellmers Argumentation richtig. Nun zeigt Kunst aber nicht nur Wirkliches und das Wirkliche zeigt sich in Kunstwerken nicht unmittelbar, aber diese sind auch an sich selbst eine Wirklichkeit, die sie nicht nur darstellen, sondern ausmachen. Und ich er-kenne in Kunstwerken nicht nur das, was ich kenne, sondern ich sehe, höre usw. in Kunstwerken auch Unbekanntes (Ungesehenes, Ungehörtes usw.). Wenn dem nicht so wäre, wären Kunstproduzent und -rezipient, die Wirklichkeit, die Kunst zeigt, und die Wirklichkeit, die ich kenne, dasselbe, das heißt, wir lebten tatsächlich in einer ein-dimensionalen Gesellschaft (s. H. Marcuse, Der eindimensionale Mensch, ebenda). Kunst wäre darin langweilig, allerhöchstens eine typische, gestanzte Kunst, die dem Schemata der Kunstindustrie und -käufer gehorchte. Was Wellmer also nicht erklären kann, ist die Wahrheit, die in der Kunst oder dem Kunstwerk als einer Wirklichkeit selbst enthalten ist und wie das Wesen dieser Kunst erscheint, wenn dieses Wesen nicht bekannt ist. Es ist unter diesen Gesichtspunkten auch falsch, daß Wirkliches nur gezeigt und nicht gesagt werden kann: Sprache ist selbst eine Wirklichkeit und nicht nur, wie Wellmer anscheinend meint, ein Mittel, um Wirkliches darzustellen. Das gleiche gilt für das Schreiben, Malen, Musizieren usw.

Mit dem Erscheinen des Wesens ließe sich nach Wellmer "zwar nicht der Zusammenhang zwischen ästhetischer Geltung und Wahrheit, wohl aber der zwischen ästhetischer Geltung und der wirklichkeitsaufschließenden Kraft des Schönen verdeutlichen" (ebenda). Letzteres sei gegeben, wenn "ein ästhetisches Gebilde mehr oder weniger treffend, mehr oder weniger treu, mehr oder weniger 'authentisch' zur Erscheinung bringt, was in ihm erscheint" (ebenda, S. 33/34). Die Frage, ob "Wirklichkeit angemessen zur Erscheinung kommt", ist für Wellmer anscheinend ein Kriterium der Schönheit eines Kunstwerks. Dann müßte aber die Wirklichkeit selbst schön sein. Da es nach meiner Ansicht keine Wirklichkeit bzw. wirkliche Menschen und eine wirkliche Natur mehr gibt, eine wirkliche Gesellschaft und ein wirkliches Bewußtsein erst hergestellt werden müßten, Wirklichkeit also das Nichts ist, aus dem sie allererst entstehen kann, wäre schöne Kunst eine utopische Kunst. Oder es gäbe nur unschöne Kunst, eine Kunst, die nur deshalb die Wahrheit sagt, weil die Wahrheit unschön ist. Die Wahrheit ist (nach Hegel) das Ganze, aber das ist (nach Adorno) gerade das Unwahre. Für das Subjekt als Vermittler heißt das, daß es in ein bewußtes und ein unbewußtes Bewußtsein schizophren gespalten ist, ohne daß es aus solchem unglücklichen Bewußtsein einen anderen Ausweg gäbe als den Konsum, der dieses mit scheinbarem Glück kompensiert. Die heutige Alternative, selbst Kunstwerke zu schaffen (Produktion), ist keine, weil sie den Verlust an Bewußtheit nur aufschiebt. Vielmehr wären die Bedingungen der Wirklichkeit zu bestimmen, nach denen das unbewußte Bewußtsein selbst denkt, spricht und handelt bzw., was die Kunst anbetrifft, selbst schreibt, malt, musiziert usw. Das heißt, nicht mehr ist, wie es sich Marx vorstellte, mit Bewußtsein Geschichte zu machen, sondern das unbewußte Bewußtsein muß die Geschichte verändern und eine neue Geschichte schreiben. Das reflektiert, daß es nach Wellmer keine rationalen Urteile mehr gibt, wenn er meint, daß, "wenn die intuitiven Urteile kontrovers sind, (...) entsprechende (ästhetische) Diskurse unendlich sein (mögen)" (ebenda, S. 34). Wellmer steht dabei auf dem Standpunkt eines Bewußtseins, das ein unbewußtes Bewußtsein intuitiv zwar zuläßt, ihm aber jede eigene Rationalität abspricht, geschweige denn ihm einen wirklichkeitskonstitutiven Sinn zuspricht.

In ästhetischen Diskursen geht es nach Wellmer "um das richtige Verstehen, das richtige Wahrnehmen der ästhetischen Erscheinung" (ebenda), was auf die ästhetische Erfahrung zurückverweist: "Das Ästhetische (Stimmen) muß - in letzter Instanz - wahrgenommen werden; und soweit das ästhetische Stimmen mit dem sich Zeigen von Wirklichkeit etwas zu tun hat, muß auch das Kunstwerk als im Zeigenden sich zeigende Wirklichkeit wahrgenommen, die Wirklichkeit als sich zeigende erkannt werden (...)". "Das diffus schon immer Vorhandene, Vor- und Unterbewußte tritt zusammen zur Erscheinung eines Bildes und wird damit gleichsam 'greifbar' - ein Wort, das ethymologisch bekanntlich auf 'begreifbar' deutet. Oder, was dasselbe ist: Die unbegriffene Erfahrung wird aufgehellt, indem sie zu einer Erfahrung zweiter Ordnung sich kondensiert; die Erfahrung wird erfahrbar" (ebenda). Erfahren wird dann aber nichts mehr. Erfahren wird nur das Erfahren, nicht das Erfahrene. Das kommt bei einer als formaler Logik verstandenen ästhetischen Theorie heraus, die es also nicht mehr mit Inhalten zu tun hat, die von Kant bis Hegel ja auch tatsächlich in den Abgrund gestoßen wurden und als nichtig galten (me on). Das heißt, daß ästhetische Erfahrung auch etwas mit Arbeit zu tun haben könnte, also mit einem Fluch des Materiellen behaftet sein könnte, kommt diesen Denkern nicht in den Sinn. Gegen eine solche Fortsetzung idealistischer Momente bei Wellmer hätte Adorno sich zu Recht gewehrt. Das "So ist es" ist bei ihm noch (oder allererst) inhaltlich gemeint, das heißt, diese Geste sagt etwas über den gesellschaftlichen Zustand aus. Davon abstrahiert der ästhetische Diskurs, der es nur mit Zeichen (Intuitionen, Symbolen, "Stimmen" usw.) zu tun hat, die er vom unbewußten Bewußtsein zuläßt, weshalb eine Erfahrung der Erfahrung eine gegenüber wirklicher Erfahrung verselbständigte ist. Es gibt keine Erfahrung mehr. Das reflektiert Wellmer bewußtlos. Erfahrbar ist ihm nur noch die Form der Erfahrung, nicht mehr ihr Inhalt. Deshalb werden Bilder (oder Kunstwerke) bei ihm "begreifbar", was ein Begreifen des Vor- und Unterbewußten sein soll. Er hält sich damit an den Königsweg der Psychoanalyse, daß aus Es Ich werden oder das Unbewußte bewußt werden soll, was dasselbe ist wie Hegels, daß das Wesen erscheinen muß oder das Fürunssein des Kantischen Dings an sich, also Idealismus. Richtig verweist Wellmer deshalb auch auf Platon:

Er habe bisher "gewissermaßen ein platonisches Modell benutzt, in dem das 'Bekanntsein-mit' vor dem 'Wiedererkennen' einen gleichsam ontologischen Vorrang hat" (ebenda). Nun ist es aber nicht ausgeschlossen, sondern eher wahrscheinlich, daß das, was ich bei mir oder bei einem anderen erkenne, nichts ist, mit dem ich bereits bekannt bin. Das gleiche gilt für die Erkenntnis der Natur und des Bewußtseins, das als unbewußtes bekanntlich selbständig arbeitet. Nun soll nach Wellmer auch die Kunst die Erfahrung des Bekannten verändern, "so daß es erst nachträglich zum Wiedererkannten wird", das heißt, "die Kunst deckt nicht nur Wirkliches auf, sondern öffnet auch die Augen. Dies Öffnen der Augen (und der Ohren), die Veränderung der Wahrnehmung, ist die Heilung einer partiellen Blindheit (und Taubheit), einer Unfähigkeit, Wirklichkeit so wahrzunehmen und zu erfahren, wie wir sie vermittels der ästhetischen Erfahrung zu erfahren und wahrzunehmen lernen" (ebenda). Durch die ästhetische Erfahrung werde die Wahrnehmung verändert. Die Frage ist, was hier mit (einer erlernbaren) ästhetischen Erfahrung gemeint ist. Sicher, wenn ich mir als Mann einen Porno ansehe, sehe ich Frauen nur noch in ihrer Nacktheit (und als Objekt meiner Begierde). Er kann mir die Augen öffnen und dadurch meine (subjektive) Wahrnehmung verändern. Ob ich damit etwas wiedererkenne, bleibt offen. Was ich aber dabei erkenne, sind nur meine Vorstellungen von einer Frau, nicht diese selbst, oder wie sie wirklich ist. Das heißt, durch die ästhetische Erfahrung nehme ich die Dinge nicht so wahr, wie sie sind. Und zwar, kann hinzugefügt werden, weil sie die Dinge nicht so läßt, wie sie sind, sondern sich als (von Hegel an Kant kritisiertes) Mittel zwischen Subjekt und Objekt schiebt. Eine Heilung der Blindheit (usw.) der Sinne, die durch ein Mittel nur um den Preis einer halben Wahrheit gelingt, wäre nur durch ihre wirkliche, das heißt praktische, Emanzipation möglich, weshalb Marx unter idealistischen Voraussetzungen der Annahme eines Bildens der Sinne durch die Weltgeschichte von einem notwendigen "Theoretischwerden der Sinne" spricht. Denkbar ist so etwas nur im Sinne einer Wahrnehmung durch die unbewußte Sexualität, Gefühle, Sinnlichkeit und Lust hindurch; erst dadurch, daß diese selbst denken, sprechen, handeln und genießen. Erst dann würden die Sinne Wirklichkeit als Wirklichkeit wahrnehmen oder Wirkliches wahrnehmen.

Nach Wellmer beruhe "die Versuchung, den Wahrheitsbegriff ästhetisch zu erweitern, auf der wirklichkeitsaufschließenden Kraft des Schönen. Diese manifestiert sich in den wahrheitsrelevanten Wirkungen der Kunst; zugleich konfrontiert sie uns als ästhetischer Geltungsanspruch" (ebenda, S. 35). Kunst könnte demnach nur schön sein, oder sie wäre keine bzw. sie wäre sonst keine wahre Kunst. Und nur das soll nach Wellmer gelten. Was aber heute (für die Kunst) gilt, ist das Geld. Es ist das sinnlich glänzende Metall, das als schön gilt und als solches die Sinne (und das Empfinden des Schönen) präformiert. Nur das Geld bzw. seine Aura hat heute die Kraft, uns die Wirklichkeit aufzuschließen. Deshalb ist heute wahre Kunst nur Kunst, die viel Geld wert ist. Kunst, die mehr sein wollte als eine Ware, darf deshalb nicht mehr schöne Kunst sein. Sie darf deshalb auch keine Wirklichkeit darstellen und keine ästhetische Wahrheit haben. Ja, sie darf noch nicht einmal als ästhetisch gelten. Nur in einem idealistischen Verständnis von Kunst entspricht, was Wellmer unterstellt, "dem Wahrheitspotential der Kunstwerke ein Wahrheitsanspruch (...), der von einem ästhetischen Geltungsanspruch nicht zu trennen ist" (ebenda). Es ist dies offenbar ein klassisches oder an der Klassik orientiertes Verständnis der Kunst als göttlicher. Gott aber ist das Geld geworden, aus dem er logisch gesehen hervorgegangen ist (s. W.N., Denken und Sein, Essen 1990). Solche Kunst aber ist nicht weiter begreifbar, oder sie sagt nur selbst, was sie ist und daß sie (Kunst) ist. Deshalb tritt bei Adorno an ihre Stelle Philosophie. Nun will Wellmer mit M. Seel (68) "den Zusammenhang zwischen ästhetischem Geltungsanspruch und Wahrheitsanspruch von der Struktur des ästhetischen Diskurses her zu fassen versuchen: Im ästhetischen Diskurs wird mit der Frage der ästhetischen Stimmigkeit zugleich die Frage der 'Authentizität' der 'Darstellung' verhandelt" (ebenda). Der Witz an der Sache aber ist, daß, wenn einem solchen ästhetischen Diskurs Wahrheit zukommen soll, die Kunst, über die er geführt wird, eine realistische Kunst im Sinne z.B. des sogenannten sozialistischen Realismus oder einer gegenständlichen Kunst sein müßte, denen philosophisch Widerspiegelungstheorie und Positivismus (imitatio) entsprechen. Diskurse streichen dialektische Vermittlungen durch, ohne etwas anderes an ihre Stelle zu setzen als die Begriffe, die vorher unbewußt vorhanden waren. Da Begriffe heute herrschen (s. W.N., Die Antiquiertheit der Moderne, ebenda, und Selbstaufklärung und Lust heute, Buch I, ebenda), sind sie eine Art und Weise, diese bewußt zu machen, ohne sie allerdings selbstkritisch aufheben zu können. Solche Diskurse sollen nach Wellmer "die Vermittlungsinstanz zwischen der apophantischen Metaphorik (...) und Fragen der ästhetischen Stimmigkeit (sein)" (ebenda). Tatsächlich sind Begriffe (heute) das Mittel oder der Vermittler von Sein und Bewußtsein und als solche eine quasi dritte Natur. Ihre Wahrheit ist allerhöchstens metatheoretisch begründbar, was unter materialistischen Aspekten auf eine letztinstanzliche Basis der Gesellschaft unterhalb der Kategorien der Kritik der politischen Ökonomie in den Lebens- und Liebes- (bzw. Glücks-)Verhältnissen verweist, die solche des Bewußtseinscharakters sind. Dasselbe meint anscheinend auch Wellmer, wenn er davon spricht, daß "Wahrheitspotential und Wahrheitsanspruch der Kunst (...) sich somit beide nur erklären (lassen) unter Rekurs auf die komplexe Interdependenz der verschiedenen Wahrheitsdimensionen in der lebensgeschichtlichen Erfahrung bzw. bei der Bildung und Veränderung von Einstellungen, Wahrnehmungsweisen und Interpretationen" (ebenda). Das aber sind Verhältnisse der Gesellschaft und des Bewußtseins, also zwischen Mann und Frau bzw. zwischen Bewußtsein und unbewußtem Bewußtsein. Deshalb muß Geschichte als Lebensgeschichte geschrieben und rationell verstanden werden.

Wahrheit kommt der Kunst also nur auf einer Metaebene zu, oder "Wahrheit läßt sich daher der Kunst nur metaphorisch zuschreiben" (ebenda), also in einer Aussage über sie. Sie selbst soll nicht mehr wahr sein können. Das Kunstwerk enthält nur ein Wahrheitspotential und so weit dies als ästhetisch (schön) gilt, kann über sie wahr gesprochen werden. Das Kunstwerk selbst spricht nicht, und es wirkt nur, wenn es meine Sinne affiziert, an denen sich mein Diskurs oder meine Begriffe bilden. Da dieser Prozeß aber bewußtlos und naturwüchsig verläuft, kann für jedes Subjekt das Kunstwerk etwas anderes zeigen und sichtbar-machen bzw. über es etwas anderes sagen und zum-Ausdruck-bringen. Die Wirklichkeit in der Kunst erscheint deshalb auch in einer Betroffenheit, wobei nicht sicher ist, ob sie vom Subjekt auch getroffen wurde, das heißt, ob es sie erfahren hat. Wellmers mühelose Verbindung zwischen der "Metaphorik des 'Zeigens' und 'Sichtbarmachens' (...) mit der des 'Sagens' und 'Zum-Ausdruck-Bringens'" (ebenda) läßt sich nämlich nur auf einer subjektiven Aneignungsebene von Kunst herstellen, die heute selbst als Kunst gilt (der Kunstkritiker usw.). Es ist dies der Schein, der mir erscheint, nicht der Schein, der sich als Schein weiß (das Wesen): "Als redende, ausdrucksvolle bringt die Kunst diffus Erfahrenes zur Präsenz einer sinnlichen Erscheinung; als sichtbarmachende wird sie beredt, ausdrucksvoll" (ebenda, S. 36). Das betrifft aber nur die expressionistische Kunst, nicht z. B. abstrakte und surrealistische Kunstwerke. Diese reden nicht, sondern zerreden - sie zeigen keine Wirklichkeit, über die zu reden wäre, sondern sind an sich selbst eine (neue) Wirklichkeit, die nur dann etwas sagt, wenn das Subjekt über sich spricht, das heißt, wenn mein gesellschaftliches Wesen spricht. Nicht das Kunstwerk, sondern das Subjekt enthält etwas Immanent-Utopisches, sonst ist Kunst nur l'art pour l'art oder schlichtweg schön. Kunst, die nicht zur Praxis der Veränderung von Ich und Gesellschaft führt, ist antiquiert und dient nur dem Bestehenden. Das Wahrhafte an Kunst zeigt sich deshalb auch nicht daran, ob der Künstler wahrhaftig wahr war, und zwar, wie Wellmer meint, "an der Authentizität des Gebildes" (ebenda). Seine Wahrheit soll auf der Hand liegen, sinnlich, nicht bloß metaphorisch, erfahrbar werden können. Dann dürfte Kunst nur ein Subjekt der Sinne sein, ihre Wahrheit eine sinnlicher Gewißheit (Hegel). Das heißt aber, daß nur der Künstler etwas sagt, der durch sein Objekt denkt, spricht und handelt, wobei es gleichgültig ist, ob dieses Objekt ein Stein, ein Mensch oder eine Idee ist. Nur dadurch sind ein Künstler und ein Kunstwerk wahrhaftig. Deshalb sind Wahrheit und Wahrhaftigkeit nicht im Sinne eines "pragmatisch differenzierten alltäglichen Wahrheitsbegriffs" (ebenda) gegeben, wie Wellmer mit Habermas und Koppe meint, sondern nur durch ein an der Basis der Gesellschaft praktisches Verhalten des Menschen zu sich und anderen Menschen sowie zur Natur. Das Kunstwerk muß nichts bedeuten, also ein "symbolisches Ge-

Anders Denken

Philosophie bei Materialis

„Es gibt im Leben Augenblicke,
da die Frage, ob man anders denken kann,
als man denkt,
und anders wahrnehmen kann,
als man sieht,
zum Weiterschauen und Weiterdenken
unentbehrlich ist."

Michel Foucault

Michel Foucault
Freiheit und Selbstsorge
Interview 1984 und Vorlesung 1982 eingeleitet von Helmut Becker und Lothar Wolfstetter
84 S. A 5, 17,80 DM ISBN 3-88535-102-1

»Der Kreis der Argumentation Foucaults schließt sich nun jetzt erstmals. Und angesichts seines Todes bekommt seine neue Theorie der Subjektivität so etwas wie den Charakter eines Vermächtnisses.

Foucault rekonstruiert aktualisierend die antike Ethik — Plato / Sokrates, die Stoa, den Neuplatonismus — unter dem von ihm zur zentralen Kategorie erhobenen Begriff der Selbstsorge (Epimeleia heautou, cura sui, Souci de soi). Er wendet sich damit gegen die primär erkenntnistheoretische Auffassung (Descartes usf.) der Philosophie, wie sie immer noch vorherrscht, und wertet stattdessen wieder Philosophie als Praxis des Lebens und als Praxis der Freiheit auf. Zugleich wendet er sich gegen die christlich-kirchliche Konzeption des Selbstverzichts, die nach seiner Ansicht zum okzidentalen Primat der Objektivität entscheidend beigetragen hat.

Die Ethik der Selbstsorge ist für Foucault aber auch der selbst praktizierte Modus und der Maßstab, um einen Paradigmenwechsel vorzunehmen: nicht mehr die objektive Logik der Gesellschaft steht im Mittelpunkt, sondern die Logik des Subjekts und seiner Beziehungen. Objektive und subjektive Logik werden von ihm in zwei getrennte Betrachtungsweisen geschieden und nicht mehr unter dem Primat des Objekts ineinsgesetzt, wie etwa im Marxismus.

Die einzelnen Individuen, die von den Individualisierungsstrategien der neuzeitlich-okzidentalen, institutionellen Diskurse und Dispositive als Masenphänomen mit hervorgebracht wurden, können sich nun aktual den Ort verschaffen und die Zeit nehmen, sich als Subjekt zu konstituieren, indem sie die Maximen des Sokrates aufnehmen: »Kümmere Dich um Dich selbst!«, »Erkenne Dich selbst!« und »Kümmere dich um Dich selbst vermittels der Sorge um die Wahrheit!« Sie können diese Maximen in Lebenspraxis umsetzen.

Die von Foucault durch verschiedene Transformationen hindurch vorangetriebene Aktualisierung der platonisch-stoischen Selbstpraxis gibt so eine reflektierte Form ab, die eine Freiheitspraxis des Subjekts begründet. Diese ist in sich selbst politisch, indem Frei-Sein bedeutet, kein Sklave zu sein — weder Sklave von anderen, noch von sich selbst und seinem Begehren. Die richtige Bemeisterung seiner selbst ist dabei die Grundlage, sich richtig um die anderen zu kümmern. Die Beziehungen und das richtige Verhalten in ihnen rückt so für Foucault in den Mittelpunkt, während die Frage der richtigen gesellschaftlichen Verhältnisse zurücktritt.« (L.W.)

Pressestimmen, Rezensionen und Zitationen zu: Michel Foucault, Freiheit und Selbstsorge

„Wieviel Aufmerksamkeit Foucault gerade den traditionell ‚subjektiv' genannten Beziehungen zuwandte, das macht eine kleine Veröffentlichung deutlich. Es handelt sich um ein Interview mit Michel Foucault vom 20. Januar 1984 und um Auszüge aus einem Vorlesungsmitschnitt aus dem Jahre 1982. Die Vorlesung hieß Hermeneutik des Subjekts."
Arno Widmann, in: **taz**, 13.2.86

„In den letzten Jahren setzte Foucault bereits zu einer Neuexplikation seiner Machtkonzeption an. . . . aus Interviews und veröffentlichten Vorlesungsauszügen läßt sich immerhin eine gemeinsame Stoßrichtung dieser Arbeit erkennen. (Vgl. insbes. . . . sowie das Interview mit Helmut Becker u.a., „Freiheit und Selbstsorge", Materialis Verlag Frankfurt 1985)."
Hermann Kocyba, Hermeneutik des Begehrens, in: **taz**, 15.4.86

Materialis Verlag · Rendeler Str. 9-11 · D-6000 Frankfurt 60
Tel.: (069) 45 08 82

Pressestimmen, Rezensionen und Zitationen zu: Michel Foucault, Freiheit und Selbstsorge

„Die sorgfältige und ausführliche Nachzeichnung der antiken Stilmittel der Existenz hatte den irrigen Eindruck entstehen lassen, hiermit sei im Denken Foucaults eine Wende vollzogen, die zu einer Reinthronisierung des Subjekts führe. Unterstützt durch mißverständliche Interviewäußerungen wurde auch der Versuch einer posthumen Wiedereingemeindung in die Subjektphilosophie unternommen."
Jutta Georg, in: **Pflasterstrand** Nr. 233, 5.-18.4.86

„Sehr geehrter Herr Becker,
nach der Lektüre des Buches „Freiheit und Selbstsorge" möchte ich Ihnen meine Anerkennung für die Herausgabe aussprechen. Meines Erachtens kann es viel zum genaueren Verständnis Foucaults beitragen."
Brief von **Walter Seitter** vom 20.4.1986

„Michel Foucault hat ja ... eine Ethik des souci de soi entwickelt, also eine Ethik der Selbstsorge. Er meint: das ist die antike ... Art, Ethik zu sein, nämlich daß man das Problem in der jeweils individuellen Realisierung des guten Lebens oder in der Verwirklichung des authentischen Lebens im Sinne eines schönen Lebensstils sieht. Nun ist das gewiß ein Problem, das m.E. auch heute besteht ... Aber auf der anderen Seite würde ich meinen, es wäre eine Katastrophe ..., wenn man dies ... heute realisieren wollte ohne Rücksicht auf die universalen Prinzipien der Moralität, die zuerst durch Kant entwickelt worden sind. Foucault sagt genau das Gegenteil. Foucault sagt, es wäre eine Katastrophe, wenn man heute ... universale Moralprinzipien geltend machen wollte. Ich kann das gar nicht verstehen."
Karl-Otto Apel, Rekonstruktion der Vernunft durch Transformation der Transzendentalphilosophie, in: **Concordia,** 10, 1986

„Die ‚Bewegung des Eros', von der Foucault spricht und die eine Bewegung der Askese (im doppelten Sinne des Wortes) ist, zielt hin auf die Wahrheit und verschafft sich Zugang zu ihr durch eine ‚Praxis der Spiritualität'. (Foucault, Freiheit und Selbstsorge, S. 34) Das Subjekt, dem der Eros zugehört, muß sich nun fähig erweisen, seinen Eros zu transformieren in eine Bewegung hin zur wahren Schönheit."
Wilhelm Schmid, Die Geburt der Philosophie im Garten der Lüste: Michel Foucaults Archäologie des platonischen Eros, erscheint 1987 bei Athenäum, Frankfurt, S. 86 im Ms.)

„Philosophie wollte er nicht mehr mit der Frage betreiben, was wahr oder falsch, sondern mit der Frage: ‚Was macht es, daß es Wahres gibt?' (Foucault, Freiheit und Selbstsorge, S. 34) Keineswegs läuft dies darauf hinaus, die Beziehung zur Wahrheit zu verwerfen, sondern sie anders zu verstehen und zu nutzen." (A.a.O., S. 125)

„Die Anzeichen einer schweren Erkrankung waren unübersehbar, und Foucault ahnte wohl seinen Tod, davon zeugen jedenfalls einige Texte und Gespräche, die zugänglich sind in den Sammelbänden „Von der Freundschaft als Lebensweise" und „Freiheit und Selbstsorge"."
Wilhelm Schmid, Foucault der Fuchs: aus dem Leben eines Philosophen, in: **Süddeutsche Zeitung**, Feuilleton-Beilage, München, 11./12.10.86

Peter Brückner
Freiheit, Gleichheit, Sicherheit
Von den Widersprüchen des Wohlstands
164 S. A 5, jetzt 7,95 DM bis 30.6.89 (Sonderangebot)

»In der Form der explizit gemachten Herstellung der Verbindung der Programmatik der Französischen Revolution mit der Analyse der heutigen Realität gelingt es P.B. sehr eindrücklich, einen Maßstab zu gewinnen, um die Gesellschaft der Bundesrepublik nicht nur als Wohlstandsgesellschaft zu beschreiben, sondern diese Charakterisierung zugleich als verkehrte Einlösung der Programmatik der Französischen Revolution zu begreifen. Dies wiederum bildet den Rahmen, den P.B. mit der ins einzelne gehenden Kritik der Wohlstandsgesellschaft füllt. ...

Mit der Ein- und Ausübung der Verkehrung wird diese dem Subjekt immer weniger bewußt. Dies wird von P.B. an der Korrumpierung der programmatischen Werte gezeigt, z.B. der Gleichheit durch Sicherheit, der Freiheit durch Konsumfreiheit, des Friedens durch die Friedhofsruhe. Für das Konsumverhalten stößt P.B. zur Erkenntnis eines Syndroms vor: dem exogen (Werbung, Medien, Erziehung, Alltag im Betrieb) induzierten und vom Subjekt endogen bestätigten und 'frei' nachvollzogenen 'Zwang zum repetitiven Konsum'.« (L.W.)

»Die politische Psychologie Peter Brückners hat schon vor Foucault den Zusammenhang von Psyche und Herrschaft thematisiert. Das vorliegende Buch, das sich dem Selbstverständnis der Französischen Revolution entlang bewegt, um die Beziehung zu den Erscheinungsformen des gegenwärtigen Status quo zu analysieren, kann so als Vorarbeit zu Foucaults letzten Werken gelten.« (W. Neumann)

Qualmanach 3
Zeitschrift zur Ermunterung praktisch-kritischer Bücherleser
vormals Materialis Almanach

Anders denken: eine philosophische Übung
mit Beiträgen von Michel Foucault, Roger Garaudy, Peter Brückner, Hans-Jürgen Krahl, Leo Kofler, Stefan Dornuf, Stefan Immerfall, Lothar Wolfstetter, mit Rezensionen und dem Gesamtverzeichnis des Materialis Verlags und der Edition Nicole
ca. 40 S. A 5, geheftet, 3,00 DM, Mai 89
(Direkte Zusendung an Einzelbesteller gegen Voreinsendung von 4,40 DM in Briefmarken oder als Scheck)

Furio Cerutti, Detlev Claussen, Hans-Jürgen Krahl, Oskar Negt, Alfred Schmidt
Geschichte und Klassenbewußtsein heute (1)

Eine Diskussion von 1969
MP 7, Materialis, 56 S., DIN A 5 10,80 DM

Diese Diskussion stand im Zeichen der Studentenbewegung, sich die Organisationsfrage von neuem zu stellen. Die Diskussion sollte die Lukács'schen Positionen von „Geschichte und Klassenbewußtsein" vergegenwärtigen und historisch würdigen, um ein aktuell angemessenes Verständnis des Werks möglich zu machen.

Vor allem in zwei Punkten gelangen die Diskutanden zu neuen Resultaten:

- Sie nehmen eine umfassende, kategorial bestimmte Neueinschätzung von Lukács' Buch vor. Diese reicht von dem konstatierten Impuls, Geschichte als unmittelbare Aufgabe zu begreifen, über die Erkenntnis der Zwieschlächtigkeit der Lukácsschen Emanzipationskategorien, die sich aus der Rekonstruktion von Marxismus und Philosophie ergeben, und der bemerkten Fetischisierung der marxistischen Methode bis hin zu der Feststellung, daß Lukács keinen materialistischen Empiriebegriff hat.
- Letzteres ist für die Diskutanden Krahl und Negt der Ausgangspunkt, ihre eigenen Begriffe von materialistischer Empirie im Dialog allererst zu entwickeln. Die Negtsche Vorstellung ist dann später in das Arbeitsfeldkonzept des Sozialistischen Büros eingegangen, während der Krahlsche Ansatz unabgegolten blieb.

So wie die politische Aktualisierung von „Geschichte und Klassenbewußtsein" für die Studentenbewegung zentral war, so hat auch diese Diskussion wieder direkt wenigstens auf die Protagonisten der Rezeption, die an dieser Diskussion nicht teilgenommen haben, zurückgewirkt. Rudi Dutschke schrieb in seinem Buch „Versuch, Lenin auf die Füße zu stellen": „Claussen weist mit Recht darauf hin, daß ‚die Diskussionen auf den Kongressen der Dritten Internationale das Scheitern dieser Bewegung in gewisser Weise subjektivistisch auf Organisationsfragen reduziert haben.' (S. 209)" Und an anderer Stelle: „Ich bin mit Furio Cerutti nicht einverstanden, daß Lukács eine vorweggenommene ‚Phänomenologie des Stalinschen Parteitypus geliefert' habe. (S. 304)" Peter Brückner schrieb in seiner „Kritik der Linken": „Das Problem der konzeptuellen Kontrolle kann ich nicht aufgreifen, kann höchstens daran erinnern, daß wir in der Lukács-Diskussion dem gegenwärtigen Stand der öffentlichen Äußerungen schon einmal voraus waren." (S. 21)

Hans-Jürgen Krahl
Erfahrungen des Bewußtseins

Kommentare zu Hegels Einleitung der Phänomenologie des Geistes und Exkurse zur materialistischen Erkenntnistheorie MP 14, Materialis, 148 S. DIN A 5, DM 22,80.

„Hans Jürgen Krahl hat 1986 in längeren Lehrgesprächen Motive und Argumentationsfiguren der Philosophie Hegels und ihre Bedeutung für die Herausbildung der Marxschen Theorie erläutert. Sie wurden damals aufgezeichnet und nun unter dem Titel: „Erfahrung des Bewußtsein" veröffentlicht. H. Kocyba und C. G. Hegemann erläutern in einem Nachwort Schwierigkeiten und Gesichtspunkte der sorgfältigen Edition, stellen aber auch die theoretische wie zeitgeschichtliche Bedeutung dieser Texte heraus, deren interpretative wie hochspekulative Erwägungen nicht bloß der „Aufarbeitung" idealistischer Dialektik dienen, sondern diese selbst zu Wort kommen läßt. Der Hegelsche Text bietet für Krahl die Folie, auf deren Hintergrund sich (nicht nur damals) aktuelle Fragen der politischen Konstitution sozialer Bewegungen mit historischer Präzision und analytischer Phantasie klären lassen. Krahls Text bietet stichhaltigen Anlaß zur fälligen Revision des Vorurteils über das Verhältnis von Theorie und Praxis, von Frankfurter Schule und Studentenbewegung. Über diese zeit- und theoriegeschichtliche Bedeutung hinaus aber ist der Text hervorragend geeignet zur Einführung ins Hegelsche Denken." (Klaus Binder in Frankfurter Allgemeine Zeitung).

Materialis Verlag · Rendeler Str. 9-11 · D-6000 Frankfurt 60
Tel.: (069) 45 08 82

Leo Kofler
Die Vergeistigung der Herrschaft
Band 1

Der Staat als Ensemble des Verhältnisses von Intelligenz, Bürokratie und Elite
MP 34, Materialis, 128 S., 22,80 DM.

Der Staat ist nichts als eine Funktion des Gesellschaftlichen. Er bringt dies aber in einer Besonderung zum Ausdruck, die wiederum nicht mit seinem bloßen Apparatsein identisch ist. Vielmehr erscheint das gesellschaftliche Bewußtsein gemeinhin als ein vom staatlichen Zweck beeinflußtes Bewußtsein.

Der Staat wird aber vornehmlich von jenen Kräften gestaltet und reproduziert, die die gesellschaftliche Totalität bewußt reflektieren und das spontan-passive Verhalten der Individuen und Klassen gegenüber der „Ordnung" zu überwinden suchen. Dies sind die herrschende Elite, die ihr verbundene bürgerliche Intelligenz und die mit Zwangsregelungen beauftragte Bürokratie. Sie stellen zusammengenommen die konkrete Gestalt des Staatsbewußtseins her.

Die *herrschende Elite* wird von den sozial Mächtigen und tatsächlich Leitenden gebildet, die weitgehend im Hintergrund bleiben und den Akteuren die Richtlinien geben. Ihre Schuld sieht Kofler subjektiv sowohl in ihrer Widerstandslosigkeit den entfremdet-unmenschlichen Verhältnissen gegenüber begründet als auch darin, daß sie ihre Verfügung über das seelisch-geistige Eigentum als eine bloße Funktion ihres Eigentums an Macht und Besitz auffassen. Objektiv kann sich die herrschende Elite den Einflüssen des apparatisierten Daseins nicht entziehen. Um sich aber in der Illusion der Schuldlosigkeit an den Verhältnissen und in der Illusion der freien Entscheidung und Verfügung wiegen zu können, zieht sich die herrschende Elite von der unmittelbaren Machtausübung weitgehend zurück und widmet ihr Leben dem Genuß als Selbstzweck. So wie der einzelne Elitenangehörige damit in sich die Identität von Denken und Sein aufhebt, so verbaut er sich dadurch sowohl den Weg zur Erkenntnis des Gesamtprozesses als auch zu seiner eigenen Subjekt-Konstitution.

Kofler beschreibt im Verlauf der Untersuchung detailliert, wie sich das Herrschaftsinteresse in je ganz eigenen Weisen im Bewußtsein der bürgerlichen Intelligenz und der Bürokratie durchsetzt. Im Resultat greifen die drei spezifischen Bewußtseinsformen von herrschender Elite, bürgerlicher Intelligenz und Bürokratie arbeitsteilig ineinander und bringen eine Gesamttendenz hervor, die sich als Vergeistigung der Herrschaft fassen läßt.

Die herrschende Elite gebraucht aber die Intelligenz nicht nur als ihr Werkzeug, sondern auch als ihr Objekt. Sie will auch an der geistigen Freiheit der Intelligenz teilhaben. Sie verhält sich dabei sowohl konsumptiv als auch in bestimmender Weise, indem sie dieser ihre Zwecke imponiert. Die Intelligenz hingegen muß, um den Kontakt mit der Elite aufrechterhalten zu können — ein Kontakt, der ihr zugleich eine Existenz schafft —, sich den Interessen der herrschenden Elite unterordnen und sich letztlich ihrer eigenen geistigen Freiheit entschlagen.

Wesentliches Ergebnis dieses Buches ist nicht, daß die Vergeistigung der Herrschaft sich in einem höchst arbeitsteiligen und rationalisierten Betrieb der Herrschaftsausübung sedimentiert hat — dies wird gleichsam als bekannt vorausgesetzt —, sondern daß dieser Betrieb in einer fatalen Weise auf das Bewußtsein der Herrschenden und des Herrschaftspersonals durchgeschlagen hat.

Die Elite, die Intelligenz und Bürokratie müssen sich ein hoch kompliziertes, illusionäres Bewußtsein schaffen, um sich vor der Erkenntnis der eigenen Bestimmtheit durch das Herrschaftsinteresse schützen zu können. Indem z.B. die Intelligenz die Illusion nährt, daß ihre Trennung von der Praxis eine praktische Verwertung ihrer Resultate im Sinne der Herrschaft verunmögliche, kann sie sich vormachen, daß sie ihre geistige Freiheit behalten hat. Dahinter steht aber im Denken eine Konstruktion, die den anderen Menschen als indifferent gegenüber Herrschaft und Gewalt auffaßt.

So wie sich mit der Ausbreitung der Vergeistigung der Herrschaft aber auch das Herrschaftspersonal enorm ausweitet, so entsteht aber auch eine enorme Tingierung des Bewußtseins großer sozialer Gruppen durch das Herrschaftsinteresse.

Dadurch, daß heute Herrschaft in der Ersten Welt sich nicht mehr primär als unmittelbare Gewaltanwendung vollzieht, sondern primär mediatisiert übers eigene Bewußtsein geschieht, entsteht die Gefahr, daß das Herrschaftsinteresse das Bewußtsein der Meisten in der Ersten Welt in Besitz nimmt.
(Lothar Wolfstetter)

Materialis Verlag · Rendeler Str. 9-11 · D-6000 Frankfurt 60
Tel.: (069) 45 08 82

bilde" sein, wie es Wellmer unterstellt, und deshalb auch nur der Erfahrung zugänglich sein, "in der die drei Wahrheitsdimensionen unmetaphorisch miteinander verschränkt sind" (ebenda, S. 36/37), sondern es muß, will es auch noch Kunst sein, die ein emanzipatorisches Moment enthält, gefährlich sein.

Nach Wellmer sei "Kants Idee, die Erfahrung des Schönen durch ein unbestimmt-freies Zusammenspiel von Einbildungskraft und Verstand zu charakterisieren" (ebenda, S. 37), mit der Adornoschen Wahrheitsästhetik nicht vereinbar, weil "sich das freie Spiel der Vermögen ja gerade nicht zur bestimmten Beziehung zwischen Begriffen und Anschauung verfestigen soll" (ebenda). "Gerade die Erweiterung der Vermögen aber, die aus dem lustvoll-freien Zusammenspiel imaginativer und intellektuell-reflexiver Momente in der ästhetischen Erfahrung resultiert" (ebenda), deute im Begriff des Vermögens auf einen Wahrheitsgehalt des Kunstwerks in seinem Wahrheitspotential, wie es Wellmer dargelegt hat (s. o.). Nun ist das Vermögen des Verstandes Projektion und das der Einbildungskraft Erektion, das heißt, Begriffe sind Resultate des Werdens (Bildens) und Anschauung solche des (bloßen) Vorstellens. Beide fallen heute, gegen Kants Vorbehalt, in der Selbstbefriedigung von Philosophie, Kunst und Arbeit (s. o.) zusammen, weil Subjekt und Objekt identisch geworden sind. Ohne den gesellschaftlichen Sachverhalt, daß heute der Produzent auch Konsument ist und umgekehrt (also der Künstler auch Rezipient, wie es Schule und Ausbildung bzw. die Medien ermöglichen), ist die ästhetische Erfahrung oder eine Erfahrung des Schönen nicht mehr denkbar, und macht das aus, was Wellmer das Wahrheitspotential nennt. An die Stelle der Anpassung des Begriffs an die Sache (Ideologie) und Kritik (dagegen) tritt deshalb eine praktische, positive Konstitution von Wahrheit (hier: der Kunst) als Anpassung der Sache an ihren Begriff. Das heißt, es ginge künstlerisch darum, daß das Kunstwerk seiner Idee entspricht. Dadurch allein wäre es wahr. Dann wäre aber zu fragen, was denn die Idee der Kunst (oder die Idee des Schönen) sei. Die Beantwortung dieser Frage bedarf der Rejektion, das heißt des Denkens (der Sache selbst). Erst durch diese wäre so etwas wie ein Zugriff auf die Wahrheit der Kunst möglich, das heißt die Möglichkeit gegeben, sie mit Begriffen aufzumachen, die sie ihnen nicht gleichmachen (Th. W. Adorno, Negative Dialektik, ebenda). Die Idee der Kunst aber ist die des Offenhaltens des Ausgangs aus der menschlichen Geschichte bzw. der Praxis des Lebens, Liebens und Glücks des Menschen, die des Schönen etc. die ihres Bewahrens. Das ist aber durchaus ein Idealismus.

Kunst bleibt immer vom lebensgeschichtlichen Denken, Sprechen und Handeln sowie dem Leben, Lieben und Glück von Mann und Frau (und Kind) abhängig; der ästhetische Schein imaginativer Leistungen der der erektiven des Mannes und die individuell-reflexiver der von männlichen Vorstellungen. Deshalb gab es bis zur Emanzipation der Frau keine idealistischen künstlerischen Leistungen von dieser bzw. wurde die Frau aus diesen ausgeschlossen. Der "utopische 'Glanz des Scheins' von Wahrheit und realer Utopie" (ebenda) ist auch noch bei Adorno der, was Mann und Frau (bzw. auch das Kind) mit dem Glanz des Phallus anfangen können und was er für beide (oder alle drei) bedeutet. Wenn ästhetische Erfahrung ein "ekstatisches Moment (enthält), in dem das Kontinuum der geschichtlichen Zeit aufgesprengt wird" (ebenda), dann hat sie ihr Ur-Bild am Lieben, das der Zeit entgegengesetzt ist und die Geschichte verändert, wenn es als Bewußtsein erscheint (was ein materialistischer Begriff von Bewußtsein wäre oder das ausmacht, was eigentlich als Klassenbewußtsein bezeichnet wird). Deshalb stellt das Lieben in seinem nichtästhetischen, praktisch-kritischen, materiellen Gebrauch "ein Kontinuum zwischen Kunst und Lebenspraxis wieder her (...)", was aber kein "Umschlag von ästhetischer Erfahrung in symbolische oder kommunikative Handlung" (ebenda) ist, wie Wellmer mit Jauß meint, sondern von ästhetischer Erfahrung in gegenständliche Tätigkeit, das, was heute tendenziell geschwunden ist, und von daher eine konkret-utopische Bedeutung erhält. Durch bloße Kommunikation ist keine Emanzipation des Scheins (respektive des Phallus) möglich, denn der Schein kommuniziert nach Wellmers Ansicht, mit und gegen Adorno, mit Wahrheit und Versöhnung. Er muß Schein bleiben, wenn es so etwas wie Wahrheit geben und Versöhnung möglich sein soll. Das heißt, über Emanzipation selbst muß noch aufgeklärt werden, was ich als praktische oder Selbstaufklärung bezeichnet habe (69).

Die von Wellmer angedeutete Überführung des "Verweisungszusammenhang(s) von Adornos Kategorien der Wahrheit, des Scheins und der Versöhnung (...) in einen komplexen Zusammenhang von Kategorien", durch die "das philosophische Potential und der kritische Sinn der Adornoschen Ästhetik erhalten bliebe" (ebenda, S. 38), ist nach meiner Ansicht nur durch eine Verselbständigung dieser Kategorien denkbar. Das wäre die Konsequenz einer Erweiterung von "Adornos Rationalitätsbegriff um eine Dimension 'kommunikativer Rationalität'" (ebenda), durch die sich nach Wellmer Adornos Wahrheitsästhetik pragmatisch erweitern ließe. Da es aber gesellschaftlich bzw. (r)evolutionstheoretisch nicht um einen pragmatischen, sondern kritischen Begriff von Praxis geht, wird die sogenannte kommunikative Rationalität die von Über-Begriffen bzw. von an sich selbst herrschenden politischen, wissenschaftlichen und medieneigenen Begriffen. Was dabei mit Adornos Kategorien der Wahrheit, des Scheins und der Versöhnung geschieht, ist, daß sie lediglich effektiv werden, nicht aber praktisch, worum es allein geht. Die Philosophie würde dadurch verwirklicht, aber nicht aufgehoben; der kritische Sinn der Adornoschen Ästhetik zum resümierenden Kritizismus. "Die Einbeziehung der rezipierenden, kommunizierenden und handelnden Subjekte in dem Verweisungszusammenhang von Kunst, Wirklichkeit und Utopie" (ebenda), die einen Effekt der "Mehrdimensionalität" erzeuge, unterstellt, daß ein Kleinbürger außer Groschenromanen, Nippes und brüllenden Hirschen auch Joyce, Barlach oder Picasso verstehen könnte, was ohne dessen radikale Emanzipation und Selbst-Veränderung nicht möglich ist. Um den gegenwärtigen Bedürfnissen der Subjekte zu entsprechen, müßte Kunst solche fürs Volk oder sie müßte opportunistisch werden. Nicht nämlich ist die richtige Kunst arrogant und abgehoben bzw. abstrakt, sondern es sind die Leute, die Bildung ignorieren, von ihrem unbewußten Bewußtsein abstrahieren und sich bloß Vorstellungen machen (also im Sinne von Lukács ein abstraktes Bewußtsein haben). Kommunikative Rationalität würde diesen sich anpassen und damit die Herrschaftsstruktur durch Begriffe verfestigen statt aufheben. Dem entspräche dann auch die von Wellmer angeführte aktionistische, eleatorische und populäre Kunst, der Adorno nach meiner Ansicht zu Recht "beinahe apriori gegenüberstand". Das an Adorno kritisierte Traditionalistische in seinen Argumenten hat deshalb auch einen gegenüber ihrer Verwertbarkeit kritischen inhaltlichen Sinn, während der Inhalt von

Philosophie, Kunst und Arbeit sich heute zunehmend verflüchtigt. Unter diesen Aspekten ist daher auch Wellmers Diskussion von P. Bürgers (s. o.) "in den Vordergrund gerückten Frage nach der Veränderbarkeit der Konstellation von Kunst und Lebenspraxis einerseits und die Frage nach der ästhetischen Valenz populärer Kunstformen andererseits" (Wellmer, ebenda) zu beurteilen.

Die "ideologische Trennung der Kunst von der Lebenswirklichkeit" (ebenda, S. 39), um deren Aufhebung es Wellmer geht, ist ein modernes Produkt. Was Wellmer mit Habermas die Ausdifferenzierung der Geltungssphären von Wissenschaft, Recht/Moral und Kunst (nennt), in denen Probleme jeweils nach einer den betreffenden Typus der Geltungsansprüche korrespondierenden eigensinnigen Logik bearbeitet werden" (ebenda, S. 38), beruht auf gesellschaftlicher Arbeitsteilung, wie sie mit der modernen bürgerlichen Gesellschaft beginnt. Ihre Logik ist deshalb eine formale. Sie zu einer Totalität zusammenzufügen, also z.B. Kunst und Lebenswirklichkeit zur Deckung zu bringen, wäre ein absoluter Idealismus, ein Erbe des Hegelianischen Marxismus, von dem auch die kritische Theorie und ihre Nachfolger leben. Die Verselbständigung ihrer Ebenen ist allerdings irreversibel, weshalb Wissenschaft, Recht/Moral und Kunst selbst aufgehoben bzw. deren Bedingungen ihrer Möglichkeit praktisch-kritisch verändert werden müssen. Solange sie im Sinne des Fortschritts der bürgerlichen Gesellschaft fortentwickelt werden, wie es Wellmer mit Habermas anstrebt, dann sind eben diese Autoren traditionalistisch. Bei Adorno wird mit Einschränkungen die ästhetische Erfahrung auf den sie abschließenden Begriff gebracht, nachdem nichts mehr möglich ist - nur Kunst und eine andere Lebenspraxis, sondern um eine praktisch-kritische Aufhebung der Kunst (und der Lebenspraxis) um ihrer je eigenen Inhalte willen. Das betrifft auch das Ästhetische, das die "von Bürger analysierten Avantgardebewegungen (...) unmittelbar ins Praktische zu wenden versuchten" (ebenda, S. 39), was auf einem "illusorischen Selbstverständnis" beruhe, denn das, "was historisch sich als das Ästhetische abgespalten hat, (sei) nicht zum organisierenden Zentrum einer befreienden und befreiten Lebenspraxis zu machen" (Bürger nach Wellmer, ebenda). Das liegt daran, daß das Ästhetische in der Post-Moderne nur noch sein eigener Begriff ist und ein wirkliches Leben nur durch die Selbstkritik eben der herrschenden Begriffe möglich ist. Ohne diese Kritik würde das verarmte Leben bloß verschönert und würde sich von einem selbstbewußten Leben zu einem vernünftigen Leben weiterentwickeln, wobei Vernunft hierbei die Anpassung an die Bedürfnisse etc. des Bestehenden meint. Es würde schöner scheinen, statt bloß realer Schein zu sein (die Leute heiraten heute wieder usw.). Nun meint Wellmer mit Bürger, "die Konstellationen veränderbar denken (zu können), in denen Kunst und Lebenspraxis zueinander stehen", wobei aber "die Ausdifferenzierung von Geltungssphären (...) unterschieden werden (muß) von bestimmten Formen einer institutionellen Ausdifferenzierung" (ebenda). Bürger schlägt "eine Veränderung der Institution Kunst bzw. der sie regelnden Normen (vor), durch welche die Kunst ihre gesellschaftliche Relevanz zurückgewinnen würde": "Daß alle sich frei produzierend sollten entfalten können", was für Wellmer "zu stark produktionsästhetisch" gefaßt sei. Eine solche "demokratisch verallgemeinerte ästhetische Produktion" würde nach Wellmer "zum Kunstgewerbe verfallen" (ebenda). Sie wäre, frei nach dem von Wellmer zitierten John Cage, "albern". Die "Idee des großen Kunstwerks" sollte nach Wellmer, gegen Bürger, nämlich nicht ausgeschlossen werden, "die Phantasie, das akkumulierte Wissen und Können spezialistisch besessener Künstler", wie es sich in der "großen" Kunst objektiviert, sollte nämlich bewahrt werden. Deshalb ginge es nach meiner Ansicht nicht um eine freie Produktion (von jedem), sondern um eine freie oder befreite Rezeption von jedem, das heißt um von ihrer Präformation befreite Sinne. Zu ihr beizutragen, wäre eine (heutige) Aufgabe von (avantgardistischer) Kunst (welcher sonst?). Nur so würde Kunst eine gesellschaftsverändernde Funktion zukommen. Sie gelte dann nicht mehr nurmehr als schön, sondern als engagiert. Dafür bedürfte sie aber der Medien, das heißt, sie müßte sich diese aneignen. Nur Kunst könnte die Medien von ihrem herrschaftlichen Diktat befreien. Sie würde auf diesem Wege indirekt technisch reproduzierbar, wie es W. Benjamin (Das Kunstwerk im Zeitalter seiner technischen Reproduzierbarkeit, Frankfurt/Main 1974) gefordert hat und sie würde damit unmittelbar praktisch.

Wellmer meint, durch eine "demokratische Lebenspraxis die Innovationen und kommunikativen Potentiale der Kunst produktiv ausschöpfen" (ebenda, S. 40) zu können. Deshalb wären die von Adorno und Horkheimer in ihrer Kritik der Kulturindustrie (70) aufgezeigten Barrieren einer (Wieder-)Annäherung von "Expertenkultur und Lebenswelt" bzw. populärer Kunst nicht so undenkbar, wie sie bei Adorno erscheint und "im Begriff des Kunstschönen (selbst) angelegt" (ebenda). Die Frage ist, was hier "demokratische Lebenspraxis" heißt. Dadurch, daß sich die Museen und Galerien für das breite Publikum öffnen und jeder Mensch durch entsprechende Kurse usw. selbst künstlerisch tätig werden kann bzw. Kunst per Katalog ins Haus geliefert wird, verschönern zwar sowohl Kunst als auch Leben, aber sie verändern sie nur in ihrer Erscheinung, nicht in ihrem Wesen. Vielmehr wären diese Veränderungen von Kunst und Leben an der Basis der Gesellschaft selbst im Sinne einer "schönen Revolution" zu fassen, das heißt, es wäre Abstand zu nehmen von der gewaltsamen politischen Revolution ebenso wie von der gewaltlosen der Natur (des Menschen). Die Revolution (oder Evolution) wäre selbst noch künstlerisch zu formen, was Aufgabe des Experten ebenso wäre wie die des gemeinen Menschen, von "Hohen" und "Niederen". Das Unvorstellbare wäre zu denken, denn es kann nur gedacht werden.

Wenn Wellmer Adornos Kritik der populären und leichten Kunst oder Massenkunst, dessen Verdikt, sie sei "nur noch Verdinglichung und Ideologie", kritisiert, übersieht er, daß Adorno nur eine Praxis kritisiert, die sich linear oder gar kausal aus der ernsten Kunst bzw. dem Kunstwerk entwickeln soll, wie es das Telos von Benjamins Kunstaufsatz ist, der eine reale Entwicklung dialektisch reflektiert. Das an Adorno Traditionalistische ist, daß er die Praxis nur (theoretisch) kritisiert, aber nicht selbst verändert (er bleibt darin Philosoph). Adornos vernichtendes Urteil über den Jazz wie über die leichte Musik, die er für "Ideologie, Kulturmüll, Produkt der Kulturindustrie wie der Film" (nach Wellmer, ebenda, S. 41) sieht, ist also richtig wie falsch zugleich, wenn man/frau Adornos Dialektik der ästhetischen Erfahrung auf ihn selbst anwendet. Dazu bedarf es allerdings eines praktisch-kritischen Subjekts. Und so lange bleibt die These von der praktischen Kritik Utopie. Die ernste Musik müßte endlich leicht "genommen" werden, die leichte Musik ernsthaft betrieben werden, um zu solcher Praxis Anlaß zu geben.

Wellmer meint, Benjamin gegen Adorno ausspielen zu können, weil letzterer in seiner "legitimen Kritik an der Kulturindustrie" "ein traditionalistisches Vorurteil" trage, "das ihn auch daran hinderte, die produktiven Elemente in Benjamins Interpretation der Massenkunst wahrzunehmen" (ebenda). Wenn für Adorno die Massenkultur "als lückenlos eingeordnet in den universellen Verblendungszusammenhang" erscheine, so scheint nach Wellmers Benjamin-Interpretation diesem ein "exporierendes, theoretisch weniger abgesichertes und Widersprüche nicht scheuendes Verhalten produktiver: Während Adorno die Produkte der neuen Massenkunst an Standards mißt, an denen gemessen sie nur als primitiv, albern oder zynisch erscheinen können, sieht Benjamin aus der Interferenz von neuen technischen Verfahren und neuen Rezeptionsweisen etwas ästhetisch Neues entstehen; neue Formen der ästhetischen Verarbeitung von Wirklichkeit, bei der es um die Herstellung eines 'Gleichgewichts zwischen Mensch und Apparatur' geht". Wenn aber z.B. Benjamin im amerikanischen Grotesk-Film eine "therapeutische Sprengung des Unbewußten" sieht, "die technisierte Kunst (...) zum Impfstoff gegen kollektive Psychosen (wird), in denen sich die ungeheuren Spannungen, die eine technisierte Wirklichkeit in den Massen erzeugt, entladen müßten" (ebenda, S. 41/42), dann muß dagegen gesagt werden, daß z.B. der massenhafte Beifall bei einem Pop- oder Rockkonzert zwar durch den Austausch dessen, dem er gilt, keinen Faschismus mehr möglich macht, die Interpreten aber dieselbe Führerfunktion wahrnehmen. Richtig ist, daß kollektive Psychosen sich nur barbarisch entladen könnten, wenn sie nicht durch die Massenkultur sublim manipuliert und kanalisiert würden, aber diese ist nicht deren praktische Aufhebung, die nur in der Arbeit des einzelnen Menschen an sich selbst liegen kann. Das ästhetisch Neue an der Kunst heute ist, daß die Ästhetik selbst Herrschaft kritisiert, indem sie die Beherrschten von ihrer Selbstbeherrschung befreit, zu der diese heute wesentlich geworden ist. Nur müßte das dadurch ästhetisch Freigesetzte sich gegen die Formen der Herrschaft in einer neuen, herrschaftsfreien Kultur vergegenständlichen, wozu nicht das Subjekt, sondern die Theorie und Praxis fehlt.

Nach Wellmer sieht Benjamin "in der technisierten Massenkunst Elemente eines Gegengifts gegen die psychische Zerstörung der Menschen durch die industrielle Gesellschaft; während Adorno sie vor allem als Medium der Anpassung und der psychischen Manipulation begreift" (ebenda, S. 42). Warum soll nicht beides der Fall sein: Daß sie den Menschen anpaßt und psychisch manipuliert, damit er nicht durch die Gesellschaft psychisch zerstört wird? Die vom Bewußtsein bestimmte Post-Moderne, die an sich vernünftige nach-bürgerliche Gesellschaft, schafft sich den ihr entsprechenden Menschen und verwaltet bzw. verhindert mit ihren gesellschaftlichen Krisen auch die individuellen. Aber sie schafft nicht den neuen Menschen und die neue Gesellschaft, die neue Natur und das neue Bewußtsein. Diese gehen nämlich nicht mehr, wie noch Marx annahm, linear und kausal aus der gleichsam objektiven Entwicklung der Gesellschaft hervor, sondern müssen erst noch in einem Neubeginn der Geschichte geschaffen werden, was Adorno logischerweise nicht denken konnte, weil er, ebenso wie heute Habermas und Wellmer, an der Tradition von Moderne und Aufklärung, wie sie im Faschismus untergegangen sind, in dem sie auf ihren Begriff kamen, festhält. Es ist also nicht "theoretische Voreingenommenheit", sondern die Voreingenommenheit durch Theorie, nicht "Traditionalismus", sondern die Insistenz auf der Tradition, die Adornos Erkenntnishorizont begrenzen. Dennoch ist es weiterhin richtig, immanent über den Immanenzzusammenhang hinauszugehen. Es wäre nur die Frage, was das Immanente heute ist! Das wäre allererst als Phänomen auszumachen. Das heißt, es wäre z.B. auch die Frage, was denn das Potential der modernen Massenkunst (Film, Rockmusik usw.) wirklich ist, statt schon von einem gegebenen Potential zu sprechen, wie das Wellmer macht. Es wäre dann auch nicht die Frage, ob in der Rockmusik, die Wellmer als "industrielle Volksmusik" bezeichnet, "Potentiale einer Demokratisierung und Entfesselung der ästhetischen Phantasie stecken wie solche einer kulturellen Regression", weil es die Frage ist, ob "Demokratie" und "ästhetische Phantasie" (r)evolutionäre Ziele sind. Eher wären gerade bei den Gestalten des erscheinenden Bewußtseins in der Rock- und Popmusik an anarchistische und sexuelle, gefühlsmäßige, sinnliche und lustvolle Inhalte zu denken, durch die der längst kulturell regredierte Konsumbürger sich zum Menschen aggressieren, das heißt seine gesellschaftliche Ohnmacht ausgleichen könnte, indem er sich in Gruppen organisiert, wo er arbeitet, lebt, liebt und glücklich ist (Assoziationen, Kommunen, Räte (BI's) usw.).

Nach Wellmer hätte "eine Analyse der modernen Massenkunst, die die Benjaminschen Ansätze aufnehme, (...) nicht zuletzt die explosiven Mischungen aus ästhetischer und politischer Phantasie zu untersuchen, die seit den 60er Jahren für eine neue Qualität des subversiven Verhaltens von Protestbewegungen charakteristisch geworden sind" (ebenda). Er meint, "daß die Aktionskunst und das Happening erst in den neuen politischen Aktionsformen der Alternativ- und Widerstandsbewegungen den Kontext gefunden haben, in dem sie ihre ästhetische Sprengkraft entfalten können" (ebenda). Es ist richtig, daß diese das Gegenteil "der Ästhetisierung der Politik durch den Faschismus" darstellen, nämlich eine Politisierung der Ästhetik oder eine "Aneignung der Politik durch die gewitzt gewordenen Massen". Das letztere ist auch noch der Fall in der Emanzipation oder nachgeholten bürgerlichen Revolution der Massen in den ehemaligen sogenannten sozialistischen Ländern des Ostens. Nur zeigt sich in dem allem, daß diese Emanzipationsbestrebungen idealistisch waren und sind, solange sie die vernichtende Kritik am Gegebenen, wie es Marx und in seiner Nachfolge die kritische Theorie Adornos geleistet hatten, sich nicht zu eigen machen. Deshalb plädiere ich dafür, Adornos Kritik und Benjamins neues Verhalten zu einer positiven Konstitution von etwas Neuem zu verbinden. Dafür sind aber die Bedingungen des anarchischen Produktions- und Reproduktionsprozesses der Gesellschaft selbst nicht nur zu untersuchen, was Revolutionstheorie allererst möglich machen würde, sondern praktisch zu verändern (evolutionäre Praxis). Das heißt, die politische und ästhetische Phantasie sind nicht mehr nur zum Protest und Widerstand zu instrumentalisieren (denn darum handelt es sich leider nur), sondern in die Konstitution einer neuen Gesellschaft (innerhalb der alten) umzusetzen, wodurch der volle Gehalt dessen, was Wellmer das Potential nennt, erhalten und doch aufgehoben würde. In diesem Zusammenhang ginge es nicht um "neue Potentiale der Freiheit" bzw. "die Möglichkeiten politischer Regression", sondern um die Untersuchung und praktische Konstitution von Freiheit bzw. um politische Aggression, also dessen, "was muß" und dem, "daß" es gemacht wird.

Nach Wellmer ist "das Spezifisch-Utopische (...), das die Kunst beiträgt, (...) in jeder ihre authentischen Produktionen auch schon gegenwärtig: Die Überwindung der Sprachlosigkeit, die sinnliche Kristallisation des in der Erfahrung zerstreuten Sinns" (ebenda, S. 43). So wie Kunst einmal Praxis anleitete, sprechen und handeln ließ, läge es heute an ihr, das, was einmal bewußtlos erfolgte, bewußt zu tätigen, das heiβt durch (praktisches) Denken, Sprechen (Schreiben etc.) und Handeln anzuleiten. Wenn, wie Wellmer meint, gewaltlose Kommunikation keine Aufhebung der Kunst bedeutet, so eine "gewaltige" ihre Selbstaufhebung. So schreibt Wellmer, daβ "die Vernunft der Kunst zu ihrer Erhellung (bedarf): Ohne ästhetische Erfahrung und ihre subversiven Potentiale müβten unsere moralischen Diskurse blind und unsere Interpretationen der Welt leer werden" (ebenda). Die Vernunft bedarf aber der Kunst nicht um ihrer Aufklärung willen, sondern um ihrer Überschreitung willen, so wie Marx die philosophischen Vorstellungen denkend überschritten hat (s. A. Schmidt, Beiträge zur marxistischen Erkenntnistheorie, ebenda). Ebenso brauchen wir die ästhetische Erfahrung zur Kritik und Abschaffung der Moral und der bloβen Interpretation der Welt. Die Welt ist nämlich leer, das heiβt entfremdet: das Nichts der Herrschaft der Begriffe. Kunst muβ, will sie wahr-sprechen und Sinn konstituieren, diese Begriffe auflösen, indem sie zugreift. Wir bedürfen nicht mehr der Reflexion, sondern der unmittelbaren Aneignung. Eine solche Praxis aber bedarf der ästhetischen Theorie. Praxis ist ein Begriff des ästhetischen Scheins.

Praxis in sich oder der Trank

Hegel philosophiert in seiner "Ästhetik" (71) über das "Reich des Schönen" bzw. - näher - über das der schönen Kunst. Es soll das sein, was ein Subjekt als schön empfindet, und was an einem Objekt als schön erscheint. Schön sein soll aber nur die Identität beider, des Subjekts wie des Objekts, ihr Verhältnis. Und das ist die Idee, in der das Schöne erst schön zu sein scheint. Wenn nach Marx Ideen (Worte und Taten) die Prinzipien der Geschichte sind, müssen sie auch praktisch gefaßt werden können. Deshalb wird hier davon ausgegangen, daß Praxis ein Begriff des ästhetischen Scheins ist. Wie das zu verstehen sei, wird allein hier an Hegels "Ästhetik" erläutert.

In seiner Einleitung bestimmt Hegel die Kunstschönheit als "die aus dem Geist geborene und wiedergeborene Schönheit" (ebenda, S. 14) der Natur. Kunst gehöre aber zugleich "mehr der Remission, der Nachlassung des Geistes an, während die substantiellen Interessen viel mehr seiner Austragung bedürfen" (ebenda, S. 15). Praxis wäre dann nichts anderes als seine Aufhebung in das, woraus er (nach einer richtigen, genialischen Einsicht Adornos) hervorging: Arbeit, hier verstanden als die Arbeit des Denkens, Sprechens und Handelns.

Nun sei nach Hegel die Kunst "vielfach als eine Vermittlerin zwischen Vernunft und Sinnlichkeit, zwischen Neigung und Pflicht" (ebenda, S. 16) bezeichnet worden oder als ein Mittel. Dieses sei die Täuschung, "denn das Schöne hat sein Leben in dem Scheine". Da nach Hegel Kunst aber auch ein Wahrhaftes haben soll, bedarf sie der Wissenschaft. Wenn sich die Kunst in die Praxis entließe, wie es hier dargestellt wird, bedarf nicht die Kunst der Wissenschaft, sondern würde die Praxis an sich selbst wissenschaftlich. Wissenschaft wäre dann nur noch ein Reflex dieser, wie es Marx' Abbildtheorie will. Nicht die Wissenschaft kann Praxis aus sich hervortreiben, wie es das tradierte Theorie-Praxis-Problem fordert, sondern Praxis ist in der Kunst bereits enthalten: "Die Kunstschönheit stellt sich dem Sinne, der Empfindung, Anschauung, Einbildungskraft dar", sie ist "gerade die Freiheit der Produktion und der Gestaltungen", daß "jeder Fessel der Regel und des Geregelten" Enthobene, "Beruhigung und Belebung", "heitere, kräftige Wirklichkeit", "freie Tätigkeit der Phantasie", "freier als die Natur", "unerschöpflich" (ebenda, S. 17), Tätigkeit und Genuß. Wenn sich die Wissenschaft nach Hegel "ihrem Inhalte nach (...) mit dem in sich selbst Notwendigen (beschäftige)", sei der Geist der Kunst eher willkürlich und gesetzlos. Es kann deshalb letztlich keine notwendige Praxis angeben oder Praxis nicht aus irgendeiner Notwendigkeit begründet werden. Nicht nur der Sexualtrieb, wie Freud meint, sondern auch der Selbsterhaltungstrieb bedürfen nicht notwendig der Praxis. Sie werden vom Menschen in durchaus freien Stücken befriedigt. Alles andere führt zu zwanghaftem Tun, was die erste Tat war, die der Mann der Frau antat. Wenn Praxis also nicht zu einer neuen Herrschaft von Menschen über Menschen führen soll, darf sie sich nicht auf das Notwendige berufen, sondern allein auf Freiheit.

Hegel schreibt: "In dieser ihrer Freiheit nun ist die schöne Kunst erst wahrhafte Kunst und löst dann erst ihre höchste Aufgabe, wenn sie sich in den gemeinschaftlichen Kreis mit der Religion und Philosophie gestellt hat und nur eine Art und Weise ist, das Göttliche, die tiefsten Interessen des Menschen, die umfassendsten Wahrheiten des Geistes zum Bewußtsein zu bringen und auszusprechen. In Kunstwerken haben die Völker ihre gehaltreichsten inneren Anschauungen und Vorstellungen niedergelegt, und für das Verständnis der Weisheit und Religion macht die schöne Kunst oftmals, und bei manchen Völkern sie allein, den Schlüssel aus (...). Es ist die Tiefe einer übersinnlichen Welt, in welcher der Gedanke liegt und sie zunächst als ein Jenseits dem unmittelbaren Bewußtsein und der gegenwärtigen Empfindung gegenüber aufstellt; es ist die Freiheit denkender Erkenntnis, welche sich dem Diesseits, das sinnliche Wirklichkeit und Endlichkeit heißt, enthebt. Diesen Bruch aber, zu welchem der Geist fortgeht, weiß er ebenso zu heilen; er erzeugt aus sich selbst die Werke der schönen Kunst als das erste versöhnende Mittelglied zwischen dem bloß Äußerlichen, Sinnlichen und Vergänglichen und zwischen den reinen Gedanken, zwischen der Natur und endlichen Wirklichkeit und der menschlichen Freiheit des begreifenden Denkens" (ebenda, S. 19). In der Kunst scheinen Freiheit und Wahrheit aber nur versöhnend, weil es die Gesellschaft, auf die Hegel nicht reflektiert, nicht ist. Praxis, die an die Stelle der Gesellschaft tritt, diese aufhebend, was Adorno nicht denken konnte, weil er ihrem Verblendungszusammenhang angehörte, wäre dagegen nur eine, die aus Freiheit gewählt würde und in Wahrheit aufginge. Sie überwände noch die Religion (heute: die Medien) und die Philosophie (die Wissenschaft) sowie auch das Göttliche, das nach Hegel letztlich im Staat (also der Politik) inkarniert sei, und machte das Wertgesetz (die Wahrheiten des Geistes) bewußt und damit kontrollierbar. Praxis kann von daher nur der Ausdruck unbewußten Bewußtseins sein, dessen, was Hegel die "übersinnliche Welt" nennt: das Jenseits des bewußten Bewußtseins. Sie überschreitet damit tendenziell die Gegenwart, das Diesseits. Wenn die schöne Kunst die Mitte ist zwischen Denken und Sein, Ich und Natur, Abstraktion und Sinnlichkeit, dann hebt Praxis ihre Widersprüchlichkeit auf, soweit sie sich - und das ist das einzige ihr Notwendige - am ästhetischen Schein orientiert.

"(...) Ihr Schein selbst ist dem Wesen wesentlich, die Wahrheit wäre nicht, wenn sie nicht schiene und erschiene, wenn sie nicht für eines wäre, für sich selbst sowohl als auch für den Geist überhaupt", denn das Wesen ist der Schein, der sich als Schein weiß, und das ist für den Menschen die Praxis, eine Praxis, die ihn sowohl befriedigt als auch Erkenntnis ist.

"Was die Kunst sei, wissenschaftlich zu erkennen" (ebenda, S. 22), ist ein Idealismus, denn erkannt wird immer nur, was ihr Schein ist. Das heißt, der Schein (der Kunst) wird nicht auch noch aufgelöst, sondern vergegenständlicht und verdinglicht. Erst Praxis ist das Wesen des ästhetischen Scheins und damit der Kunst und deren Geist allererst (materialistische) Wissenschaft.

Nach Hegel wird man/frau "zunächst zugeben, daß der Geist, sich selbst zu betrachten, ein Bewußtsein - und zwar ein denkendes über sich selbst und über alles, was ihm entspringt - zu haben fähig sei. Denn das Denken gerade macht die innerste wesentliche Natur des Geistes aus. In diesem denkenden Bewußtsein über sich und seine Produkte, so viele Freiheit und Willkür dieselben sonst auch immer haben mögen, wenn er nur wahrhaft darin ist, verhält sich der Geist seiner wesentlichen Natur gemäß. Die Kunst nun und ihre Werke, als aus dem Geist entsprungen und erzeugt, sind selbst geistiger Art, wenn auch ihre Darstellung den Schein der Sinnlichkeit in sich aufnimmt und das Sinnliche mit Geist durchdringt" (ebenda, S. 24). Wenn Denken (Sprechen und Handeln) den Geist erst zum Geist macht, ist in Kunst Praxis vorhanden, die durch den sie reflektierenden Geist bewußt und Begriff wird. Damit würde aber Kantisch der Schein der Kunstwerke zum bloßen Reflexionsprodukt. Vielmehr wäre das dem Geist der Kunstwerke zugrundeliegende praktische Denken (Sprechen und Handeln), wie es im Schein erscheint, als gesellschaftliche Praxis freizusetzen, was heißt, daß das Denken (Sprechen und Handeln) sich selbst überbieten müßte.

Wenn "das Kunstwerk nicht nur für die sinnliche Auffassung, als sinnlicher Gegenstand, sondern seine Stellung (...) von der Art (ist), daß es als Sinnliches zugleich wesentlich für den Geist ist, der Geist davon affiziert werden und irgendeine Befriedigung darin finden soll" (ebenda, S. 45), dann ist es mit der in ihm enthaltenen und vergegenständlichten Praxis materialistisch gesehen genau umgekehrt: Sie soll die Sinnlichkeit affizieren und darin befriedigen, während sie als geistige aufgefaßt, also als geistiger Gegenstand genommen werden soll. Es entspricht dies einer im Kern oder der Substanz stattfindenden Umstülpung des Idealismus. Sie dient nicht dem Konsum, sondern dem Genuß.

Nach Hegel dürfte das Sinnliche im Kunstwerk "nur als Oberfläche und Schein des Sinnlichen erscheinen (...), denn der Geist sucht im Sinnlichen des Kunstwerks weder die konkrete Materiatur, die empirische innere Vollständigkeit und Ausbreitung des Organismus, welche die Begierde verlangt, noch den allgemeinen, nur ideellen Gedanken, sondern er will sinnliche Gegenwart, die zwar sinnlich bleiben, aber ebensosehr von dem Gerüste seiner bloßen Materialität befreit werden soll. Deshalb ist das Sinnliche im Kunstwerk im Vergleich mit dem unmittelbaren Dasein der Naturdinge zum bloßen Schein erhoben, und das Kunstwerk steht in der Mitte zwischen der unmittelbaren Sinnlichkeit und dem ideellen Gedanken" (ebenda, S. 48). Die an seinem Schein gewonnene Praxis hebt diese Mitte auf, indem sie ihr bloßes Mitteldasein verwirklicht. Deshalb ist die Sinnlichkeit nicht mehr eine unmittelbare, sondern wird durch die Praxis vermittelt; und der Gedanke ist nicht mehr rein ideell, sondern im Sinne einer materialistischen Theorie und Empirie des Bewußtseins (72) materiell. Was im Kunstwerk nur sinnlich scheinen darf, wird durch und in der an ihm gewonnenen Praxis Wirklichkeit. Es ist dies keine krude materialistische Materialität wie die der Natur, des Leibes oder der Arbeit, sondern eine sinnliche Idealität oder eine ideelle Sinnlichkeit, Tätigkeit und Idee. Wenn sich nach Hegel "das Sinnliche der Kunst nur auf die beiden theoretischen Sinne des Gesichts und des Gehörs (bezieht), während Geruch, Geschmack und Gefühl vom Kunstgenuß ausgeschlossen bleiben", weil letztere es "mit dem Materiellen als solchem und den unmittelbar sinnlichen Qualitäten desselben zu tun (haben)" (ebenda), ist es bei der an sie anschließenden Praxis nicht gerade umgekehrt, sondern Geruch, Geschmack und Gefühl (wie auch die Liebe als der sechste Sinn) werden zu theoretischen Sinnen, während Sehen und Hören praktisch werden. Nur dadurch erst "ist das Sinnliche in der Kunst vergeistigt, daß das Geistige in ihr als versinnlicht erscheint" (ebenda, S. 49). Das Ideal kommt erst in der Praxis zu sich.

Wenn "ein Kunstprodukt nur vorhanden (ist), insofern es seinen Durchgangspunkt durch den Geist genommen hat und aus geistiger produzierender Tätigkeit entsprungen ist" (ebenda), dann sind es die die Gesellschaft bestimmenden Begriffe, durch die es hindurchgegangen ist. Und nur diese bilden den ästhetischen Schein in seinem praktischen Wesen. Daß das Kunstprodukt auch durch körperlich produzierende Tätigkeit geht, darf dabei vernachlässigt werden, weil deren Produkt die

Erscheinung ist, aber nicht der Schein selbst. "Dieser Art und Weise der Produktion enthält als subjektive Tätigkeit ganz dieselben Bestimmungen in sich, welche wir objektiv im Kunstwerk fanden; sie muß geistige Tätigkeit sein, welche jedoch zugleich das Moment der Sinnlichkeit und Unmittelbarkeit in sich hat. Doch ist sie weder auf der einen Seite nur mechanische Arbeit, als bloße bewußtlose Fähigkeit in sinnlichen Handgriffen oder formelle Tätigkeit nach festen, einzulernenden Regeln, noch ist sie auf der anderen Seite eine wissenschaftliche Produktion, die von sinnlichen zu abstrakten Vorstellungen und Glauben übergeht oder sich ganz im Elemente des reinen Denkens betätigt, sondern die Seiten des Geistigen und Sinnlichen müssen im künstlerischen Produzieren eins sein" (ebenda). Wo die Praxis (des Denkens, Sprechens und Handelns) an die Stelle des solchermaßen bestimmten künstlerischen Produzierens tritt, hebt sich das Geistige in Arbeit und das Sinnliche in Begriffe auf, und das heißt, daß sich Denken, Sprechen und Handeln selbst überbieten und mit-sich-identisch werden. Es ist dies erst das "echte Produzieren", was "die Tätigkeit der künstlerischen Phantasie aus(macht)" (ebenda). Und die Phantasie "ist das Vernünftige, das als Geist nur ist, insofern es sich zum Bewußtsein tätig hervortreibt, doch, was es in sich trägt, erst in sinnlicher Form vor sich hinstellt" (ebenda, S. 49/50). Phantasie ist das, was aus praktischem Denken, Sprechen und Handeln den sinnlichen Schein erzeugt. Sie ist damit nur der Traumarbeit vergleichbar.

Gegenüber der Freude am Nachahmen der Natur bedeutet Hegel, daß es dem Menschen besser anstehe, "Freude an dem zu haben, was er aus sich selber hervorbringt" (ebenda, S. 53). Da das Individuum nach einer Marxschen Einsicht das "Ensemble der gesellschaftlichen Verhältnisse" ist, würde auch nur solche Kunst einen ästhetischen Schein bilden, der auf ein praktisches Wesen verweist. Mimesis dagegen ist wie der heutige Konsum aktive Passivität. Diese unterscheidet vom Genuß, daß dieser passive Aktivität darstellt, was ein kleiner Unterschied, aber einer ums Ganze ist. Das Mimetische dagegen hat kein Wesen - es ist bloße Erscheinung von Arbeit oder praktischer Vorstellung, und deshalb Kitsch.

Während aus dem Genuß wie aus dem Begriff der Kunst (dem Wahren, Edlen, Ewigen usw. sowie dem Bösen und Verbrecherischen usw.) nur zu lernen ist, bedarf der substantielle Zweck der Kunst, wenn er praktisch sein soll, der Selbstveränderung der Triebe, Begierden und Wünsche zu Bedürfnissen, Interessen und Erkenntnissen, was jene durch Denken, Sprechen und Handeln gewinnen. Das geschieht nicht durch Belehrung wie bei der Kunst, sondern durch das Beispiel der Darstellung und Wirkung der in Praxis verwandelten Kunst. Ist die Kunst "in der Tat die erste Lehrerin der Völker geworden" (ebenda, S. 60), so die an sie anknüpfende Praxis exemplarisch und paradigmatisch im Sinne von Kuhns Wissenschaftstheorie (73). Während die Kunst dies nur bewußtlos sein kann, ist es die Praxis unbewußt und damit für das Denken, Sprechen und Handeln des Menschen eine unerläßliche Bedingung. Denn Selbstveränderung ist nicht bewußtlose Veränderung, sondern die des Unbewußten selbst, das nach Freud das bewußte Leben bestimmt. Es ist der Schein, der sich als Schein reflektiert und dadurch erst praktisches Wesen wird. Dieses aber ist nicht schlichtweg nützlich wie der Zweck der Kunst. Es dient weder der Belehrung noch der moralischen Besserung, sondern es ist als Mittel die Auflösung der Widersprüche, die jene an sich haben. Aber während die Kunst oder "das Kunstschöne als eine der Mitten" (ebenda) es nur zur Versöhnung bringt, schafft die Praxis durch das

Wahre, Gute und Schöne ein Neues, in dem das Alte nicht aufgehoben, sondern weggearbeitet wird. Im Kunstwerk leuchtet das Alte im neuen Gewand, in der Praxis ist sein Licht erloschen, haben die Toten ihre Toten begraben (Marx). Deshalb ist Praxis, wenn sie welche irgend sein will, unmittelbar und voraussetzungslos, die Aufhebung jeder Vermittlung und Bedingung. Deshalb kann sie nur kognitive Praxis sein (s. W.N., Das Primat kognitiver Praxis, ebenda). Während Kunst bloße Vorstellung, Meinung und Tun ist, so Praxis Denken, Sprechen und Handeln. Sie ist nicht vermittelt, sondern Vermittlung; nicht bedingt, aber Bedingung. Deshalb ist sie objektiv und nicht bloß subjektiv (wie die Kunst). Diese ihre Objektivität oder ihr objektiver Schein ist durch ihr exemplarisches Wesen gesetzt, das allein überzeugt. Es denkt, spricht und handelt für sich selbst und dadurch für den anderen. Nur als praktischer ist der Mensch autonomes oder mit sich identisches Wesen und von anderen Wesen verschieden, während er in der Kunst nur einzelnes Wesen ist, was er mit allen anderen einzelnen gemeinsam hat. Kunst spiegelt darin ein Gesellschaftliches, während Praxis darin allererst gesellschaftlich ist, daß sie die (alte) Gesellschaft aufhebt und eine (neue) Gesellschaft schafft. Während das Kunstschöne den Widerspruch von Geist und Natur in die Einheit des Begriffs aufhebt, ist Praxis als Begriff des ästhetischen Scheins das Bewußtsein der Arbeit und das Sein der Vorstellung, ein materialistisches gegenüber einem bloß idealistischen Verhalten. Praxis ist deshalb die Aufhebung der Arbeit und die Vergegenständlichung von Natur.

Ersteres entspricht auch insofern idealistischem Verhalten, als es, wie bei Schiller, die "Vereinigung des Geistigen und Natürlichen" (ebenda, S. 71) im Charakter der Frauen als gegeben sieht. In der Frau soll das "Allgemeine und Besondere (...), Freiheit und Notwendigkeit" usw. zur Einheit kommen. Schelling habe dies zum absoluten Standpunkt erklärt. Damit sei nach Hegel auch die Kunst "in ihrer hohen und wahrhaften Bestimmung aufgenommen" (ebenda). Die Frau wird dadurch zum inneren Ideal der Kunst, dem Schönen schlechthin. Dadurch wird sie ebenso unnahbar wie Objekt der Triebe, Begierden und Wünsche des Mannes. Die "gehemmte Bedürfnisbefriedigung", Inhalt des Wertgesetzes, ist also selbst geschaffen (auch wenn sich Frauen heute diesem Ideal selbsttätig anpassen). Praxis dagegen ist solcher (schöner) Schein nicht als das Wahre, sondern, wie das Ganze nach Adorno, das Unwahre, und bedarf deshalb des Zugriffs, der unmittelbaren Aneignung. Von ihr hatte die Liebe als ideelle Naturbeherrschung abstrahiert und als das Rationelle dieser das Tauschprinzip in Gang gesetzt, deren erstes Objekt eben die Frau war, so wie sie heute deren letztes ist. Kunst ist die Schuld und das schlechte Gewissen, was den Frauen angetan wird und in sublimierter Form ihre Idee ist. Exemplarisch wird dies an der romantischen Kunst, die ein Bewußtsein davon hat. Praxis ist die Aufhebung (Vernichten und Aufbewahren im Sinne Hegels) dieser Schuld und des schlechten Gewissens, indem sie die Frau sowohl in ihre Rechte einsetzt als auch ihre Pflichten einklagt. Aus einer idealisierten Frau wird dadurch eine wirkliche, gegenständliche Frau. Durch diese Veränderung wird die Frau erst der Begriff des Menschen, der in ihr angelegt ist.

Nach Schlegels sich auf Fichte berufender Philosophie der Kunst ist die Ironie das Wesen einer göttlichen Genialität, als die sie das Anundfürsichseiende der Kunst bestimmt. Ihr sei "die Eitelkeit alles Sachlichen, Sittlichen und in sich Gehaltvollen, die Wichtigkeit alles Objektiven und an und für sich Geltenden" (ebenda, S. 74) als das

Negative der Ironie beigefügt. Dieses besteht nach Hegel nur durch das lebendige, tätige Individuum, das Ich, das alles selbst Geschaffene auch wieder aufheben kann. Eine solche Kunst sei "krankhafte Schönseligkeit und Sehnsüchtigkeit", der gegenüber "eine wahrhaft schöne Kunst handelt und (...) wirklich (ist)" (ebenda). Was aber das Herrliche, Große und Vortreffliche in Wirklichkeit auszeichnet, ist die praktische Provokation, die das Wesen der Ironie darstellt. Diese ist, statt komisch zu sein wie, abstrakt genommen, die Ironie, abartig. Ihr Mensch ist nicht der charakterlose, sondern der gehaltvolle, der, der etwas zu sagen hat. Erst das machte seine Individualität aus, statt bloß individuell zu sein.

Wenn nach Hegel, im Anschluß an Solger, das dialektische Moment der Idee der Kunst ihre "unendliche absolute Negativität" ist, dann schlägt solche in der Praxis in eine einfache Positivität um, so wie Marx an ihn anschließend die wahre Wissenschaft bestimmte (s. Deutsche Ideologie, ebenda).

Nach Hegel soll "(die) Kunst aus der absoluten Idee selber hervorgehend" (ebenda, S. 77) gedacht werden, ihr "Zweck die sinnliche Darstellung des Absoluten selber" sein. Nun ist für Hegel das Absolute Anfang wie Inhalt der Wissenschaft als Wissenschaft (hier: der Logik), während Marx jene an Praxis bindet. Ein unmittelbarer Übergang vom Absoluten zur Praxis ist aber auch bei Marx theoretisch nicht antizipierbar. Diese Lücke in der Vermittlung von Theorie und Praxis zu füllen, ohne daß sie durch Gewalt überbrückt oder bloß passiv erlitten würde, ist Aufgabe eines Subjekts, das Praxis aus dem ästhetischen Schein, hier: der Kunst, entwickelt. Es handelt sich dabei um eine selbst noch ästhetische Alternative, die an die Aufhebung der Arbeit gebunden ist. Sie schließt nicht die künstlerische Produktion aus, erklärt sie aber mithin zum dem menschlichen Leben, Lieben und Glück Sekundären, gesellschaftlich nicht mehr Möglichen, so wie Hegel selbst vom Ende der Kunst spricht. Praxis ist eine nicht mehr nur sinnliche Darstellung des Absoluten, sondern dessen kritische Aufhebung (Vernichten und Bewahren im Sinne Hegels).

Wenn das "Wahrhaftige des Geistes sowohl als der Natur (...) in sich konkret (ist) und (...) der Allgemeinheit ohnerachtet dennoch Subjektivität und Besonderheit in sich (hat)" (ebenda), erscheint durch Praxis diese Wahrheit und Subjektivität als besondere, das heißt, das objektive oder allgemeine Subjekt, als in ihrem Wesen, das im Kunstwerk nur einen Schein darstellt. Nicht aber ist Praxis unmittelbar aus theoretischer Wahrheit und allgemeiner Subjektivität zu entwickeln, sondern vermittelt über diesen Schein, in den das Absolute sich aufhebt. Praxis ist als Negation der Negation und durchaus qualitative Bestimmtheit bzw. Bestimmendes dann wieder unmittelbar.

Das künstlerische Absolute ist nach Hegel schon das Konkrete von ihm, das sich in der Darstellung, dem schönen Schein, sinnlich zeigt. Aber Kunst selbst oder allein verändert die Welt nicht - sie zeigt sie nur, wie sie ist oder nicht ist, während Wissenschaft sagt, wie sie sein soll, ohne daß aus solchem Sollen praktische Handlungsanweisungen möglich wären. In der Praxis des ästhetischen Scheins wird dies Konkrete allgemein, indem es die Welt schafft. Nach Hegel kann nur konkretes Denken wahrhaftig und vernünftig sein. Verändernde Praxis ist deshalb nur als Kulturkritik möglich, und darin näher als Kunstkritik.

Der Mangel der Kunst ist es, das Ideal, "die Idee und ihre Gestaltung als konkrete Wirklichkeit" (ebenda, S. 81) nur durch Nachahmung und Verdoppelung jener zu erreichen, weil das Kunstschöne wesentlich individuelle, nicht gesellschaftliche

Wirklichkeit ist. Eine konkrete Wirklichkeit dagegen ist auf die konstitutiven Momente von Praxis, also auf Denken, Sprechen und Handeln angewiesen. Erst durch sie wird das Ideal eine auch materielle Wirklichkeit. Das Gesellschaftliche dagegen wird von der Kunst in ihrem Schein hypostasiert, aus dem es durch Praxis zu befreien wäre, was schlicht gesagt das ist, was Adorno in der ästhetischen Theorie als zweite Reflexion, das sich selbst Überbieten des Denkens, Sprechens und Handelns bezeichnet.

Wenn heute Praxis symbolische Formen benützt, geht diese schlecht unmittelbar oder gedanken-, sprach- und handlungslos aus einer bestimmten Form des Kunstschönen hervor. Sie bleibt ebenso in einer bloß "abstrakten Bestimmtheit" (ebenda, S. 83) wie diese, und ihrer Idee nach eigentlich fremd, unbestimmt und maßlos. Symbolische Aktionen sind zwar nicht gewalttätig gegen ihr Objekt, aber Gewalt gegenüber ihrer Idee. Sie stellen nur Erscheinungen, aber nicht deren Wesen dar. Naturerscheinung und menschliche Gestalt bleiben, wie sie sind und werden nicht (neu) geschaffen. Das Symbolische ist nach Hegel nämlich ein "Suchen, (...) Gärung, rätselhaft (...) und Erhaben (...)" (ebenda, S. 84).

An der klassischen Kunstform hat sich die Praxis der persönlichen Repräsentation als Praxis in Politik, Wissenschaft und Medien entwickelt. Sie ist zwar "die freie adäquate Einbildung der Idee in die der Idee selber eigentümlich ihrem Begriff nach zugehörige Gestalt, mit welcher sie deshalb in freien, vollendetem Einklang zu kommen vermag" (ebenda), aber solche Praxis stellt nicht den ursprünglichen Begriff dar. Sie ist deshalb bloßes Machen oder Mache.

In der romantischen Form der Praxis kommt die Einheit von Mensch und Gesellschaft auf sinnliche Weise zur adäquaten Manifestation. Es ist dies der Protest. Dieser geht von einem Wissen aus und ist insofern idealistisch, als er dieses bei allen anderen als gegeben voraussetzt. Die Studentenbewegung war eine Praxisform, die sich unmittelbar an diese romantische Kunstform angeschlossen hatte, wie sie in der heutigen Linken tradiert wird. Sie beschwört die Natur, ohne aus ihr die richtige Theorie zu entwickeln, und meint darin, menschlich zu sein. Sie ist "selbstbewußte Innerlichkeit" (ebenda, S. 86), darin in der christlichen Tradition verwurzelt. Die "innere Welt macht den Inhalt des Romantischen aus und wird deshalb als dieses Innere und im Schein dieser Innigkeit zur Darstellung gebracht" (ebenda, S. 87). "Die Innerlichkeit feiert ihren Triumph über das Äußere und läßt im Äußeren selbst und an demselben diesen Sieg erscheinen, durch welche das sinnlich Erscheinende nur zur Wertlosigkeit herniedersinkt". "(...) Dieses Äußere hat seinen Begriff und Bedeutung nicht mehr wie im Klassischen in sich und an sich selber, sondern im Gemüt, das seine Erscheinung, statt im Äußeren und dessen Form der Realität, in sich selber findet und dies Versöhntsein mit sich in allem Zufall, allem für sich gestaltenden Akzidentellen, allem Unglück und Schmerz, je im Verbrechen selber zu bewahren oder wiederzugewinnen vermag" (ebenda).

Alle drei Formen bestehen nach Hegel je im "Erstreben, Erreichen und Überschreiten des Ideals als der wahren Idee der Schönheit" (ebenda, S. 88), aber eben nicht in der Aufhebung von deren Schein.

Hegel behauptet, daß "das Wahre allein schlechthin begreiflich ist, weil es den absoluten Begriff und mehr die Idee zu seiner Grundlage hat" (ebenda, S. 99). Wenn aber "die Schönheit (...) nur eine bestimmte Weise und Äußerung des Wahren (ist)", dann ist sie es als Schein. Aufgabe der Praxis, die sich an diesen Schein anschließt, ist es, das Wahre in seinem Wesen erscheinen zu lassen. Die Praxis ist also nicht nur eine Erscheinung des Wesens, sondern dieses selbst.

Der absolute Geist ist die Praxis. Wenn ihre Erscheinung ihrem Wesen ungleich ist, wie Hegel meint, ist sie ein "vergängliche(r), unbefriedigte(r) und unselige(r) Geist" (ebenda, S. 101), dessen Befriedigungen "beschränkt und verkümmert, relativ und vereinzelt" sind -, dann findet der Geist seine "wahre Allgemeinheit, Einheit und Befriedigung anderswo: im Unendlichen und Wahren", die der Geist "selber als das Negative seiner (erfaßt) und (...) sich dadurch seine Unendlichkeit (erringt)". "Diese Wahrheit des endlichen Geistes", nach Hegel der absolute Geist, ist, materialistisch gesehen, nichts anderes als die Praxis selbst, so, wie der absolute Geist "absolute Heiligkeit und damit als absolute Unterscheidung seiner in sich selbst zu fassen" (ebenda, S. 100) ist. In dieser Praxis ist der Geist (dann) das Bewußtsein dieser, als das er "sich in sich als Wissendes und diesem gegenüber als absoluter Gegenstand des Wissens unterscheidet" (ebenda, S. 101). Er ist dieses absolute Wissen aber nach Hegel nur "in seiner Gemeinde (,) das als Geist und Wissen seiner wirklich Absolute", das heißt, er ist es nur als Praxis in organisierter Form.

Was nach Hegel der Mensch sucht, sei "die Region einer höheren, substantielleren Wahrheit, in welcher alle Gegensätze und Widersprüche des Endlichen ihre letzte Lösung und die Freiheit ihre volle Befriedigung finden können. Dies ist die Region der Wahrheit an sich selbst, nicht des relativ Wahren. Die höchste Wahrheit, die Wahrheit als solche, ist die Auflösung des höchsten Gegensatzes und Widerspruchs. In ihr hat der Gegensatz von Freiheit und Notwendigkeit, von Geist und Natur, von Wissen und Gegenstand, Gesetz und Trieb, der Gegensatz und Widerspruch überhaupt, welche Form er auch annehmen möge, als Gegensatz und Widerspruch keine Geltung und Macht mehr" (ebenda, S. 107). Diese Auflösung der Gegensätze und Widersprüche der bürgerlichen Gesellschaft aber ist die gesellschaftliche Praxis, in der die Wahrheit nicht mehr nur an sich, aber auch nicht bloß für sich oder analytisch ist, sondern in ihrem Ansichsein für uns unmittelbar gegeben ist. Daß die Auflösung der Antinomien der bürgerlichen Gesellschaft bzw. des Verstandes nur praktisch möglich ist, steht schon bei Lukács (s. W.N., Der heilige Lukács, "Geschichte und Klassenbewußtsein" heute, Frankfurt/Main 1990). Wenn es nach Hegel die Aufgabe der Philosophie ist, den Begriff dieser Wahrheit zu fassen, so die der Praxis, sie zu ergreifen, sich anzueignen. Daß Hegel sie als Sphäre der Religion ansieht, welche Marx als die der Politik interpretierte, verweist nur auf eine ihrer Formen. Politik ist eine ideelle Form von Praxis (s. W.N., Die Antiquiertheit der Moderne, ebenda, S. 88ff.).

Nach Hegel ist "das Schöne die Idee des Schönen. Dies ist so zu verstehen, daß das Schöne selber als Idee, und zwar als Idee in einer bestimmten Form, als Ideal, gefaßt werden müsse. Idee nun überhaupt ist nichts anderes als der Begriff, die Realität des Begriffs und die Einheit beider." (ebenda, S. 112) Das heißt aber, daß Idee der Schein des zu Begreifenden oder das Phänomen ist, und Praxis der Zugriff auf diesen Schein. Denn "nur der in seiner Realität gegenwärtige (Begriff, d. Verf) und mit derselben in Einheit gesetzte Begriff ist Idee". Wenn "solche Einheit des Begriffs und der Realität (...) die abstrakte Definition der Idee (ist)" (ebenda, S. 113), wird durch Praxis diese Realität verändert und der Begriff immanent kritisiert, ihre Einheit als solche zur Identität einer geistigen Wirklichkeit oder eines wirklichen Geistes aufgehoben, was der Zweck von Praxis ist. Beide gewinnen durch die Praxis eine kritische Materialität, während ihre Verdinglichung nur eine affirmative zeitigt, wie es im Kunstwerk erkennbar ist.

Die Idee soll das "allein wahrhaft Wirkliche" (ebenda, S. 116) als vermittelte Einheit der Totalität, von subjektivem und objektivem Begriff sein. Nur habe "alles Existierende (...) deshalb nur Wahrheit, insofern es eine Existenz ist der Idee" (ebenda). Die Realität ist aber nur dann wahre Realität, wenn sie "dem Begriff gemäße Realität (ist)" (ebenda, S. 117), in der sich "die Idee selber zur Existenz bringt". Das heißt, Wirklichkeit gibt es nach Hegel nur als begriffene. Nun kann aber eine Idee die Wirklichkeit nur ergreifen, wenn, wie Marx sagt, diese auch zum Begriff drängt. Kommt aber beides nicht zusammen oder nicht zur Deckung (wie Angebot und Nachfrage nur im Durchschnitt), wird die Wirklichkeit fiktiv und die Begriffe oder die Ideen zu je herrschenden Formen, wie heute. Hat der idealistische Imperativ also über das materialistische Korrektiv geschichtlich gesiegt, müssen beide praktisch aufgehoben werden. Ersteres, indem sich die Begriffe selbst kritisieren und letzteres, also Wirklichkeit, überhaupt erst konstituiert wird. Ist damit der ihnen jeweils immanente Zweck erfüllt, erweist sich Praxis als das beide Vorgehensweisen tragende Prinzip. Orientiert am Zusammenfallen ihrer Momente im Schein der Verdinglichung, wie sie exemplarisch das Kunstwerk darstellt, materialisiert Praxis deren Wesen, das, was jene verbirgt und unkenntlich macht. Während Wissenschaft ihrer nur analytisch habhaft wird und Religion nur durch den Glauben an ein Jenseits, setzt Praxis dieses Wesen frei. Das Wahre, Gute und Schöne wird dadurch allererst sinnlich erfahrbar.

Hegel folgert, daß, wenn Schönheit die Idee sei und die Idee oder der absolute Begriff das Ganze, daß dann "Schönheit und Wahrheit (...) dasselbe" (ebenda) sein müssen. Wenn es richtig ist, wie Adorno behauptet, daß das Ganze das Unwahre ist, dann wäre auch Schönheit das Unwahre. Tatsächlich ist Schönheit eine Selbstabstraktion von Sinnlichkeit. In Wirklichkeit ist die Gesellschaft, das Ganze, etwas Unschönes. Sie muß erst wahr, gut und schön werden, was ihre Veränderung verlangt. Deshalb scheint die Idee (des Schönen) auch nur als schön. Es wäre an Praxis, das Schöne erst wirklich zu machen, das sie als Praxis wahrhaft oder dem Wesen nach schon ist, wenn sie ihrem Begriff entspricht.

Wie Hegel hinsichtlich des praktischen Verhältnisses der Idee als des absoluten Begriffs des Schönen ausführt, betrachtet das Subjekt das schöne Objekt als Selbstzweck. Es bleibt nicht "bei Ausführung subjektiver Absichten stehen (...)", dem Sollen, "sondern (hat) den vollendet realisierten Begriff und Zweck vor sich" (ebenda, S. 120), und das heißt, daß Praxis nur die der Objekte selbst sein kann. Sie müßte nach einem berühmten Wort von Adorno (s. Negative Dialektik, ebenda) selbst sprechen. Alles andere sei eine "Betrachtung des Schönen liberaler Art, ein Gewährenlassen der Gegenstände als in sich freier und unendlicher" (ebenda). Dagegen müssen die Objekte heute gezwungen werden, sich selbst zu äußern und das Subjekt ihnen gehorchen. Nur so ist Freiheit als Einsicht in die Notwendigkeit möglich, die heute ihr

Maß ist. So muß das schöne Objekt die Wahrheit über sich sagen. Ohne dies hat es keine Wahrheit. Der praktische Zugriff auf das Objekt dient also nur zu dessen Selbstentäußerung und Verwirklichung.

Das Schöne soll nach Hegel nur "die Idee als unmittelbare Einheit des Begriffs und seiner Realität" sein, "insofern diese ihre Einheit unmittelbar im sinnlichen und realen Scheinen da ist" (ebenda, S. 121). Daß das Schöne ein schöner Schein ist, zeigt sich in der Hegelschen Bestimmung, daß "das nächste Dasein nun der Idee (...) die Natur und die erste eine Schönheit die Naturschönheit (ist)" (ebenda), denn die Natur für sich ist z.B. Fressen und Gefressenwerden und deshalb gar nicht schön. An sich ist sie ästhetisches Bewußtsein, das in ihr als schön erscheint. An und für sich hat sie es mit Gesetzen zu tun, die teils aus den gesellschaftlichen in sie hineinprojiziert werden, teils aus ihr herausinterpretiert werden, was ihre Erscheinung ausmacht. Deshalb müßte Praxis in bezug auf die Natur an das verdrängte, unbewußte ästhetische Bewußtsein des selbst natürlichen Menschen anknüpfen und sie materialistisch allererst danach schaffen, damit sie sich entspricht und für den Menschen wird, statt ihm wie eine Macht gegenüberzustehen oder von ihm beherrscht zu werden. Praxis löst den schönen Schein der Natur auf und setzte ihr Wesen an dessen Stelle. Es ist dies ein durch das menschliche Wesen erkanntes Wesen, aber das ist selbst nur praktisch möglich, nicht durch bloße Naturbetrachtung, aber auch nicht durch ihre Manipulation (wie im Experiment, der Industrie usw.). Nur die in Ruhe gelassene Natur kann ihrem Wesen entsprechend praktisch werden.

Nach Hegel soll "das Leben (...) eine erste Naturerscheinung der Idee (sein)" (ebenda, S. 124). Das ist nur in dem Sinne falsch, als die Idee dem Leben nicht einfach vorausgeht wie der Natur, sondern richtig in dem, daß das Denken des Menschen ohne Ideen leblos wäre. Richtiger aber wäre es, das Leben als natürliches Wesen der Praxis (oder ihre wesentliche Natur) zu bezeichnen. Dann käme es auch nicht zu dem Mißverständnis, daß der "Leib und seine Gliederung (...) als Existenz der systematischen Gliederung des Begriffs selbst (anzusehen)" (ebenda) ist in dem Sinne, daß Geist die Natur hervortreiben würde. Allerdings ist das Bewußtsein das Ansich der Natur und deshalb ihr unbewußtes Bewußtsein. Aber ein Begriff von ihr ist nicht nur erst nachträglich festzustellen, erscheint als solcher auch nicht. Er kann nur ein praktisches Wesen sein, das als solches erscheint, und nicht nur scheint. Deshalb ist das Leben heute ein Schein und müßte erst Leben werden, das es noch nicht ist, weil es noch nicht wesentlich ist.

Das Leben als "Einheit der Seele und ihres Leibes" (ebenda) ist heute die vom gesellschaftlichen Inhalt der Seele und gesellschaftlichen Formen der Natur. Deshalb kann erst die gesellschaftliche Praxis ihre wirkliche Einheit hervorbringen, was gegen alle mystischen und New-age-Philosophien gerichtet ist. Das Lebendige ist nur in idealistischer Weise "Idee und erst die Idee das Wahre" (ebenda, S. 125), denn im Wesen ist das Lebendige Praxis und diese die materialistische Wahrheit. - Das Leben ist nach Hegel aber "nur erst als einzelne lebendige Subjektivität wirklich" (ebenda, S. 127). Solange der einzelne aber gelebt wird oder Objekt ist, fehlt ihm diese und nur als praktisch kritisch-tätiger Mensch kann dieser Subjekt oder aus Nichts Etwas werden. Er muß sich bewegen (Hegel nennt es deshalb Selbstbewegung). Diese Selbstbewegung hat dieses aber mit dem Tier gemeinsam, das heißt, es ist darin noch nicht wirkliches Subjekt.

Das spezifisch Menschliche soll dagegen in der nicht nur zufälligen und willkürlichen wie verstandesmäßigen Bewegung liegen, sondern in deren Schönheit: "Die Schönheit betrifft das Scheinen der einzelnen Gestalt in ihrer Ruhe wie in ihrer Bewegung, abgesehen von deren Zweckmäßigkeit für die Befriedigung der Bedürfnisse wie von der ganz vereinzelten Zufälligkeit des sich Bewegens" (ebenda, S. 129). Das ist aber wieder nur der Schein von Vernunft, speziell die Bewegung des Menschen als passivem Menschen. Nicht also Ruhe und Bewegung als zwecklose und zufällige, sondern als Selbstzweck und Sache der Tat wären schön im materialistischen Sinne. Menschliche Ästhetik wäre in eine Praxis zu transformieren, die von sich zu sich kommt, also selbstbefriedigend wäre, indem sie andere(s) befriedigt. Erst dadurch erscheint die Seele, die sonst nur ein gestalteter Schein oder der Schein von Gestalt wäre. Die Werbung z.B. oder auch manche Frauen (auch Männer) versprechen heute etwas, was sie nicht halten können. Sie spiegeln Individualität nur vor.

Was in der Kunst seit deren von Hegel reflektierten idealistischen Formen sich verändert hat, ist nicht zu ändern. Zum anderen ist es aber eigentlich kunstfremd. Das materialistisch gewendete Ideal als das Wesen des Scheins bedarf nicht so sehr der Kunst als der Praxis, die sie als solche allerhöchstens beeinflussen kann. Das betrifft alle avantgardistische Kunst, die ihrem Inhalt nach eher als Praxis gesellschaftsverändernd wirkte.

So wie das Göttliche in der Kunst Einheit und Allgemeinheit ist, so ist in der Praxis das Weibliche das Doppelte und Besondere. Was in der Kunst Handlung ist, ist in der Praxis Erkenntnis, was selbständig ist wie der Held, unselbständig wie der Ausgebeutete, was Situation Bewegung, Kollision Widerspruch, Individuen Menschen, charakterlos aufmüpfig, das Regelmäßige der Kunst (z.B. die Architektur) in der Praxis unregelmäßig oder Regelverstoß, das sinnliche Material ist in ihr nicht einheitlich, sondern verschieden oder pluralistisch; ihre Ideale stimmen mit der äußeren Realität nicht überein, sondern sind dieser entgegengesetzt, die Natur ist in ihr für sie da und nicht an sich; die Einheit, die sie hervorbringt, eine Vielheit; die geistigen Verhältnisse nicht total, sondern minimal (s. W.N., Der heilige Lukács, ebenda); das Publikum ist ihr immanenter Teil, das heißt, sie bezieht es ein. Statt Zeit zu bilden, wie die Kunst, abstrahiert Praxis von der Zeit, indem sie eine neue Zeit beginnen läßt. Der Geschichte gegenüber ist sie nicht treu, sondern beliebig eingestellt. Statt wahrhafte Objektivität zu sein, ist Praxis absolute Subjektivität. Ihr Subjekt ist nicht der Künstler, sondern der Konsument, das heißt, es geht nicht um die Phantasie von ersterem, sondern des letzteren (ebenso Talent und Genie wie Begeisterung). Ihre Darstellung ist nicht objektiv, sondern subjektiv, innerlich. Sie ist nicht Manier, Stil und originell, sondern Reiz, Reaktion und einfach. Das heißt, alles in allem wendet die Praxis als Begriff des ästhetischen Scheins die Ideale in ihr Gegenteil. Und erst eine Kunst, die an diese Praxis und ihr Bewußtsein anknüpft, könnte das Material abgeben für einen Begriff materialistischer Ästhetik.

Nach Hegel sind die "besonderen Formen der Kunst" (ebenda, S. 295) im Begriff des Ideals angelegt und gelangten durch die Kunst nur zur Existenz. Das Nega-

Anders leben?

Engagierte Literatur bei Materialis

»Hätte ich eine andere Welt wählen können?
Bin ich nicht frei?
Ich kann gehen, wohin ich will,
ich stoß auf keinen Widerstand,
aber das ist noch schlimmer:
In einem Käfig bin ich,
von Spanien getrennt durch ... nichts,
und doch ist's unüberwindbar.«

Jean-Paul Sartre, Zeit der Reife

Albert Christel
Apokalypse unserer Tage

Erinnerungen an das KZ Sachsenhausen
Hrsg. u. eingel. v. Manfred Ruppel u. Lothar Wolfstetter
EE 8, Materialis, 216 S.Pb, 29,80 DM, ISBN 3-885-35-113-7

Dieser Bericht schildert minutiös die eigene Festnahme, die ersten Verhöre, die Überführung ins KZ sowie das Leben und die Arbeit im KZ mit all den unmenschlichen Besonderheiten und den selbst erlebten Vorkommnissen. Zugleich beschreibt der Autor seine eigenen Orientierungsversuche, die sich für ihn sowohl zu der Form einer ständigen Reflexion über das Allgemein-Menschliche als auch zu der Gestalt eines ihm selbst Kraft gebenden Überlebensprogramms verdichtet haben. Erstere dient ihm auch dazu, sie für sich selbst als Maßstab zu nehmen, um die Versuchungen, selber in die Inhumanität abzugleiten, zu bekämpfen.

Die doppelte Unterdrückung des Autors als Politischer (roter Winkel) und als Homoerotiker (rosa Winkel) läßt ihn die Spaltungen, die die SS mit Erfolg zwischen die Lagergruppen (v.a. „Kriminelle" versus Politische) treibt und die zu Distanzierungen und Entsolidarisierungen führen, besser durchschauen, als dies bei vielen anderen betroffenen Autoren (z.B. Kogon, die KPler) der Fall ist. Auch daß der Autor keiner Parteiung angehörte, führt ihn von vornherein dazu, sich im KZ auf sich selbst zu stellen und sich in seinem Verhalten an dem eigenen Maßstab der Menschlichkeit zu orientieren.

Der Titel des Buches entstammt einer seiner wichtigsten Passagen. Seine Aktualität gewinnt er aus dem Zusammenhang, in dem er im Buch steht und der auch heute wieder zu erfahren ist. Das institutionell halbierte und dualistisch unterlaufene Leben, das uns als ein normales Leben in Lohnarbeit, Konsum und Sicherheit vorgehalten wird, war damals und ist auch heute wieder gefährdet. Sich auf ein solches angeblich ungefährdetes und ungefährliches Leben einlassen zu wollen, ist illusorisch, ist mit sich selber nicht-identisches Leben, ist Leben ohne Selbsttätigkeit. Dagegen die Gefährlichkeit auf sich zu nehmen, um seinen Lebenssinn nicht selbst zu gefährden, sich selbst ein menschlich-erfülltes Leben zu schaffen, die Gefährdungen ständig im Blick zu behalten und sich dagegen so gut und offensiv wie möglich zu wappnen — das ist die apokalyptische Schau, in die uns Albert Christel in extremis einführt.

Albert Christel
geboren 1907 im lothringischen Metz; aktiver Wandervogel; Studium der Chemie und Physik in Karlsruhe und Frankfurt am Main; Lehrer-Referendariat; 1 Jahr Lehrer bei der „Freien Schule" von Bondy. Seit 1930 aktiver Widerstand gegen den Faschismus; 1934 Berufsverbot; 1934-38 im Gefängnis; 1939 - 1945 in den KZs Sachsenhausen, Flossenbürg, Neuengamme. Danach stark verminderte Arbeitsfähigkeit; Leben als freier, eigeninitiativer Sozialarbeiter, Schriftsteller, Kunstsammler. Während der 68er Bewegung noch einmal politisch aktiv. Freitod im „deutschen Herbst" 1977.

Henner Nordmann, Andrea Maag, Peter Mickenbecker, u.a.
Wozu sind die Füße da?

Zum gewaltlosen Widerstand im Straßenverkehr

EE 11, Materialis, 116 S.Pb m. 16 Abb., 19,80 DM (2.A.),ISBN 3-885-35-120-X

Dies ist keine Anthologie zum Thema Auto sondern eine Sammlung von 22 Erzählungen, Satiren und Erfahrungsberichten von denen, die entweder mitten in dem Prozeß stehen, das Autofahren zu problematisieren oder die schon aufs Autofahren ganz oder partiell verzichtet haben und die über ihr Praktizieren von Alternativen (Radfahren, Solarmobil, Gehen) reflektieren.
Die Berichte zeigen: Ihre Perspektive weist zwar je nach der eigenen, spezifischen Lage (Kinder, Jugendliche, Ältere, Unifreaks, Frauen, Grüne u.a.) verschiedene Momente auf. Alle sind aber dem Autoverkehr ausgesetzt und erfahren die Gewalt, die ihnen dieser zufügt.
Die Autofahrer hingegen haben eine andere Perspektive. Da ihnen das Erleben des Geschwindigkeitsrausches und die Bequemlichkeit vorgeht und sie sich die Kräfte ihrer Maschine letztlich selbst zuschreiben, wollen sie die andere Perspektive, wenn sie ihnen in die Quere kommt, zumeist nicht anerkennen und werten sie als nicht-normal ab. Dies verdoppelt aber die Gewaltsamkeit, da so nicht nur die eingesetzten Maschinenkräfte Gewalt ausüben, sondern auch die steuernden Auto-Menschen gewalttätig denken und sich auch so verhalten.
Das Praktizieren der Alternative in dieser Situation erfordert daher ein erfinderisches Verhalten, einiges Problematisieren und die Einübung der neuen Verhaltens- und Reaktionsweisen, die man sich vorgenommen hat. Dies kann man mit Gandhi als gewaltlosen Widerstand im Straßenverkehr begreifen. Die Gewaltlosigkeit liegt hier im Verzicht auf die Bewaffnung, das Auto, und damit die Ausübung von Gewalt. Letztlich würde dazu auch eine Politik gehören, die darauf abzielte, daß durch einzelne gezielte Kampagnen die Autofahrer von ihrem Kurs abgebracht werden. Doch da sind die Fahrradinitiativen u.a. noch nicht sehr weit. Währenddessen ist aber die technische Seite weiterentwickelt worden (Fahrräder, Solarmobile), wie drei Berichte zeigen. Und es wird auch darüber reflektiert, daß das Gehen gegenüber dem Radfahren im dichten Autoverkehr doch u.U. vorzuziehen ist, da man sich so mehr aus der Konfrontation mit den Autos rausziehen kann.

Hans Blume
Portugal braucht Zeit zum Kennenlernen

Reisebeschreibungen und Sozialreportagen

PS 2, Materialis, 288 S.Pb m. 65 Abb. u. 20 Karten, 39,80 DM, ISBN 3-885-35-085-8

Das Buch läßt den Leser teilhaben an einer Reise vom Norden bis hin zum Süden Portugals. Kulturelle und landschaftliche Sehenswürdigkeiten werden nicht nur in ihrer touristischen Bedeutung dargestellt, sondern wir erleben sie in ihrem geschichtlichen Kontext. Mit seiner uneingeschränkten Zuneigung für die Menschen, macht der Autor uns miteinander bekannt und der Leser fühlt sich dort sofort zuhause. Unsere Rerise führt uns von der verarmten Provinz Trás-os-Montes im Nordosten Portugals zu der bereits touristisch erschlossenen Algarve im Süden. Die gesellschaftlichen und ökonomischen Gegensätze dieses Landes werden uns sachkundig dargestellt. Das Buch ist nicht angereichert mit Fakten, die oft nur zu schnell vergessen werden, sondern angefüllt mit Beschreibungen und Erläuterungen und bietet genug Raum für den Leser, sich seinen eigenen Gedanken hinzugeben. So lernt er bei einer Straßenbahnfahrt durch Lissabon diese wunderschöne Stadt kennen und wird neugierig darauf sein, in einem Fado-Lokal am Leben der Portugiesen teilzuhaben.

Dies ist also ein Buch für den Portugalreisenden, der mehr möchte als die Beschreibung eines Bauwerkes, wie er zum Strand kommt oder wo er die portugiesische Küche besonders gut genießen kann. Dies kommt natürlich nicht zu kurz. In jeder Region wird über deren Eigentümlichkeit auch das für den Touristen Interessante berichtet, der nicht so viel Zeit mitbringen kann. Auch wer seinen Urlaub verständlicherweise nur an der schönen Algarve verbringen möchte, erfährt durch dieses Buch doch sehr viel über dieses Land. So erhält der Leser auch ein sehr lebendiges Bild der Revolution der Nelken am 25. April 1974. Hans Blume war zu dieser Zeit (1972-77) in Lissabon und beschreibt als Augenzeuge die Revolution. Diese Erlebnisse und die Gespräche, die er mit Teilnehmern führte, haben ihn veranlaßt, in seinem Buch den Ereignissen einen breiten Raum einzuräumen. Er berichtet auch ausführlich von den Gründungen der Kooperativen im Alentejo, von den Landarbeitern, die sich von den Großgrundgesitzern zu befreien suchten. Auch über die Situation der politischen Parteien und Strömungen nach dem 25. April informiert der Autor.

Dieses Buch ist voll von Eindrücken und Erlebnissen. Es bietet Informationen, wie sie sonst kaum in einem gleichartigen Buch zu finden sind. Keine leichte Lektüre, sondern ein Buch, das auch auffordert zum Nachdenken. (Roswitha Sopper)

Friedrich Kröhnke
Zweiundsiebzig

Das Jahr, in dem ich sechzehn wurde
mit einem Nachwort von Karl Kröhnke
EE 10, Materialis, 96 S. Pb, 16,80 DM, ISBN 3-88535-105-6

F.K. gehört zur 72er Generation. Das Jahr 1972, das er schildert, war der Höhepunkt des jugendlichen Aufbruchsversuchs seiner Generation. Für sie wurden die 68er Verhaltensweisen schon in viel jüngerem Alter anziehend. Und so übten sie denn mit 16 Jahren sich in ihrer eigenen Schülerrevolte. 1972 war auch das Jahr, in dem Barzel und die CDU mit gekauften Bundestagsabgeordneten die Ostverträge und die Regierung Brandt zu kippen suchten. Auch dagegen demonstrierte diese Generation.

Für F.K. begann 1972 mit einer „Winterreise", auf der ihm der Vater den Sozialismus austreiben wollte. Aber: „Zum ersten Mal haben mich die elterlichen Argumente nicht mehr verunsichert." Um von den Eltern wegzukommen — „die sind 19. Jahrhundert" — wurden ihnen die linken Lehrer zu Idolen und Ersatzvätern. Es war dann ein Jahr mit einem heißen Sommer voller Aktivitäten. „Als jetzt an unserer Schule die Unruhe zum zweiten Mal anwuchs, ergriff sie Lehrer und Schüler . . . und wir bildeten eine gemeinsame, aber nicht stabile Front."

Der Sommer endete mit seiner und des Bruders Relegation von der Schule. „Wir waren zum Mittelpunkt des Geschehens, zum Orientierungspunkt für viele Schüler und zum Stein des Anstoßes geworden." Aber die Relegation konnte den Impetus nicht brechen. Dazu war ihm und seiner Generation das, was sie als die 68er Verhaltensweisen ansahen, schon viel zu selbstverständlich geworden.

Aus der Rückschau von heute sehen wir aber zugleich beim Lesen dieser poetischen Erzählung, daß die 72er Generation viel mehr was Eigenes geworden ist, als sie selbst und wir anderen es damals wahrnahmen. Sie forderte „ohne große innere Zweifel bereits das als normal ein, was den Vorangegangenen noch Unsicherheit, Schuldgefühle und andere seelische Magenschmerzen bereitet hatte." Und: „Während die Älteren um Benno Ohnesorg trauerten . . . , sahen wir — mit dem Gespür derer, die erzogen werden sollten —, wie angeschlagen die Autoritäten waren und nutzten die neuen Freiheiten." So entsteht auch F.K.'s Liebe zu seinem Mitschüler Moritz in demselben Sommer, in dem an der Schule die Konfrontationen wachsen. Und sie ist ihm genauso wichtig wie Demonstrationen, Teach-Ins, Schülerzeitung und Spottgedichte.

Friedrich Kröhnke
1956 in Darmstadt geboren, lebt in Köln. Bei Materialis sind bisher von ihm erschienen: „Propaganda für Klaus Mann" und „Gennariello könnte ein Mädchen sein: Essays über Pasolini". Im Verlag Rosa Winkel ist erschienen: „Ratten-Roman".

Friedrich Kröhnke
Gennariello könnte ein Mädchen sein

Essays über Pasolini
EE 7, Materialis, 56 S. Pb, 12,80 DM, ISBN 3-88535-077-7

Die Essays stellen Variationen über den schwulen Dichter, Filmregisseur und unabhängigen Sozialisten Pier Paolo Pasolini dar, dem — 1975 ermordet — noch heute größtes Interesse entgegengebracht wird. Die aus der subjektiven Vergegenwärtigung Pasolinis heraus entstandenen Variationen wollen kein biografisches Portrait dieses »enfant terrible« geben, sondern kreisen stattdessen um einzelne Fragen wie das Verhältnis von Kunst und Revolution, von Päderastie und Pädagogik, von Homosexualität und politischer Arbeit.

Zitat
„Ich stelle mir deshalb gern vor, daß Gennariello ein Mädchen sei; und Pasolini hat das ja selber nicht ausgeschlossen: ‚Wenn du nicht ein Gennariello, sondern eine Concettina wärst, so hätte ich auch nichts dagegen.' . . . P.P.P. geht stur und ohne zur Seite zu blicken, eine Straße entlang. Das Mädchen aber fährt auf einem Fahrrad neben ihm her und spricht auf ihn ein. ‚Was du zur Abtreibung meinst, Pao, das paßt so recht zu deiner Idyllisierung alles Früheren, und frauenfeindlich bist du, und weißt du warum, weil du einen Muttertick hast und zwar einen schweren, und willst du nicht noch einen Kaffee mit mir trinken ich find dich einfach spitze meine Adresse mein Lieblingsbuch dein letzter Artikel im TEMPO."

Inhalt
ORTE. Jean-Arthurs weiter Strand, am Himmel, neuerliche Vision / „Dichter" und Kommunist sein / Schwuler und Kommunist sein / Die Schönheit der Revolution (erste Replik) / Die Jugend an die KPI (zweite Replik) / Gennariello könnte ein Mädchen sein / TEOREMA. Pietros jüngerer Bruder. Eine Variation in der Weise des P.P. Pasolini / Brief an einen hessischen Lehrer / Geborgtes Nachwort

Bund proletarisch-revolutionärer Schriftsteller Deutschlands
Hg.: J.R. Becher, A. Gabor, K. Kläber, E. Weinert, L. Renn
Die Linkskurve

Band 1: Jahrgang 1929

MP 9, Materialis, 192 S. Pb, 26,80 DM, ISBN 3-88535-007-6

Band 2: Jahrgang 1930

MP 10, Materialis, 452 S. Pb, 33,80 DM, ISBN 3-88535-012-2

Band 3: Jahrgang 1931

MP 11, Materialis, 462 S. Pb, 33,80 DM, ISBN 3-88535-029-7

Band 4: Jahrgang 1932 zus. 125,00 DM statt 145,20 DM einzeln (Ersparnis 20,20 DM),

MP 12, Materialis, 522 S. Pb, 38,80 DM, ISBN 3-88535-013-0

Die alte Linkskurve war eine Spätgründung der KPD, die kulturpolitische Aspekte seit ihrer Gründung vernachlässigt und nie eine eigene Kunstkonzeption entwickelt hatte. Kein Zufall, daß der Charakter dieser Zeitschrift von intensiven Debatten geprägt war, aus denen eine neue theoretische Position gewonnen werden sollte, die von Persönlichkeiten wie Friedrich Wolf, Johannes R. Becher, Georg Lukács und K.A. Wittfogel geprägt war. Die alte LINKSKURVE war Instrument geistiger Auseinandersetzung innerhalb einer in Pragmatik und Praxis erstarrten kommunistischen Bewegung, die aber über einen mächtigen organisatorischen Apparat verfügte.
(Fritz J. Raddatz in: Die Zeit)

Friedrich Kröhnke
Propaganda für Klaus Mann

EE 1, Materialis, 138 S. Pb, 20,80 DM, ISBN 3-88535-035-1

Leiden schafft Einsicht — hier die eines Trotzkisten, der sich in der Tradition von K.M.s sozialistischem Humanismus sieht und daher die verratene Oktoberrevolution und die stalinistische Bürokratie für seinen Weg nach 1933 mitverantwortlich macht. Opfer linker Intellektuellenfeindlichkeit — Adolf Joffe, Majakowski, Tucholsky, René Crevel, die franz. Surrealisten, Leo Sedow, Tretjakow, Toller, Benjamin, Masaryk, Pasolini, Jürgen Fuchs — werden in charakteristischen Zitaten, die aus Grenzsituationen kommen, vorgestellt, und die Parallelität des unveröffentlichten, Fragment gebliebenen Romans THE LAST DAY zu dem letzten Essay, HEIMSUCHUNG DES EUROPÄISCHEN GEISTES, nachgezeichnet. Konsequenterweise werden zu den Exilromanen FLUCHT IN DEN NORDEN (1934), SYMPHONIE PATHETIQUE (1935) und DER VULKAN (1939) „Anmerkungen“ gemacht (vor allem zu den Gestaltungen von Selbstmord, Homosexualität, Drogensucht, Engelsvisionen), die einer dogmatisch-marxistischen Kulturpolitik zuwider laufen. Die Broschüre trägt Züge einer gruppenorientierten Zielprojektion.
(Volkmar Hansen, in: Germanistik, Internat. Referatenorgan, 1/1985)

Qualmanach 3
Zeitschrift zur Ermunterung praktisch-kritischer Bücherleser
vormals Materialis Almanach
Anders denken: eine philosophische Übung
mit Beiträgen von Michel Foucault, Roger Garaudy, Peter Brückner, Hans-Jürgen Krahl, Leo Kofler, Stefan Dornuf, Stefan Immerfall, Lothar Wolfstetter, mit Rezensionen und dem Gesamtverzeichnis des Materialis Verlags und der Edition Nicole
ca. 112 S. A 5, geheftet, 3,00 DM,
(Direkte Zusendung an Einzelbesteller gegen Voreinsendung von 4,40 DM in Briefmarken oder als Scheck)

Bestellungen über den Buchhandel
Materialis Verlag, Rendeler Str. 9-11,
D-6000 Frankfurt 60

tive des Ideals dagegen wird durch die Praxis zu einem allgemeinen. In ihr ist die Bedeutung nicht von ihrer Erscheinung oder Existenz getrennt, wie nach Hegel im symbolischen Kunstwerk, das heißt, die Individualität ist in ihr nicht "wesentlich an sich und für sich selbst konkret" (ebenda, S. 312), sondern für uns oder abstrakt, das Medium, durch das der wesentliche Schein allgemein und damit auch allgemeinverbindlich wird. Praxis wird dadurch zur gesellschaftsverändernden Praxis.

Das Symbol, das nach Hegel "im allgemeinen den Charakter der Erhabenheit" (ebenda) trägt, ist in der Praxis und durch die Praxis ein "vereintes", das Praktizieren selbst. Deshalb stehen symbolische Aktionen, die nicht selbst die erforderliche Praxis sind, über den Dingen, das heißt, sie sind arrogant. Ich darf nicht nur gegen ein Objekt symbolisch protestieren, sondern ich muß es ergreifen und hinwegarbeiten, es also in meine Praxis übernehmen, damit umgehen. Sonst bleibt Praxis ihm nur äußerlich und unverantwortlich. Die Praxis darf nämlich die Formen der Kunst nicht einfach für sich übernehmen und anwenden, sondern muß sie allererst negieren. So soll sie keine Zeichen setzen, wie es oft der Fall ist, sondern bei Null anfangen, das heißt nichts bezeichnen, was sie nicht selbst als negative ist. Sie muß also stets das Nichts der Existenz und der Objekte bewußt machen, und das in sinnlicher Form. Das heißt, sie muß radikal sein. Sie soll also keine Zeichen setzen, sondern den Dingen verzeihen, was ihnen angetan wird. Nur dadurch erreicht sie den Menschen in materialistischer Weise. Sie darf deshalb auch nicht zweideutig sein, wie das Symbol in der Kunst, sondern eindeutig oder manifest. Denn das Symbolische ist im wesentlichen unbewußt, wobei die Kunst der Ausdruck dieser unbewußten Symbolik ist und die Praxis das hat, was das Unbewußte an ihr befreit, indem sie erst die Bedingungen seiner Selbstbefreiung schafft. Dafür muß die Bedeutung mit seiner sinnlichen Gestalt vermittelt sein, statt wie die Kunst frei von ihr zu sein. Denn das Sinnliche, das die Praxis ausspricht, ist an sich selbst ein Unbewußtes, während die Kunst nur die Wiederkehr des Verdrängten kennt. Die abstrakte Erscheinung der Praxis, das allgemeine Denken, Sprechen und Handeln, ist die Bedeutung der Kunst selbst, oder Praxis ist hier nur Vorstellen, Meinen und Tun, also Arbeit. Diese liegt in der Fabel, der Parabel, dem Sprichwort und der Apologie sowie im Rätsel, der Metapher, dem Bild und dem Gleichnis vor, die sich deshalb auch nicht als Formen von gesellschafts- und bewußtseinsverändernder Praxis eignen. Ihre Unmittelbarkeit ist vermittelt, ohne daß dies die Menschen wissen. Erst ihre negative Vermittlung macht sie zu negativen Formen wie die Verkürzung, die Absolutheit, der Imperativ, die Betrachtung im nachhinein, die weise Antwort, das urteilende Sprechen, die Aussage und die Konfrontation. Es geht in der Praxis also im Gegensatz zur Kunst nicht um die Darstellung von etwas, sondern die Konstitution von etwas.

Die klassische Kunstform besteht nach Hegel in der "Einigung des Inhalts (mit, d. Verf.) der ihm schlechthin angemessenen Gestalt" (ebenda, S. 413), wo "das sich selbst Bedeutende (...) damit auch (das) sich selber Deutende" sei. In ihr würde das Geistige sich selbst zum Gegenstand machen und als solches im Kunstwerk darstellen. Inhalt und Form sollen in ihm adäquat sein und "die Forderung der Totalität und Selbständigkeit in sich" (ebenda, S. 418) enthalten. Die Gestalt nun, in der die klassische Kunstform sich ausdrücken soll, "ist wesentlich die menschliche, weil die Äußerlichkeit des Menschen allein befähigt ist, das Geistige in sinnlicher Form zu offenbaren" (ebenda, S. 419). Die griechische Kunst sei das wirkliche Dasein dieses klassischen Ideals. Sie setzt, im Gegensatz zur symbolischen Kunstform, "die vollständige Ausbildung alles Handwerksmäßigen in der Kunst voraus" (ebenda, S. 426), wohingegen Praxis heute die zur herrschenden Form gewordenen Produktivkräfte voraussetzt. Ist die klassische Kunstform den Produktivkräften gegenüber also wesentlich affirmativ, so ist die an sie anknüpfende Praxis negativ. Sie thematisiert nicht das Menschliche, sondern das Nicht-Menschliche, Sachliche, Verdinglichte, und löst es auf. Ihr Subjekt ist deshalb auch nicht, wie bei der klassischen Kunst, der freie Geist, der zu sich kommt, indem er in sich geht, sondern der unfreie Geist, der außer sich geht. Praxis geht von der inneren Natur des Menschen, seiner materialistischen Basis, dem Verdrängten, unbewußter Sexualität, Gefühlen, Sinnlichkeit und Lust aus. Nicht die Harmonie von Geist und Natur stiftet hier geistige Individuen, sondern die innere Natur (oder die innere Subjektivität) allein bildet ein an sich selbst praktisches Individuum. Der Geist ist deshalb in der Praxis auch nicht Herr der Natur, also ein Denken, Sprechen und Handeln über die Natur, sondern das Denken, Sprechen und Handeln dieser Natur (des Objekts, Adorno, s.o.) selbst.

Wenn zur klassischen Kunstform das Orakel, das Recht und "die selbständige geistige Individualität" gehören, die von ihr als Natur ausgegeben werden, dann kennt Praxis nur ihre eigene Mission, das Recht auf revolutionäre Veränderung und die unselbständige sexuelle, gefühlsmäßige und sinnliche Individualität. Das allgemein Menschliche, die besondere Gestalt, die Autonomie des Individuums wird von der Praxis nominalismuskritisch genommen. Sie kennt nur den einzelnen Menschen oder den Unmenschen, seine massenhafte, allgemeine Gestalt und das Individuum als ausgebeutetes, erniedrigtes usw. Objekt. Das heißt, sie kehrt die Ideale der klassischen Kunstform, Allgemeinheit, Besonderheit und individuellen Einzelheit in je ihr Gegenteil um, was ihre realen Voraussetzungen sind.

"Die Auflösung der klassischen Kunstform" (ebenda, S. 483) dagegen, wie sie Hegel an der späten Antike, von Rom und dem Christentum kritisiert, ist der Praxis dagegen ein durchaus positives: Wie deren Form des Schicksals, die des Gedankens, der "das Element verdrängt hat, dessen die Kunst schlechthin bedarf" (ebenda, S. 488) (die wirkliche Menschengestalt und Erscheinung Gottes), die einer Form religiöser Aufklärung entsprechen sollen. Mit ihnen ist auch die Entsagung gepaart, die der Praxis als der des Denkens, Sprechens und Handelns notwendig ist. Ihre wahre Form, die Satire, drückt dagegen abstrakte Gedanken als solche des "seiner Innerlichkeit genügende(n) Subjekts" (ebenda, S. 494) aus. Die Praxis ist hier das, was diese Subjektivität in Aktivität verwandelt, so daß der Mensch, der sich praktisch betätigt, die Welt tatsächlich als ein Schicksal und als Abfolge von Gedanken in satirischer Form erfährt.

Die romantische Kunstform ist nun die, an der Praxis nur gesellschaftlich gewendet werden muß, und das heißt, daß Praxis das Romantische nicht nur aufnehmen und romantisch sein muß, sondern auch immer schon war. In der romantischen Kunst erhebt sich nach Hegel der "Geist zu sich, durch welche(s) er seine Objektivität, welche er sonst im Äußerlichen und Sinnlichen des Daseins suchen mußte, in sich selber gewinnt und sich in dieser Einigkeit mit sich selber empfindet und weiß" (ebenda, S. 499). Das Schöne werde dadurch "zur geistigen Schönheit des an und für sich Inneren als der in sich unendlichen geistigen Subjektivität" (ebenda). Diese geistige Subjektivität ist die des Selbstdenkenden, -sprechenden und -handelnden unbewußten Bewußtseins als vernünftigem Ding an sich oder des Absoluten, zu dem sich darin die Persönlichkeit erhebt. "Der wahre Inhalt des Romantischen ist die absolute Innerlichkeit" (ebenda, S. 500), deren absolute Subjektivität jedoch "nur dem Denken zugänglich sein" soll, das aber in der Romantik als Kunst auftritt, also seine unwahre Gestalt zum Ganzen erhebt. Wenn es bei Hegel nun heißt, daß diese Kunst "nur einen Gott, einen Geist, eine absolute Selbständigkeit" (ebenda) kennt, kann das unter materialistischen Gesichtspunkten als die Gesellschaft oder das gesellschaftliche Bewußtsein dechiffriert werden, das der Inhalt des Gottesbegriffes ist. So erscheint nach Hegel in der romantischen Kunst der Mensch "als der sich wissende einzige und allgemeine Gott selber" (ebenda, S. 502), das heißt als der gesellschaftliche Mensch, der er aber erst praktisch werden muß und der er erst als praktischer ist.

Inhalt des Romantischen ist nach Hegel erstens das Religiöse (Leben, Sterben und Auferstehen), zweitens die Weltlichkeit (Ehre, Liebe, Treue und Tapferkeit bzw. Zwecke und Pflichten) und drittens die formelle Selbständigkeit des Charakters. Dafür müsse die Seele "aus der Leiblichkeit in sich zurückgeführt (...) sein und in sich selber (...) denken" (ebenda, S. 511). Sie "habe nicht in dieser realen Existenz, sondern in ihr selbst ihre kongruente Wirklichkeit", weshalb die Schönheit nicht mehr als Ideal genommen wird, "sondern (als) die innerliche Gestalt der Seele in sich selbst" (ebenda). Romantische Kunst und Praxis sind in dem Sinne identisch, als sie die Verwirklichung und Vergegenständlichung des unbewußten Bewußtseins sind. Beide wenden sich gegen die Gleichgültigkeit einer "idealisierende(n) Einigung von Seele und Leib" und werden an sich selbst materialistisch. Wenn die romantische Kunst ihre "Äußerlichkeit nicht für sich, sondern für andere, als eine freigelassene, jedem preisgegebene Außenseite" hat, so ist Praxis als gesellschaftliche Praxis immer Praxis für andere oder für die Gesellschaft, nicht gegen sie. Sie kann deshalb keine Verschwörung oder auch nur ein Kampf gegen andere sein, sondern für ihre Befreiung. "Dieses Einssein ihrer in ihrem Anderen ist der eigentlich schöne Gehalt der romantischen Kunst, das Ideal derselben, das zu seiner Form und Erscheinung wesentlich die Innerlichkeit und Subjektivität, das Gemüt, die Empfindung hat" (ebenda, S. 512), was mit unbewußter Sexualität, Gefühl und Sinnlichkeit dechiffriert werden kann. Wenn bei Hegel "dies Denken in sich in einem anderen (...) als Empfindung die Innigkeit der Liebe (ist)", dann ist es praktisch das Lieben, was die Gesellschaft verändert, so wie das Bewußtsein des Liebens auch das ist, was im Marxismus Klassenbewußtsein heißt (74).

In der romantischen Praxis ist der Mensch gesellschaftlicher Mensch. Er ist einzelner, wirklich existierender Mensch und als solcher objektiv daseiend, oder er ist es nicht. Seine Gesellschaftlichkeit entspricht seinem Glauben an die Gesellschaft und ihrer Veränderbarkeit, was dem romantischen Leben Jesu entspricht. - Die Liebe ist in der Praxis die Vorhersage, die Prophetie oder das Seherische, wie es durch die Sexualität, die Gefühle und die Sinnlichkeit als unbewußte erscheint. Der Geist, ihr Geist, hat sich darin "in seinem eigensten Elemente für sich selber realisiert" (ebenda, S. 520). Die von Hegel thematisierte Gemeine ist dabei die Organisation des gesellschaftlichen Menschen, der die Gesellschaft liebt: die Assoziation, Kommune, der Rat (die BI's) bzw. die Gruppe. In ihr erst können sich die Eigenschaften der romantischen Kunst ebenso wie die der Praxis entfalten:

Da ist einmal das Märtyrertum, das Hegel als "eigene freiwillige Entsagung, Aufopferung, Entbehrung" bestimmt, und heute als notwendiger Abstraktionsprozeß der Bewegung aufgefaßt werden kann. Nur im "Fanatismus der Duldung" (ebenda, S. 524) sei die "Versöhnung mit Gott" (das heißt der Gesellschaft) möglich. - Die innere Buße und Bekehrung als "Konversion des Inneren" (ebenda, S. 527) verweist auf die Notwendigkeit von Bewußtseinsveränderung, die nicht ohne "geistigen Schmerz" abgehe. Die Wunder und Legenden dagegen, die nach Hegel eine "Konversionsgeschichte der unmittelbaren natürlichen Existenz bezeichnen" (ebenda, S. 529), stellen dagegen die notwendige Selbstveränderung von Mann und Frau oder des Kleinbürgers heute dar.

Nun hat sich nach Hegel die romantische Kunst besonders im Rittertum ausgeprägt. Dieses findet sein Heil "vor als Leben im Reiche Gottes" (ebenda, S. 530), also in der Gesellschaft selbst bzw. deren Bewußtsein. Es zeichnet die unendliche "vollständige Achtung für sich und andere" aus, die die Subjektivität ihrer Akteure ausmacht. Es sind dies nach Hegel "Ehre, die Liebe und die Treue". Dafür muß der einzelne die "Tugend der Demut, des Aufgebens der menschlichen Freiheit und des festen Beruhens auf sich" zeigen, das heißt sich der revolutionären Bewegung unterordnen, ohne sich zu verlieren.

Dabei kann die Ehre als Autorität entschlüsselt werden, die der einzelne Revolutionär aufbringen muß. Die Liebe (s. o.) als Prophetie, Vorhersage usw. und die Treue als Solidarität, in der die Menschen sich "eng zu einer Gesinnung, einem Willen und einer Tätigkeit verbinden, daß dadurch jedes Unternehmen den einen zugleich zum Unternehmen des anderen wird" (ebenda, S. 546). Insofern ist wohl die Romantik die klassische Form der Praxis.

Wovon Romantik und Praxis gemeinsam ausgehen, ist das, "was da ist" (ebenda, S. 549); wenn aber die Romantik sich damit begnügt, will die Praxis als solche es aufheben. Dies setzt aber wie in der Romantik eine "Selbständigkeit des Charakters", die "Abenteuerlichkeit" ihrer Formen und ihren "Humor" voraus. Insofern in beiden der Mensch als Individuum auftritt, ist er in ersteren mit sich identischer Mensch, der sich dem Walten von Notwendigkeit und Zufall "gegenüber steinern" (ebenda, S. 555) macht, also Festigkeit in sich entwickelt, die auf "einer entwickelten Breite sittlicher Substanz" (ebenda, S. 556) beruht. Nach Hegel ist für dieses Individuum die freie Vorstellungskraft und ein genialer Geist kennzeichnend. - Was die Abenteuerlichkeit anbetrifft, so ist dies die Haltung (oder das Verhalten), "sich geltend zu machen und Taten zu tun" (ebenda, S. 561), was mit nominalistischer "Entgötterung" (ebenda, S. 562) einhergeht, und der "Manifestation" dessen, was gewollt wird, was "Willkür oder Täuschung" (ebenda, S. 565) einschließt. Das praktische Abenteuer muß dabei etwas Märchen- oder Romanhaftes haben, ohne das es nicht ist. Es handelt sich hierbei um ein "vertiefende(s) Scheinen der äußeren Erscheinung" (ebenda, S. 573). Das Schöne scheint gleichsam als solches, das heißt, es ist frei. - Praxis darf nicht bierernst, sondern muß humorvoll sein wie der Witz, womit sie ihr Subjekt als praktisches erweist, das sich mit der Praxis identifiziert. - Die romantische Kunstform aber ist nach Hegel die letzte vor dem "Zerfallen der Kunst" (ebenda, S.

582). Nach ihr, die von Anfang an ein Fehler war, ist nur noch eine Praxis möglich, die sich selbst kritisiert (75).

Anmerkungen

1. H. Lefèbvre, Kritik des Alltagslebens, Kronberg/Ts. 1977
2. H. Marcuse, Versuch über die Befreiung, Frankfurt/Main 1980
3. M. Markovic, Dialektik der Praxis, Frankfurt/Main 1969
4. J. P. Sartre, Kritik der dialektischen Vernunft, Reinbek 1967
5. H. Müller, Praxis und Hoffnung, Bochum 1986
6. G. Petrovic, und W. Schmied-Kowarzik (Hrsg.), Die gegenwärtige Bedeutung des Marxschen Denkens, Bochum 1985
7. H. J. Sandkühler, Praxis und Geschichtsbewußtsein, Frankfurt/Main 1973
8. W. N., Die Antiquiertheit der Moderne, Frankfurt/Main 1990
9. ebenda
10. B. Bettelheim, Aufstand gegen die Masse, München 1980
11. W. Reich, Charakteranalyse, Selbstverlag 1933
12. Th. W. Adorno, Ästhetische Theorie, Frankfurt/Main 1973
13. W. N., ebenda
14. H. J. Krahl, Konstitution und Klassenkampf, Frankfurt/Main 1971
15. W. N., Das Bewußtsein des Liebens in: Re und Contra, unveröff. Manuskript
16. W. N., Selbstaufklärung und Lust heute, Buch I, Frankfurt/Main 1991 und ders., Die Frauen. Zur Kritik des Feminismus, Frankfurt/Main 1992
17. H. Marcuse, Triebstruktur und Gesellschaft, Frankfurt/Main 1977
18. W. N., Die Antiquiertheit der Moderne, ebenda
19. W. N., ebenda
20. W. N., Selbstaufklärung und Lust heute, Buch I u. II, ebenda
21. J. F. Lyotard, Immaterialität und Postmoderne, Berlin 1985
22. M. Horkheimer, Egoismus und Freiheitsbewegung in: Kritische Theorie der Gesellschaft, Band 2, Frankfurt/Main 1968
23. W. N., Die Antiquiertheit der Moderne, ebenda
24. W. N., Selbstaufklärung und Lust heute, ebenda
25. W. N., Das Primat kognitiver Praxis, Frankfurt/Main 1990
26. K. Korsch, Marxismus und Philosophie, Frankfurt/Main 1966, und dazu W. N., Philosophie und Praxis, Frankfurt/Main 1990
27. s. dazu J. P. Sartre, Kritik der dialektischen Vernunft, ebenda
28. Th. W. Adorno, Negative Dialektik, Frankfurt/Main 1966
29. s. W. N., Zur Kritik rationalen Denkens, Frankfurt/Main 1985
30. s. H. J. Krahl, Zur Wesenslogik der Marxschen Warenanalyse in: Konstitution und Klassenkampf, ebenda
31. W. N., Selbstaufklärung und Lust heute, ebenda, Buch I
32. W. N., ebenda, Anhang
33. W. N., Der Tod der Liebe, des Lebens und des Glücks, Frankfurt/Main 1989, u. ders., Negative Totalität, Frankfurt/Main 1983
34. H. Marcuse, Der eindimensionale Mensch, Darmstadt/Neuwied 1967
35. M. Horkheimer, Traditionelle und kritische Theorie in: Kritische Theorie der Gesellschaft, ebenda
36. W. N., Der Tod der Liebe, des Lebens und des Glücks, ebenda
37. Th. W. Adorno, Negative Dialektik, ebenda

38. W. N., Das Primat kognitiver Praxis, ebenda
39. W. N., Die Antiquiertheit der Moderne, ebenda
40. Liebe ist Erkenntnis oder sie ist keine.
41. G. Bataille, Der heilige Eros, Frankfurt/Main 1979
42. M. Merleau-Ponty, Die Abenteuer der Dialektik, Frankfurt/Main 1974
43. W. N., Praxiskritik, Frankfurt/Main 1991
44. H. Marcuse, Triebstruktur und Gesellschaft, ebenda
45. W. N., Die Antiquiertheit der Moderne, ebenda, u. ders., Der Tod der Liebe, des Lebens und des Glücks, ebenda
46. K. Marx, Grundrisse der Kritik der politischen Ökonomie, Frankfurt/Main, o. D.
47. W. N., Die Antiquiertheit der Moderne, ebenda, S. 61ff.
48. s. W. N., Nichts lehrt Denken. Das Ende der kritischen Theorie der Vernunft, Frankfurt/Main 1989
49. W. N., Selbstaufklärung und Lust heute, ebenda .
50. W. N., Negative Totalität, ebenda, S. 9ff.
51. H. Marcuse, Triebstruktur und Gesellschaft, ebenda
52. W. N., Der unbewußte Hegel, Frankfurt/Main 1982
53. W. N., Selbstaufklärung und Lust heute, ebenda
54. W. N., ebenda
55. s. A. Schmidt (Hrsg.), Beiträge zur marxistischen Erkenntnistheorie, Frankfurt/Main 1970
56. W. N., Das Primat kognitiver Praxis, ebenda
57. W. N., Selbstaufklärung und Lust heute, Anhang, ebenda
58. W. N., Die Antiquierheit der Moderne, ebenda
59. W. Benjamin, Gesammelte Schriften Band 1.2, Frankfurt/Main 1974
60. A. Schmidt, Beiträge zur marxistischen Erkenntnistheorie, ebenda
61. O. Negt/A. Kluge, Öffentlichkeit und Erfahrung, Frankfurt/Main 1977, u. O. Negt, Soziologische Phantasie und exemplarisches Lernen, Frankfurt/Main 1971
62. B. Leineweber, F. Schiebel, Die Revolution ist vorbei, wir haben gesiegt, o. D., o. O.
63. G. Schwab, Entgrenzungen und Entgrenzungsmythen. Zur Anthropologie der Subjektivität in modernen anglo-amerikanischen Romanen, Konstanzer Habilitationsschrift 1982
64. W. N., Selbstaufklärung und Lust heute, ebenda
65. W. N., Das Primat kognitiver Praxis, ebenda
66. F. Koppe, Grundbegriffe der Ästhetik, Frankfurt/Main 1983
67. H. Marcuse u. a., Repressive Toleranz, o. O., o. D.
68. M. Seel, Die Kunst der Entzweiung. Zum Begriff der ästhetischen Rationalität, Frankfurt/Main 1985
69. W. N., Selbstaufklärung und Lust heute, ebenda
70. s. Th. W. Adorno/M. Horkheimer, Dialektik der Aufklärung, Amsterdam 1947
71. s. G. W. F. Hegel, Ästhetik, I und II, Frankfurt/Main, o. D.
72. Die materialistische Theorie und Empirie des Bewußtseins muß noch ausgearbeitet werden. Das wäre die vornehmliche Aufgabe einer kritischen Philosophie und Sozialwissenschaft heute.

73. Th. Kuhn, Die Struktur wissenschaftlicher Revolutionen, Frankfurt/Main 1973
74. s. W. N., Re und Contra, ebenda
75. s. W. N., Praxiskritik, ebenda
76. W. N., Selbstaufklärung und Lust heute, ebenda
77. G. Lukács, Geschichte und Klassenbewußtsein, Amsterdam 1967, u. W. N., Der heilige Lukács. "Geschichte und Klassenbewußtsein" heute, Frankfurt/Main 1990
78. W. N., Selbstaufklärung und Lust heute, ebenda

Literaturverzeichnis

Th. W. Adorno, M. Horkheimer, Dialektik der Aufklärung, Amsterdam 1947
Th. W. Adorno, Zur Metakritik der Erkenntnistheorie, Stuttgart 1956
Ders., Negative Dialektik, Frankfurt/Main 1966
Ders., Dialektische Epilegomena: Marginalien zu Theorie und Praxis in: Stichworte, Kritische Modelle II, Frankfurt/Main 1969
Ders., Ästhetische Theorie, Frankfurt/Main 1973
Ders., Drei Studien zu Hegel, Frankfurt/Main 1974
Ders., Minima Moralia, Frankfurt/Main 1980
G. Anders, Die Antiquiertheit des Menschen, München 1983

G. Bataille, Der heilige Eros, Frankfurt/Main 1979
W. Benjamin, Gesammelte Schriften, Frankfurt/Main 1974
B. Bettelheim, Aufstand gegen die Masse, München 1980
E. Bloch, Das Prinzip Hoffnung, Band 1 - 3, Frankfurt/Main 1973
K. H. Bohrer, Plötzlichkeit. Zum Augenblick des ästhetischen Scheins, Frankfurt/Main 1981
P. Bürger, Zur Kritik der idealistischen Ästhetik, Frankfurt/Main 1983

J. Derrida, Grammatologie, Frankfurt/Main 1974
F. Diderot, Philosophische Schriften, Band 1, Berlin 1961

F. Engels, Der Anteil der Arbeit an der Menschwerdung des Affen, Berlin 1967
Ders., Die Entwicklung des Sozialismus von der Utopie zur Wissenschaft, Berlin 1968
Ders., Anti-Dühring, Berlin 1969
Ders., Dialektik der Natur, Berlin 1973

M. Ferguson, Die sanfte Verschwörung, Basel 1982
J. G. Fichte, Werke, Berlin 1971
M. Foucault, Freiheit und Selbstsorge, Frankfurt/Main 1985
Ders., Sexualität und Wahrheit, Band I - III, Frankfurt/Main 1986
S. Freud, Studienausgabe I - X, Frankfurt/Main 1969

A. Gramsci, Philosophie der Praxis, Frankfurt/Main 1967

J. Habermas, Theorie des kommunikativen Handelns, Frankfurt/Main 1981
G. W. F. Hegel, Phänomenologie des Geistes, Berlin 1967
Ders., Logik I - II, Frankfurt/Main 1969
Ders., Jenaer Schriften, Frankfurt/Main 1970
Ders., Rechtsphilosophie, Frankfurt/Main 1970
Ders., Philosophie der Geschichte I - III, Frankfurt/Main 1971
Ders., Ästhetik, Frankfurt/Main o. D.
M. Heidegger, Über den Humanismus in: M. H., Platons Lehre von der Wahrheit, Bern 1954
Ders., Sein und Zeit, Tübingen 1960

Ders., Nietzsche, Band I, Pfullingen 1961
M. Horkheimer, Egoismus und Freiheitsbewegung in: Kritische Theorie der Gesellschaft, Band II, Frankfurt/Main 1968
Ders., Traditionelle und kritische Theorie, ebenda

H. J. Jauß, Ästhetische Erfahrung und literarische Hermeneutik, Frankfurt/Main 1982

I. Kant, Werke in 12 Bänden, Frankfurt/Main 1978
V. Klemperer, LTI, Leipzig o. D.
F. Koppe, Grundbegriffe der Ästhetik, Frankfurt/Main 1983
K. Korsch, Marxismus und Philosophie, Frankfurt/Main 1966
H. J. Krahl, Konstitution und Klassenkampf. Zum Verhältnis von bürgerlicher Emanzipation und proletarischer Revolution, Frankfurt/Main 1971
Ders., in: Sinnlichkeit und Abstraktion. Prolegomena zu einer materialistischen Empirie, Hrsgb. H. Brinkmann, Wiesbaden 1973
Ders., Erfahrung des Bewußtseins, Frankfurt/Main 1977
Th. Kuhn, Die Struktur wissenschaftlicher Revolutionen, Frankfurt/Main 1973

H. Lefèbvre, Kritik des Alltagslebens, Kronberg/Ts. 1977
B. Leineweber/Schiebel, Die Revolution ist vorbei, wir haben gesiegt, o. D., o. O.
W. Lenin, Materialismus und Empiriokritizismus, Berlin 1952
Ders., Was tun? in: Ausgewählte Werke Band I, Berlin 1966
N. Luhmann, Soziale Systeme. Grundriss einer allgemeinen Theorie, Frankfurt/Main 1985
F. Lyotard, Immaterialität und Postmoderne, Berlin 1985
G. Lukács, Geschichte und Klassenbewußtsein, Amsterdam 1971

Mao Tse-tung, Über die Praxis, Ausgewählte Werke, Band I, Peking 1958
H. Marcuse, Der eindimensionale Mensch, Darmstadt/Neuwied 1967
Ders., Triebstruktur und Gesellschaft, Frankfurt/Main 1977
Ders., Versuch über die Befreiung, Frankfurt/Main 1980
Ders., u. a., Kritik der reinen Toleranz, Frankfurt/Main 1982
M. Markovic, Dialektik der Praxis, Frankfurt/Main 1969
K. Marx, Das Elend der Philosophie (Anti-Proudhon), Berlin 1960
Ders., Die heilige Familie. Zur Kritik der kritischen Kritik, Berlin 1965
Ders., Kritik des Gothaer Programms, Berlin 1965
Ders., Elf Feuerbachthesen in: Deutsche Ideologie, Berlin 1966
Ders., Kommunistisches Manifest, Berlin 1967
Ders., Das Kapital I - III, Berlin 1968
Ders., u. F. Engels, Deutsche Ideologie, Berlin 1969
Ders., Zur Kritik der politischen Ökonomie, Berlin 1971
Ders., Ökonomisch-philosophische Manuskripte von 1844 in: Ergänzungsband, Berlin 1977
Ders., Grundrisse der Kritik der politischen Ökonomie, Frankfurt/Main o. D.
M. Merleau-Ponty, Die Abenteuer der Dialektik, Frankfurt/Main 1974
H. Müller, Praxis und Hoffnung, Bochum 1986

O. Negt, Soziologische Phantasie und exemplarisches Lernen, Frankfurt/Main 1971
Ders./A. Kluge,, Öffentlichkeit und Erfahrung. Zur Organisationsanalyse bürgerlicher Öffentlichkeit, Frankfurt/Main 1977
Ders./A. Kluge, Geschichte und Eigensinn, Frankfurt/Main 1981
W. Neumann, Der unbewußte Hegel. Zum Verhältnis der Wissenschaft der Logik zu Marx' Kritik der politischen Ökonomie, Frankfurt/Main 1982
Ders., Negative Totalität. Erfahrungen an Hegel, Marx und Freud, Frankfurt/Main 1983
Ders., Zur Kritik rationalen Denkens. Der unbewußte Gehalt wesentlicher Wissenschaften, Frankfurt/Main 1985
Ders., Arbeit? Nein, Danke. Eine Kritik zum Thema Arbeit an Gewerkschaften, Grünen, Linken und Frauenbewegung, Hannover 1986
Ders., Was ist Liebe? Der Anti-Fromm. Auch ein Aufklärungsbuch, Hannover 1986
Ders., Der Tod der Liebe, des Lebens und des Glücks. Freuds Religions- und Kulturkritik, Frankfurt/Main 1989
Ders., Nichts lehrt Denken. Das Ende der kritischen Theorie der Vernunft, Frankfurt/Main 1989
Ders., Das Primat kognitiver Praxis. Die kritische Theorie der Frankfurter Schule: eine weibliche Idee, Frankfurt/Main 1990
Ders., Denken und Sein. Emanzipation, Dialektik, Denken, Gott, Geld und Postmoderne, Essen 1990
Ders., Der heilige Lukács. "Geschichte und Klassenbewußtsein" heute, Frankfurt/Main 1990
Ders., Die Antiquiertheit der Moderne. Zu den Begriffen der nachbürgerlichen Gesellschaft mit einem Anhang zu den Theorien der Post-Moderne, Frankfurt/Main 1990
Ders., Philosophie und Praxis. K. Korschs "Marxismus und Philosophie", Frankfurt/Main 1990
Ders., Selbstaufklärung und Lust heute, Band I: Denken wie Marx und II: 1. und 2. Natur, Frankfurt/Main 1991
Ders., Liebe und Politik. Gegen den inneren und äußeren Krieg, Frankfurt/Main 1991
Ders., Die geheime Weisheit der Weltreligionen. Wesenslogische Reflexionen eines unaufgeklärten Atheisten, Frankfurt/Main 1991
Ders., Die Frauen. Zur Kritik des Feminismus, Frankfurt/Main 1992
Ders., Praxiskritik. J. Habermas' "Erkenntnis und Interesse", Frankfurt/Main 1992
Ders., Wider den Pragmatismus. Zur Philosophie von Richard Rorty, Würzburg, 1992
Ders., Das Wesen von Geist und Natur. Zur negativen Metaphysik, Frankfurt/Main 1992
Ders., Kritische Theorie der Kultur heute. Der Mensch zwischen revolutionärer Selbsterhaltung und revolutionärer Selbstverwirklichung, Essen 1993
Ders., Philosophie und Sexualität. Zur Psychoanalyse kritischen Denkens, Hannover 1993
Ders., Die materielle Einheit der Welt. Eine Synthese von Geist und Natur, Hannover 1993

F. Nietzsche, Werke XV und XVI, Leipzig 1901

G. Petrovic/W. Schmied-Kowarzik, Die gegenwärtige Bedeutung des Marxschen Denkens, Bochum 1985
Platon, Sämtliche Werke, Hamburg 1957

W. Reich, Charakteranalyse, Selbstverlag 1933

H. J. Sandkühler, Praxis und Geschichtsbewußtsein, Frankfurt/Main 1973
J. P. Sartre, Kritik der dialektischen Vernunft, Reinbek 1967
A. Schmidt, Beiträge zur marxistischen Erkenntnistheorie, Frankfurt/Main 1970
Ders., Der Begriff der Natur in der Lehre von Marx, Frankfurt/Main 1971
Ders., Emanzipatorische Sinnlichkeit. L. Feuerbachs anthropologischer Materialismus, München 1973
Ders., Kritische Theorie, Humanismus, Aufklärung, Stuttgart 1981
Ders., in: 100 Jahre Kapital, o. O., o. D.
A. Schopenhauer, Die Welt als Wille und Vorstellung I und II, Zürich 1977
M. Seel, Die Kunst der Entzweiung. Zum Begriff der ästhetischen Rationalität, Frankfurt/Main 1985
A. Sohn-Rethel, Geistige und körperliche Arbeit. Zur Theorie der gesellschaftlichen Synthesis, Frankfurt/Main 1971

M. Weber, Wirtschaft und Gesellschaft, Tübingen 1985
A. Wellmer, Zur Dialektik von Moderne und Postmoderne. Vernunftkritik nach Adorno, Frankfurt/Main 1985

Gegensteuern

Gert Schäfer
Macht und öffentliche Freiheit
Studien zu Hannah Arendt
D 18, Materialis, 112 S. Pb, 22,90 DM, ISBN 3-88535-157-9, Mai 1993

Gert Schäfer (GS) hat Hannah Arendt (HA) noch hautnah selber erlebt, als sie während der Studentenbewegung an der Ffmer Uni eine Gastvorlesung hielt. Dazu eingeladen hatte sie Iring Fetscher, bei dem GS damals wissenschaftlicher Assistent war. So wie GS damit auf eine lange Beschäftigung mit HAs Werk zurückblicken kann, so haben seine ersten beiden Aufsätze in diesem Buch auch einen hinführenden Charakter auf dieses Werk. Der 3.Aufsatz geht dann medias in res. GS hat dafür die Schriften von HA einer eingehenden Analyse unterzogen, um die Marxismuskritik HAs herauszudestillieren. Durch die präzise Rekonstruktion und luzide Darstellung wird somit erstmals in der Literatur diese Kritik zusammenhängend einsehbar gemacht. Mit seinem 4. und letzten Aufsatz mischt sich GS dann in die aktuelle Auseinandersetzung um das Werk von HA ein. Während GS sich selber schon lange im Umkreis der Habermasschen Theoriebildung ansiedelt, hat die Diskussion in den USA sich mehr um die Angemessenheit der Habermasschen Interpretation von HAs Werk bewegt. GS setzt sich damit auseinander und setzt sich von den Positionen von Heather, Stolz, Luban und Canovan ab, während er sich mehr auf Benhabib und Bernstein bezieht. GS sieht die wesentliche Differenz zwischen Habermas und Arendt darin, daß Habermas den Theorieansatz des linguistic turn in seine Theoriebildung zusätzlich aufgenommen habe. Dies ist dann für GS der Ausgangspunkt, um auf das Spätwerk von HA einzugehen und es mit dem von Habermas zu vergleichen.

Materialis Verlag
Rendelerstraße 9-11
D–60385 Frankfurt am Main
Tel.: 0 69 / 45 08 82

Materialis

Der

verlag für die gesellschaft

veröffentlicht

kritische Literatur aus Politik, Wissenschaft und

Kunst

in den editionen

gesellschaftsphilosophie und **-kultur**

sowie **-sache**

zu niedrigen Druckkostenzuschüssen und geringer Eigenabnahme

und liefert in allen deutschsprachigen Ländern über den

Materialis Verlag an alle Buchhandlungen und viele Einzelkunden aus.

Dr. W. Neumann

Raabestr. 18

30177 Hannover

Anders Sprechen

Neuerscheinungen Frühjahr 1990 bei Materialis

Michel Foucault
Das Wahrsprechen des Anderen

Zwei Vorlesungen von 1983/84
Hrsg. u. eingel. v. Ulrike Reuter, Lothar Wolfstetter, Hermann Kocyba, Bernd Heiter
MP 31, Materialis, 100 Seiten, 1[illegible],80

In diesen beiden vollständig transkribierten und übersetzten Vorlesungen versucht Foucault den antiken Begriff und die Praktik des Wahrsprechens (Parrhesia) in einen aktuellen Begriff und eine aktuelle Praktik zu transformieren.

Indem Foucault zuerst die Aussagen der Antike über das Wahrsprechen erläutert und aufeinander bezieht, kann er zeigen, wie das Wahrsprechen im Rahmen der Praktiken der Selbstbemeisterung und der Beziehungen zu anderen situiert ist. Demnach ist das Wahrsprechen des Anderen eine der unbedingt notwendigen Bedingungen, damit wir eine adäquate Beziehung zu uns selbst ausbilden können. Durch den Vergleich mit den Denk – und Redefiguren bei Quintilian (Institutio oratoria), seinem eigenen Begriff der diskursiven Strategie und der sokratischen Ironie kann Foucault dann darüber sprechen, worin das Wahrsprechen nicht besteht: es ist weder bloß ein spezifischer Sprechakt noch bloß eine diskursive Strategie. Es ist vielmehr eine Anti – Ironie, die für denjenigen, der sie ausübt, weitreichende persönliche Konsequenzen nach sich zieht.

Foucault bezieht nun die so abgeschrittene Via Negationis – also die Darstellung dessen, was das Wahrsprechen nicht ist – auf den aktualisierenden Nachvollzug der Auftritte Platons und Dions vor den Tyrannen von Syrakus (Dionys der Ältere und der Jüngere). Es gelingt ihm dabei eine zweite Via Negationis, die beim Leser ein intensives Nachbild, von dem hinterläßt, was Platon dem Dionys gegenüber in seinem wahrsprechenden Affront gesagt haben kann.

Diese Interpretation Foucaults ist eines der drei Hauptstücke seiner neuen Platon-Interpretation. Die erste stellte den Erosbegriff und den Selbstsorge-Begriff von Sokrates aus der Konnotation der Knabenliebe wieder her (»Freiheit und Selbstsorge«). Die zweite ist die hier vorgelegte, die sozusagen über die Praktik der Wahrheit handelt. Die dritte geht dann über den Gerichts- und Sterbensprozeß von Sokrates. Wie sich bei der Edierung und Erarbeitung dieser Interpretationen zeigte und auch aus dem Vergleich mit »Sexualität und Wahrheit 2 + 3« ergab, verschafft sich Foucault die Intensitäten zu seinem letzten Hauptwerk in diesen Detailinterpretationen der Vorlesungen. Da diese Intensität sich dann aber im Hauptwerk durch die Intention der Einholung seines weitgespannten Forschungsprogramms wieder etwas verliert, kann nur der Rückgriff auf die Vorlesungen dem Leser den Ausgangspunkt verschaffen, um das entscheidend Neue an seinem letzten Hauptwerk zu erkennen und sich dazu einen eigenen Zugang zu bauen. Dieses Neue ist die Subjekt-Konstitution. Sie tritt zur Intersubjektivität, wie sie aus der spezifisch französischen Fassung des linguistic turn – nämlich dem Problem des Anderen – hervorgegangen ist, hinzu.

In unseren Vor- und Nachworten haben wir unsere eigene Rezeptions- und Interpretationsarbeit zur letzten Werkperiode von Foucault, die nunmehr über sechs Jahre läuft, dargestellt. Dies soll dem Leser und Fouault- Freak den eigenen Einstieg erleichtern.

Joachim Hirsch, Josef Esser, Wolfgang Fach u.a.
Modernisierungspolitik heute

Hg.v. Stephan Bröchler und Hans-Peter Mallkowsky
MP 32, ca. 120 S. Pb, ca. 26,80, ISBN 3-88535-131-5

Die Gestaltung des Modernisierungsprozesses durch den Staat und die Parteien ist in den letzten Jahren zu einem stark diskutierten Thema in der Öffentlichkeit geworden. Hierbei hat sich das Interesse auf die Bundesländer konzentriert. Da das Verwaltungshandeln neben den Kommunen den Ländern obliegt, ist es vornehmlich ihnen darum zu tun, dieses nun zu modernisieren und seinen Bezug auf die Wirtschaft, die sozialen Gruppen und die Bürger neu zu regulieren. So sind bisher auch erst die Länder mit neuen, umfassenden Politikkonzepten hervorgetreten. Und es sind Baden-Württemberg und Nordrhein-Westfalen, die die ersten ausgearbeiteten Konzeptionen vorgelegt haben. Ihre Vorlagen bestimmen immer noch wesentlich die Debatte und bilden die Pole, auf die die anderen Entwürfe bezogen werden.

Dieses Buch untersucht mit seinen 11 Beiträgen die neue Modernisierungspolitik von Baden-Württemberg und Nordrhein-Westfalen, vergleicht sie miteinander und stellt ihre Bewertung in den allgemeinen Kontext der Diskussion um den Modernisierungsprozess und um die allgemeinen Grundlagen einer Modernisierungspolitik. Im Mittelpunkt jeder Modernisierungspolitik steht heute die Frage nach einem sozialverträglichen und sozialakzeptierten Einbau der neuen Informationstechnologien in die existenten Strukturen oder aber deren Umbau.

Die Vision einer neuen informationellen Landespolitik durch Lothar Späth, den Ministerpräsidenten von Baden-Württemberg, setzt darauf, daß der Zeitgeist heute wieder von der Technik bestimmt ist, daß die positiven Effekte der neuen Technologien die negativen überwiegen und daß die alles bestimmenden Gesetze der Ökonomie über die verschärfte Weltmarktkonkurrenz genug Zwänge ausüben, damit sein neuer Politikmix von all dem getragen werden kann. Dieser Mix soll dann mittels der Informationstechnologien das Verwaltungshandeln sowohl beschleunigen und zentralisieren als ihm auch eine höhere Kompatibilität mit dem Wirtschaftshandeln verleihen. Zugleich soll der Staat den Wissenstransfer von den Universitäten zur Wirtschaft beschleunigen helfen. Den sozialen Gruppen und den Bürgern gegenüber soll der Staat sowohl als viel effektiverer Sachwalter als auch als ihr direkter Repräsentant auftreten, der zugleich ihre Einstimmung auf den Modernisierungsprozess betreiben soll.

Die Modernisierungspolitik von Nordrhein-Westfalen weicht von diesem Konzept in 2 Punkten ab: sie versucht neben den Akteuren Wirtschaft und Wissenschaft auch die Verbände der sozialen Gruppen d.h. bisher nur die Gewerkschaften in das Diskursmodell einer Kommission einzubinden. Hier tritt dann der Staat als Schiedsrichter auf, während die Gruppen und Verbände die Sozialverträglichkeit der Modernisierungspolitik diskutieren und ihre Konflikte rational austragen. In der Technikfolgenabschätzung hat NRW zudem die soziale Dimension und ihre sozialwissenschaftliche Untersuchung integriert.

Die 5 allgemeinen Beiträge des Bandes zeigen u.a., wie sehr diese ganze Debatte sowohl vor dem Hintergrund einer realen fordistischen Deindustrialisierung und eines sich abzeichnenden Postfordismus als einer neuen Modernisierungsmodells steht, als auch daß die Modernisierungsfrage in das Zentrum der ganzen Politik rückt und daß die Neukonservativen sich zum ideologischen Träger dieses neuen Modells zu machen bestrebt sind. Demgegenüber haben sich die Gegenkräfte noch nicht genugsam geltend gemacht. Ihre erste Aufgabe ist aber wie immer die Kritik. Dazu leistet dieses Buch einen ersten zusammenhängenden Beitrag.

Zu den Autoren: JOACHIM HIRSCH und JOSEF ESSER sind Professoren am Fachbereich Sozialwissenschaften der Uni Frankfurt. WOLFGANG FACH ist Professor für Politische Wissenschaften an der Uni Konstanz. JOSEF SCHMID ist wiss. Mitarbeiter für Politische Wissenschaft an der Uni Bochum. GEORG SIMONIS ist Privatdozent und wissenschaftlicher Mitarbeiter im Forschungsprojekt SoTech. HANS-PETER MALLKOWSKY ist Dipl. Verwaltungswissenschaftler und Referent in der »Denkfabrik« der Staatskanzlei Schleswig-Holstein. STEPHAN BRÖCHLER ist Dipl.-Verwaltungswissenschaftler und wissenschaftlicher Mitarbeiter im Fach Politische Wissenschaft an der Gesamthochschule Duisburg. KLAUS ERDMENGES und ANDREAS MAUCHER sind wissenschaftliche Mitarbeiter im Fach Politische Wissenschaft an der Uni Konstanz.

Leo Kofler
Die Vergeistigung der Herrschaft
Zweiter Band : Gesellschaft und Elite zwischen Humanismus und Nihilismus

MP 35, Materialis, 268 S. Pb, ca. 39,80 DM
ISBN 3-88535-127-7

HEIKE MAYBACH
DER ERZÄHLTE LESER

Studien zur Rolle des Lesers in Italo Calvinos Roman »Wenn ein Reisender in einer Winternacht« und in anderen ausgewählten Werken der Erzählliteratur
M 2, 96 S. Pb, ca. 24,80 DM, ISBN 3-88535-129-3

Italo Calvinos letzter Roman »Wenn ein Reisender in einer Winternacht« ist bekanntlich eine recht vertrackte Konstruktion nach dem Prinzip Escherscher Vexierbilder oder des Möbiusschen Bandes. Der reale Leser sieht sich alsbald unmerklich in den Protagonisten verwandelt, der ein verdrucktes, das Anfangsfragment repetierendes Exemplar desselben (?), jedenfalls titelgleichen Romans erworben hat und sich nun auf die Suche nach dem vollständigen Buch begibt, eine Suche, die ihn infolge der Machinationen eines geheimnisvollen Gegenspielers, des Fälschers Marana, immer wieder mit neuen Fragmenten aus anderen Büchern konfrontiert, ihn selbst als Reisender durch die halbe Welt und den ganzen Literaturbetrieb, schließlich zum hochzeitlichen happy ending mit Ludmilla, der »Leserin« führt, mit der er die Lektüre von Calvinos »Wenn ein Reisender in einer Winternacht« im Ehebett abschließt. Das Buch, dessen Lektüre er zugleich mit dem realen Leser beendet, ist und ist nicht dasselbe, das der reale Leser erwarb; in gewissem Sinn hat es der fiktive Leser auf seinen Irrfahrten für diesen wie für sich hergestellt, und letzterer hat am Ende in gewissem, allegorischem Sinn seine eigene Geschichte gelesen.

Diese vertrackte Konstruktion hat bald nach dem ersten Erscheinen eine Reihe von professionellen Exegeten (Faro, Garboli, Helmich, Orengo, Regen, Schulz-Buschhaus, Segre, Tani) zu oft ebenso ingeniösen wie problematischen Rekonstruktionen und Deutungen provoziert, und es mußte H.M. reizen, hier eine klärende und schlichtende Synthese herzustellen, die der Komplexität von Calvinos Buch wie dem einfachen, elementaren Lesevergnügen, das es vermittelt, gerecht wird. Vorwegnehmend sei gesagt, daß diese Synthese überzeugend gelang und daß sie Schlüsselaussagen des besten deutschen Calvino-Exegeten, Ulrich Schulz-Buschhaus, in der kritischen Synopse der »LesArten« erhärtet.

H.M. ging es freilich um mehr als nur die analytische und Lesarten konfrontierende Nachzeichnung des Prozesses, in dem Calvino seinen realen Leser in die Lese-Abenteuer seines Protagonisten verwickelt und so in eine fiktive, erzählte Figur verwandelt. Es kam ihr darauf an, diesen Roman, der wohl den Titel eines NOVEL TO END ALL NOVELS für sich beanspruchen kann, in seiner Einzigartigkeit wie auch in seinem Allgemeinen in dem, was an ihm wie auch immer sporadische Tradition, ja Gattung ist hervortreten zu lassen.

H.M. hat dies geleistet, indem sie einer ANDEREN ART VON INTERTEXTUALITÄT als derjenigen, die die als »Romanfragmente« eingestreuten Pastiches voraussetzen, nämlich literarhistorische Parallelen und Vorläufern von Calvinos Konstruktion eines »erzählten Lesers« nachging, den von ihr im Anklang an Calvinos berühmte Trilogie sogenannten antenati; wobei es, eben weil »Wenn ein Reisender in einer Winternacht« eine Gattung und Tradition repräsentiert, sinnvoll schien, außer Ariost, Laurence Sterne und Diderot auch solche Autoren zu berücksichtigen, zu denen sich, wie zu Butor (La modification) und Akutagawa (Rashomon) eine Filiation nicht konstruieren läßt. ES GING UM DIE KONSTRUKTION VIELMEHR EINES ROMANTYPS: EBEN DES ROMANS, DER DEN LESER IN DIE FIKTION EINBEZIEHT, IHM ZUM »ERZÄHLTEN LESER« MACHT.

Dieser typologische Ansatz hatte zur Voraussetzung, daß zunächst einmal in der Auseinandersetzung mit erzähltheoretischer und rezeptionsästhetischer Literatur, die die komplexen Beziehungen zwischen fiktionsimmanenten und emanenten Autor und Leserinstanzen und deren Repräsentation im Erzähltext reflektiert (Booth, Eco, Gibson, Harding, Iser, Link, Stanzel, Weinrich u.a.), eine theoretische Systematik entwickelt wurde, die es erlaubte, verschiedene Realisationen des Typs in ihrem subtypischen Entfaltungsgrad zu erfassen. Ein kompliziertes Unterfangen, das H.M. jedoch mit umsichtiger Gründlichkeit insgesamt überzeugend durchgeführt hat, wobei das triadische Schema von Hannelore Link, mit der Unterscheidung der Paare REALER AUTOR — REALER LESER, IMPLIZITER AUTOR — IMPLIZITER LESER und FIKTIVER AUTOR — FIKTIVER LESER für sie am hilfreichsten war.
(Gerhard Goebel-Schilling)

Zu der Autorin: Dies ist ihre nochmals überarbeitete Dissertation am Fachbereich Neuere Philologien der Uni Frankfurt. Erstgutachter und Betreuer der Arbeit ist Prof. Gerhard Goebel-Schilling (Lehrstuhlinhaber am Institut für Romanische Sprachen und Literaturen).

Paul Merker
Von Weimar zu Hitler

Bd.I — Deutschland, Sein oder Nicht-Sein
MP 4, 424 S. Pb, 30,80 DM, ISBN 3-8855-004--1

Paul Merker
Das Dritte Reich und sein Ende

Bd.2 — Deutschland, Sein oder Nicht-Sein
MP 5, 574 S. Pb, 36,80 DM, ISBN 3-88535-005-X
Sonderangebot: Beide Bde. zus. 998 S. Pb, 59,80 DM

Diese beiden Bände haben wir schon 1972/74 verlegt. Sie erweisen sich aber in der jetzigen Situation als besonders aktuell. Paul Merker hat sie in der Emigration in Mexiko geschrieben. Er war damals Leiter der Organisation »Freies Deutschland« und Chefredakteur der gleichnamigen Zeitschrift, während Paul Janka, dessen Buch jetzt bei Rowohlt herauskam, Verlagsleiter des dazugehörigen Verlages »El Libro Libre« war. 1946 kehrte Merker nach Deutschland zurück und wurde Mitglied des Politbüros der SED — so wie er schon seit 1926 dem Politbüro der KPD angehörte — und gleich abgeschobenerweise Staatssekretär im Landwirtschaftsministerium Janka wurde sein Büroleiter. Paul Merker sollte 1950 von Ulbricht der Schauprozeß gemacht werden — so wie Imre Nagy in Ungarn, Gomulka in Polen und Rudolf Slansky in der CSSR. Er wurde abgesetzt und kaltgestellt. Zum Schauprozess kam es aber dann nicht, weil Merker nicht »gestand« die Verhöre wurden damals schon von Mielke geführt und dann mit dem Tod von Stalin der Schauprozess auch überholt war. Er und die ganze Gruppe der Westemigranten der KPD hätte zusammen mit den in die DDR berufenen linken bis linksliberalen Professoren und den remigrierten Schriftstellern und Künstlern wohl schon den Kern für eine alternative Richtung abgeben können. Auch wenn sich dies nicht politisch realisierte, gibt es doch genügend wichtige Resultate in der Literatur, Kunst, Philosophie und Wissenschaft, an die eine aktuelle Problematisierung anknüpfen kann.

Mein Eindruck aus der Lektüre von Merker jetzt ist jedenfalls, daß die damalige linke Opposition die Sache nicht nur abstrakt sondern auch konkret anging, während wir in den 60er und 70er Jahren in unserer damaligen Rezeption der Novemberrevolution, der Rätebewegung, der Weimarer Republik und des Faschismus uns immer nur die abstrakten Probleme gestellt und auf ihnen herumgekaut haben. Diesem abstraktalternativen Problembewußtsein entspricht im übrigen auch mehr die Geschichte der Weimarer Republik von Rosenberg, während Merker in seiner Geschichte nicht nur den Konflikt zwischen SPD und KPD und die Perspektive eines Zusammengehens abhandelt, sondern gerade auch die herrschende Richtung in ihrer ganzen konkreten Ausgebreitetheit darstellt. Und hier liegt zweifellos die Aktualität der beiden Bände.

In der Fülle des konkreten Wissens scheinen die Kontinuitäten zur herrschenden Entwicklung heute auf. So wird von Merker detailliert geschildert, daß nicht nur die Kapitalfraktionen, die mit dem Nationalsozialismus direkt zusammenarbeiteten, sondern auch die anderen Kapitalfraktionen wie das in der Weimarer Republik weithin führende rheinischkatholische Kapital in einer Kontinuität der Gewaltpolitik, des alldeutschen Annexionimus und eines militaristischadligen Wertekanons standen. Wie auch Norbert Elias in seinem jüngst erschienenen Werk »Studien über die Deutschen« auch, zeigt Merker an anderen, politischeren Aspekten, wie z.B. die Brüningsche Notstandsdiktatur zustandekam, daß sie von dem rheinisch-katholischen Kapital getragen war und daß auch sie einen Einherrscher installieren wollte und auf eine militärische Eroberungspolitik setzte. Diese Fraktion, die in den 50er Jahren wieder zum Zuge kam, hat mit dem Nationalsozialismus das Aufruhen auf dem militaristischen Wilhelminismus und dem alldeutschen Annexionismus aus dem I.Weltkrieg gemeinsam und war mit diesem in ein tiefsitzende Loyalitätsbindung verstrickt.

»Die bewußte Anknüpfung an das Reich Bismarcks« wurde damals eingefordert und sie wird auch heute wieder vehement erhoben. Der Anschluß der DDR steht vor der Tür. Und wenn schon die »ehemals deutschen Ostgebiete« nicht mehr direkt »heimgeholt« werden können, so soll doch wenigstens das wiedererstarkte, wiedervereinigte Deutschland nach dem Willen unseres obersten Aussitzers Garantiemacht über Polen werden, damit die dortigen deutschen Minderheiten auch ordentlich »geschützt« werden können. So wie die DDR-Bevölkerung noch lange mit Niedriglöhnen auskommen soll, so gilt das erst recht von Osteuropa. Liegen doch die Löhne in Polen derzeit nach der Einführung der Marktwirtschaft bei 100-200 DM monatlich. Mithin steht die ökonomische Dominanz über Osteuropa wieder vor der Tür und wer die aktuelle Entwicklung in ihrer ganzen Tiefe verstehen will, muß sich schon ein historisches Bewußtsein verschaffen — z.B. durch die Lektüre von Paul Merker und Norbert Elias.
(Lothar Wolfstetter)

Bestellungen über den Buchhandel
Materialis Verlag, Rendeler Str. 9-11,
D-6000 Frankfurt 60